◆ 费尔南多·麦哲伦（约 1480—1521），葡萄牙探险家、航海家、殖民者

◆ 1520 年 10 月，麦哲伦船队穿过一万一千贞女角后到达进入太平洋的海峡入口，即后来的"麦哲伦海峡"。位于南美洲大陆南端和火地岛之间，长约 600 千米，宽 3.3 ~ 33 千米

16 世纪早期的西班牙卡瑞克帆船

① 后桅
② 主桅
③ 前桅
④ 主桅上桅
⑤ 前桅上桅
⑥ 主帆
⑦ 中帆
⑧ 桅楼
⑨ 斜桁
⑩ 后桅纵帆
⑪ 船首斜桅
⑫ 船首斜桅帆
⑬ 船尾瞭望台
⑭ 船首瞭望台
⑮ 侧支索
⑯ 锚
⑰ 船载小艇
⑱ 炮台

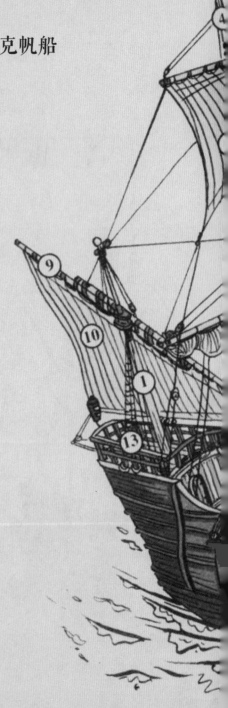

◆ 关于麦哲伦临终前的想象绘画

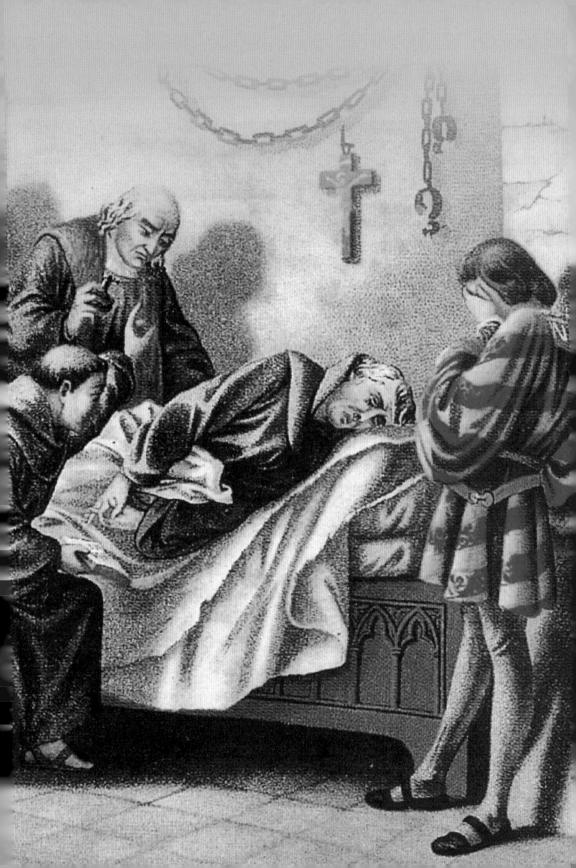

◆ 麦哲伦十字架（位于菲律宾宿务）。1521 年，麦哲伦抵达宿务岛，并开始在当地宣传天主教义。4 月 14 日，土著族长及其妻子、族人等 400 多名土著受洗，为了纪念这场意义非凡的宗教仪式，麦哲伦便在受洗的地点竖立起了十字架。十字架顶部天花板的壁画描绘了当年举行施洗仪式传教的场景

MAGELLAN

超越世界边缘

ODER DIE ERSTE
UMSEGELUNG DER ERDE

麦哲伦与大航海时代

[德] 克里斯蒂安·琼斯曼

——著

赵明明

——译

CS 湖南人民出版社·长沙

图书在版编目（CIP）数据

超越世界边缘：麦哲伦与大航海时代 /（德）克里斯蒂安·琼斯曼 （Christian Jostmann） 著；赵明明译. -- 长沙：湖南人民出版社，2024.4

ISBN 978-7-5561-3139-6

Ⅰ.①超… Ⅱ.①克… ②赵… Ⅲ.①麦哲伦（Magellan, Ferdinand 约1480-1521）- 传记 Ⅳ.①K835.525.89

中国国家版本馆CIP数据核字（2023）第019832号

超越世界边缘：麦哲伦与大航海时代
CHAOYUE SHIJIE BIANYUAN: MAIZHELUN YU DAHANGHAI SHIDAI

著　　者：［德］克里斯蒂安·琼斯曼 （Christian Jostmann）
译　　者：赵明明
出版统筹：陈　实
监　　制：傅钦伟
选题策划：长沙经笥文化
产品经理：杨诗文
责任编辑：张玉洁
责任校对：丁　雯
装帧设计：水玉银文化

出版发行：湖南人民出版社［http://www.hnppp.com］
地　　址：长沙市营盘东路 3 号　邮编：410005　电话：0731-82683327

印　　刷：长沙鸿发印务实业有限公司
版　　次：2024 年 4 月第 1 版　　　印　　次：2024 年 4 月第 1 次印刷
开　　本：710 mm×1000 mm　1/16　印　　张：21　插　页：4
字　　数：216千字
书　　号：ISBN 978-7-5561-3139-6
定　　价：88.00元

营销电话：0731-82683348（如发现印装质量问题请与出版社调换）

"那些在海上航行的人诉说他们面临的危险，是我们根本无法想象的。"

——耶稣·西拉克

目录

序幕

在欧洲，每逢夜晚，人们仰望赤道以南的星空时，如仔细观察，会发现两团璀璨的星云，一团稍大一些，另一团稍小一些，它们似乎夜夜飘浮在同一个地方。这两团星云是距离银河系很近的两个星系，是地球在宇宙中的邻居。

很久以来，这两团星云被合称为"麦哲伦星云"。之所以如此命名，是为了表达对一个人的尊敬。他既不是星云的发现者，也不是星云的研究者，但是他于 1520 年曾在南美洲仔细地观测这两团星云，并首次作精确描述，他的名字叫费尔南多·麦哲伦，一位葡萄牙骑士和水手，他就是我们这本书的主人公。

从某种意义上说，我们对这个人的了解，甚至少于对以他名字命名的天体的了解。我们不知道他长什么样，也不知道他何时出生，不知道他的身高和体重，只知道他不是很英俊。但是我们知道他去世的日期和地点：他于 1521 年 4 月 27 日在长途航行中死于菲律宾的麦克坦岛上，这是历史上第一次环绕地球的航行。麦哲伦发起并领导了这次探险直至他去世。为了纪念他的伟大功绩，这两团星云（大约 200 亿颗星体）后来就以他的姓氏麦哲伦命名。

迄今为止，只有极少数古希腊和罗马时期的英雄的名字能够成为星座名：赫拉克勒斯（武仙座），珀尔修斯（英仙座），俄里翁（猎户座）……这种荣誉甚至都没有出现在奥德修斯身上，尽管他神话般的漂泊与麦哲伦的航海有异曲同工之妙。环球航行的 500 年后，麦哲伦传奇的航程一次又一次被世人传颂——就如本书所述一样。

本书的作者致力于批判性地看待第一次环绕地球的神话，并在尽可能的情况下，把人们心目中的英雄从遥远的星际带回到地球。美国艺术与科学学院院士桑贾伊·苏拉马尼亚姆警告说："从本质上讲，历史学家感到痛苦但一定要完成的任务是：将神话与现实分开。因为历史是神话的创作素材，同时神话的创作也是历史进程的组成部分。"最终，想探究神话的背景，还是要回归它的历史背景。

因此，本书的开篇会将读者突然带到南美西海岸，那是在 1520 年 10 月，由卡斯蒂利亚国王派遣的一支小型舰队在行驶途中遇到了极大的考验。之后，作者会追随这支舰队指挥官的足迹，还原他的生平，并讲述继承他事业的同伴的命运，以及航行的最终完成。

1. 南纬 52 度的海峡

1520 年 10 月，4 艘船在巴塔哥尼亚海域附近逆风越过大巴伊亚，缓缓向南驶去。舵手小心翼翼地掌控着航向，避免离陆地太近或太远而失去参照。沙哑的命令声在风中破碎并消逝在船舱中，水手们一次又一次地喊着口号跳跃转身，在甲板上奔忙。当挂帆的桅杆转过来，数十只手忙碌着解开帆脚索，将松开背面的船帆匆忙降下。这个动作他们完成了无数次，甚至在睡眠中也能熟练操作。

在短暂的夜晚，指南针和星空帮助帆船保持航向的准确。一艘船带头，尾灯微微发亮，其他船根据指示前行。到下一个转弯时，第二盏灯亮起，作为跟随船的信号。

舰船由纯木制成，为使它与较小的木筏和桨帆船区分开，这种船型被称作卡瑞克帆船（卡斯蒂利亚语称之为 "Nao"），一代代的木匠为此做出了杰出贡献。最大的 "圣安东尼奥号" 从船尾到船首斜桅长 25 米，载重 120 吨。旗舰 "特立尼达号" 稍小，接下来是 "康塞普西翁号" 和 "维多利亚号"。所有舰船都立有 3 根桅杆，前部带有方形主帆，后部带有拉丁帆。在船首和船尾，一两层楼高的塔楼巍然耸立，在桅杆的顶端，飘扬着红、黄、白三色的卡斯蒂利亚国王的旗帜：上面画着卡斯蒂利亚的城堡、莱昂的狮子、阿拉贡的杖和勃艮第的十字架。

然而，这支舰队（Armada）[①]的总指挥却来自葡萄牙。在当时的人看来，他身材矮小，并不起眼，却"心思缜密、胸怀大略"。最引人注目的是他的黑色衬衣胸前画着圣地亚哥骑士团鲜红色的十字剑。他的腿有一点瘸，这是在非洲被长矛击中的后遗症。这个年纪30到40岁的骑士，自称费尔南多·麦哲伦，我们称他为麦哲伦，而他的下属必须称呼他为舰队总指挥。

据我们目前所知，他们当时共有大约230个人，全部为男性。最小的只有7岁，大多数人年龄在15到25岁之间，有些人年龄在50岁左右。他们来自世界各地，其中有一些葡萄牙人，几个意大利热那亚人，还有西西里人、希腊人、法国人、比利时人、德国人、爱尔兰人、非洲人、阿拉伯人、马来人、印度果阿人和两名巴塔哥尼亚人。巴塔哥尼亚人不是自愿参加的，而且是他们中仅有的未受洗的。大多数人来自卡斯蒂利亚安达卢西亚和比斯开湾。所有人都宣誓服从舰队总指挥麦哲伦，他曾向卡斯蒂利亚国王表示要开辟出一条通往摩鹿加群岛的新航线，而不需要穿越葡萄牙国王的领地。在那些偏远岛屿上生长的香料，特别是丁香和肉豆蔻，给葡萄牙国王带来了巨大的财富，现在，卡斯蒂利亚的国王也想

---

① 一些读者会联想到菲利普二世在1588年派往英格兰的不幸的"无敌舰队"。但是，在卡斯蒂利亚语和葡萄牙语中，每支武装船队都称为舰队，本书也是如此。

要从中获得份额。

但是，按照"教皇子午线"的划分，子午线以东属于葡萄牙，所以通往摩鹿加的新路线必须在西面。就像佛罗伦萨的天才——亚美利哥·韦斯普奇曾声称的:雄伟的大陆向赤道南北延伸，这片"新世界"堵住了那些想向西走的人的路线。麦哲伦说他知道南半球有通往另一侧的海峡。舰队离开卡斯蒂利亚大西洋沿岸的圣罗卡港已经有一年零一个月的时间。舰队经过南纬50度，在船右侧，陆地像一条延伸了数千英里的单调的棕色线，没有尽头，什么都看不见。他们已经失去了一艘船，两名船长丢掉了脑袋，一名船长和一名牧师被总指挥麦哲伦流放到了巴塔哥尼亚的草原上。

船队逆风航行了两天,第三天风向变了。在一阵微风的帮助下，他们向西南方向行驶，在靠近沿海的地区发现了些许异象:"该月的21日，在距离陆地5里格①的位置，南纬52度，我们看到了一个像海湾的开口，它的右手边入口处有一条很长的沙洲，在这里发现的岬角，我们称之为贞女角。"

一个自称为弗朗西斯科·阿尔博的人来自罗德岛，已婚，是"特立尼达号"的水手长。水手长最重要的任务是用哨子和一把鞭子吓唬水手们冲刷索具，这样他们才能正确执行舵手的命令。这个工作并不需要多少文化，阿尔博的许多同事甚至都无法拼写他们自己的名字。但是这个希腊人显然不仅要掌握鹅毛笔，还必须掌握测量的工具:象限仪用于测量太阳的高度，航海图用于计算纬度。因此，他一定是一个聪明的人，要么是因为他的积极表

---

① 1里格≈5500米。

现，要么是因为他的老板们发现了他的才华。阿尔博记录了一本日志——这是卡斯蒂利亚舰队第一次到摩鹿加群岛探险保留下来的唯一一本官方日志。然而，"特立尼达号"的水手长并不是一个善于文辞的人，他的日志读起来像中世纪早期的纪事，言简意赅。

布列塔尼公主厄休拉的传说可以追溯到中世纪早期。据说她在 1.1 万名贞女的陪伴下乘船去罗马朝圣，在科隆附近的莱茵河上遭遇了匈奴人而殉难。许多水手都感受到了自己与这些勇敢的贞女的联系。麦哲伦在 10 月 21 日，即圣厄休拉节那天，在南纬 52 度首次看到了这个被称为"贞女角"（卡斯蒂利亚语中称之为"维京角"）的岬角。

"特立尼达号"上的水手吉恩斯·德·马夫拉多年后在回忆录上记载："在贞女角后面看到的海湾使舰队总指挥陷入了沉思。麦哲伦不知道它是什么，他的情绪起伏不定，时而高兴，时而悲伤，以至于喃喃自语。因为在他看来，如果这就是他所承诺的海峡，他会感到非常高兴；然而如果这不是那个海峡，他会感到非常悲伤。"

早晨，麦哲伦派遣"圣安东尼奥号"和"康塞普西翁号"踏上侦察之旅。"康塞普西翁号"的船长胡安·塞拉诺是一个经验丰富的舵手，"圣安东尼奥号"拥有船队中最有能力的领航员——葡萄牙人埃斯特沃·戈麦斯。与此同时，麦哲伦与其他船只待在一起，承担了同样艰巨的任务——等待。

到了晚上，一场强烈的暴风雨从东北袭来，以至于他们不得不收起船锚，让船只漂流，内心无尽的恐惧和慌张促使他们不停地祈祷。幸运的是，中午海面平静下来时，"特立尼达号"和"维多利亚号"仍然在一起，但现在他们需要关注的是另外两艘船。在暴风雨中，它们怎么样了？

在这个时刻，焦虑的情绪在蔓延。一些历史学家记录过这样的情景：大船守候等待，将小艇放到水里，10 个水手摇桨划船，葡萄牙舵手若昂·洛佩斯·卡瓦略成了小艇的指挥者，带领他的队伍划向北岸。远远望去那里有座小山，这些侦察人员爬上这座被草覆盖的小山，我们只能猜测他们在那里窥探到了什么。在南面的海湾中，巴塔哥尼亚大草原向北部延伸，无人的旷野一望无垠。但是当他们进入内陆时，他们发现"一栋有 200 座印第安人坟墓的房子"，然后在返回的途中看到"一条巨大的鲸鱼死在了岸上，还有许多其他动物的骨头残骸，他们于是得出结论：这是被暴风雨席卷之地"。当时的侦察人员在这片荒地具体看到了什么，并没有被记录下来。无论如何，他们的发现一定令在"特立尼达号"和"维多利亚号"上等待消息的同伴们感到惊讶。

1519 年，安东尼奥·皮加费塔在为教皇服务期间经过卡斯蒂利亚。卡斯蒂利亚国王在组建一支前往摩鹿加群岛的舰队时，雇用了一些"感觉会令他满意并在某方面可以派上用场的人"。皮加费塔在"特立尼达号"上没有负责具体工作，他是所谓的"临时雇员"之一，可以根据需要执行各种任务。闲暇时间，皮加费塔写了一本日志，并在回程后将其整理成文章。该日志不仅对麦哲伦的舰队做了详尽的描述，而且是旅行文学的杰作，因为作者自然的具有个人风格的叙述，让我们这些 21 世纪的人读起来也感觉身临其境。

在漫长的等待后，皮加费塔写道："在紧张的情绪中，我们突然看到两艘船驶近，扬起满帆，挥舞着旗帜。当它们靠近我们时，突然排炮齐鸣，我们高兴得大喊大叫。"

两艘船上的人回来不久就报告他们遇到了什么：船只被那天晚上的暴风雨吹往海湾深处，紧紧地挨着陆地，动弹不得。他们拼命地试图绕开海角并到达开阔水域，但所有的尝试都失败了，他们被迫进入海湾。这种由海洋吹向陆地的风暴会对帆船造成致命损伤，因此，他们认为自己注定凶多吉少。但是当船来到海湾的尽头并找不到方向时，他们发现前面有一个貌似河口却更像岬角的地方，船身无助地被暴风雨挤了出去。当他们发现这不是岬角，而是两块陆地之间的狭窄水路时，他们继续向前行驶，找到了另一个海湾。随后又发现了另一条狭窄水路和另一个海湾，比前两个更大，他们意外地发现了海峡。这一切让他们兴奋不已，因此打算立即返回，通知舰队总指挥麦哲伦。在海峡里他们无法逆风而行，等到风向一转，他们立即朝相反的方向前进。

皮加费塔总结说："在感谢上帝和圣母玛利亚后，我们立即动身继续寻找。"关于此决定之前的讨论，皮加费塔没有透露任何消息。麦哲伦在起航之前一定已经问过舵手塞拉诺和戈麦斯这样一些问题：他们发现的海峡有多窄，海湾有多宽？朝哪个方向？海水有多深？海水强度和流向？海岸是什么样的？有安全的锚点、饮用水和木头吗？有人类居住的迹象吗？

其中一些问题的答案可以在安东尼奥·德·埃雷拉－托德西利亚斯的第二份"十年周期"报告中找到。他的这本著作涉及卡斯蒂利亚殖民帝国在美洲的开端，它以古罗马史学为模型，以十年为一个周期来做研究。这本著作的名字具有纪念意义——《卡斯蒂利亚人在大洋岛屿和大陆的功勋史——西印度群岛》。直到 1601 年，这本研究著作才在马德里面世，距麦哲伦远征已过去数十年。但是，它可以帮助我们理解他们的旅程，因为作为卡斯蒂利亚国王的宫廷编年史官，作者可以获得现已丢失的原始文件。

埃雷拉－托德西利亚斯没有阅读过关于皮加费塔提到的风暴的任何内容。据他说，"圣安东尼奥号"和"康塞普西翁号"分别进行了侦察，但是仅"圣安东尼奥号"带回了一条成功的消息：他们找到一条水路的入口，而且显然不是内陆水域，而是海洋的一部分。船长解释说，因为他们已经行驶了三天，但还没有走到终点，他们接连不断地向水里扔探测锤。在他们看来，这里的水流速度比退潮时的水流速度更快，所以这个狭长的海湾还在延伸。

这个消息足够让麦哲伦这位西南航道的先知感到激动。大约 4 年前，他就开始研究地理学家的著作和最新的世界地图。这些研究使他确信，美洲南部一定有一条通往亚洲的海上航线。从那时起，麦哲伦就致力于成为第一个在该海上航线上航行的人，并成为"另一个世界"的领主。为此，他离开了自己的家乡，转投另一位国王，放弃了遗产，用光了自己的积蓄，把怀孕的妻子和小儿子留给岳父照顾，与不可理喻的官僚和傲慢的朝臣打交道，遭受了屈辱，不得不忍受阴谋诡计，以及几乎半数船员的仇恨。船员们在经历了几个月的海上航行，经受了巴塔哥尼亚的寒冷和贫瘠，甚至经历了死亡后，都不想再跟随他。他所做的一切，都是为了发现这条航线！麦哲伦现在已经足够接近这个海峡了。

麦哲伦的舰队在贞女角足足待了一个月，困在传说中的海峡，麦哲伦称其为"圣徒海峡"。舰队又失去了另一艘船，"圣安东尼奥号"失踪了，没有从麦哲伦派它去的侦察之旅中返回，同时还丢失了60名船员和航行途中大部分的食物。

在这一点上，据值得信赖的阿尔博称，探险队已经深入河口，河道方向基本上是从东北到西南，但是在南纬53度处向西北方向急转并明显缩小。前几英里的沿海景观平缓且荒芜，现在突然完全改变，阿尔博记载："在这个地区，有很多小海湾，山脉很高，被雪覆盖着，还有很多森林。"

由于这些简单的文字无法呈现出全部的情景，因此有必要引用另一个航行者的叙述。当查理·罗伯特·达尔文在1834年乘坐"贝格尔号"航行到相同的水域时，观察到这里的景象："圆形的山脉，到处都是人迹罕至的森林，被雨水浸透，无休止的暴风雨……我再也没有看到过更加凄凉的风景；氤氤氲氲中只能隐约看到覆盖着雪的朦胧树林。但我们有幸遇上了两个美丽的好天气，能远远看到6800英尺高的萨米恩托山，真是壮观的景象。"尽管达尔文访问这个地方的季节与麦哲伦不同，但景象不会有根本的不同，因为南美洲南端的天气受季节的影响比受西风的影响小。

雄伟的安第斯山脉在这里绵延入海，风将从数千英里外的海上携带而来的水分，洒向南部的山麓。

这就是为什么山顶一年四季都被白雪覆盖，而山的侧翼却被茂密的森林覆盖，这些常绿森林仅有短暂的阳光照射。天空中总有云，覆盖着高山和低谷，经常下雨，阵阵狂风吹过灰色的水面。一阵阵暴雨没有任何警告地从山上降下，很可能把船带到危险的境地，在某些地方，还潜藏着暗流的威胁。冒险进入这些水域的水手必须时刻保持警惕。弗朗西斯·弗莱彻作为弗朗西斯·德雷克（英国著名的私掠船船长、航海家）的牧师，于 1578 年穿过同一条水道。他记载道："最糟糕的是，有时这些风中的两三股气流汇聚在一起，力量互相纠缠，猛烈地卷入海中，再回旋，这或许就是卡斯蒂利亚人所说的龙卷风，它们被推入海的深处，不停旋转，再膨胀扩散……"

想要在这样的环境中感到舒适，需要有皮加费塔一般阳光开朗的性情。这位意大利维琴察的贵族说："我认为世界上没有比这更好的海峡了。每隔几英里就可以安全停泊，有最好的木材（尽管没有雪松），有鱼（包括沙丁鱼）、贻贝，野芹菜和甜草在泉水周围生长，我们痛快地吃了好几天，因为我们自己没什么可吃的食物。"

尽管粮食的消耗缓慢，但还是不可避免地慢慢耗尽了。长期保存在油或醋中的鲱鱼和野芹菜无法再使水手保持精神振奋，至少还需要面包干、油，最重要的是葡萄酒。皮加费塔和阿尔博对此只字未提，吉恩斯·德·马夫拉和其他亲历者也都保持沉默，但是人们的心情一定很糟糕，在河口入口处燃起的希望之火都扑灭了。更糟的是，"圣安东尼奥号"竟然失踪了！

几天来，他们一直在搜寻海湾和河道两侧，"维多利亚号"甚至开船回到了河口，但徒劳无功。这支舰队的最大船只及其船员都下落不明，里面甚至包括舰队总指挥麦哲伦鲜为人知的表兄。其他人则听天由命地把船停泊在河口，大概位置是在距离今天的弗罗厄德角不远的海湾中。海峡向西北延伸，正如阿尔博记载的那样，"途中有许多岛屿"。这些岛屿挡住了航线，并且向南分出了数条航道，麦哲伦不得不将舰队在这里分开，并派出"圣安东尼奥号"执行侦察任务，但它并没有再回来。是发生了什么事吗？沉入海底的船并不鲜见，但是在这样的河道中，距离海岸不远，难道没有几个人得救并有生还迹象吗？这是一个谜。为了弄清楚原因，舰队总指挥麦哲伦召集占星家圣马丁占卜星象。

安德烈斯·德·圣马丁是该探险队的知识分子，是一位具有占星术和天文学深厚知识的学者。1512 年 5 月 22 日，国王亲手签署了任命书，圣马丁被冠以"王室舵手"的称号。他在接下来的几年中，试图获得"首席舵手"职位，但没有成功。最后，他参加了麦哲伦的舰队，在塞维利亚留下了一个未成年的女儿，由他的兄弟照顾。

这位学者在"维多利亚号"上继续他的研究。神秘图表上印有雷格蒙塔努斯（德国天文学家）和亚伯拉罕·萨库托的年历，列出了每日主要天体的位置，他经常一看就几个小时。在晴朗的夜晚，当大海状况允许时，人们看见他在甲板上展开星盘、象限仪和直角器标杆，他用这些仪器来测量各种天体间的距离，包括月亮和行星，固定的恒星和地平线。不幸的是，圣马丁的记录并未被完整保存下来，它落入葡萄牙人的手中，并可能在 1755 年里斯本的大地震中被摧毁，只有少数被摘录进编年史。由此，我们得以知道舰队总指挥从占星家那里得到的星象推测。圣马丁说，"圣安东尼奥号"正在返回卡斯蒂利亚的途中，而它的船长——即麦哲伦的表兄阿尔瓦罗·德·拉·麦斯基塔——却遭到囚禁。

"圣安东尼奥号"逃跑了！这种情况并非不合情理。即使没有占星术，也可以推测出来。皮加费塔指出，"圣安东尼奥号"的领航员是埃斯特沃·戈麦斯，这个戈麦斯"非常讨厌舰队总指挥，因为在装备这支舰队之前，他已经向国王申请一些帆船去寻找陆地，但是国王并没有给他，因为舰队总指挥麦哲伦来了"。换句话说，戈麦斯对麦哲伦怀恨在心，因为在国王面前，他输了。

戈麦斯的航海野心不是秘密。像他的上司一样，他来自葡萄牙北部港口城市波尔图，年龄 30 多岁。但是与麦哲伦不同，他是一名经过认证的舵手、专业水手。尽管我们对他之前的职业经历了解不多，但戈麦斯可能在经验上超过了其他所有舰队人员，包括圣马丁——他更像是学者而不是有实践经验的人。即使是麦哲伦，可能也达不到戈麦斯的业务水平，因为麦哲伦并不是领航员，而是舰队总指挥。卡斯蒂利亚语中的"Capitán"一词，与英语中的"Captain"（船长、机长、舰队总指挥、首领）一词一样，表示在陆上以及在海上发布命令的军事领导人。麦哲伦是舰队的总指挥，至于航海细节方面，他有专业的海员和舵手，其中包括戈麦斯。如果"圣安东尼奥号"能成功找到通往海峡的入口，那不仅是风暴的作用，而且要仰仗戈麦斯的专业技能，一旦紧急情况发生，这名领航员就能操纵并拯救这艘船。皮加费塔指出的戈麦斯不喜欢舰队总指挥的说法可能是正确的，下属不信服上司的情况并不是第一次出现，尤其是当他相信自己对业务的了解比上司更多的时候。

找到河口后不久，麦哲伦召开了一个作战会议。埃雷拉－托德西利亚斯在他的《卡斯蒂利亚人在大洋岛屿和大陆的功勋史——西印度群岛》中对此进行了描述。尽管他的叙述是带有文学色彩的，而且事情很可能并未真实发生过，但其描写的冲突肯定是真实存在的。麦哲伦在深入海峡之前，下令盘点库存，发现库存的食物还可以维持3个月的供给。于是人们看到了他们的指挥官对此表示乐观，"所有船长、舵手和高级船员认为继续航行并完成任务是正确的，因为空手返回卡斯蒂利亚不是一个好主意"。只有戈麦斯说："既然他们已经找到了通往摩鹿加群岛的海峡，就应该回到卡斯蒂利亚装备一支新的舰队，因为他们还有很长的路要走，如果出现了什么状况或者赶上暴风雨，那所有人都会葬身于此。"麦哲伦沉静地回答，即使他不得不吃掉覆盖在桅杆上的牛皮革，他也必须继续寻找他向国王承诺的东西，因为上帝将帮助他并赐予他好运。然后，舰队总指挥以死刑威胁所有人，并允诺补充物资，下令立即出发。埃雷拉－托德西利亚斯由此发现麦哲伦是个聪明人。据戈麦斯的说法：水手们竟然如此善变，现在所有人都认为麦哲伦是个"伟大的水手"。

怎么能责怪水手们呢？埃雷拉－托德西利亚斯觉得领航员戈麦斯提出的论点听起来很合理，戈麦斯想再次争辩一下。就是因为太合理，以至于麦哲伦没有打算在事实层面上与他争辩。相反，他把上级权威请出来——上帝和国王，并用赤裸裸的暴力威胁所有想要挫败他计划的人。正如埃雷拉－托德西利亚斯所说，这其中不仅有逻辑，还有智慧。麦哲伦没有退缩，也没有正面回应戈麦斯再次尝试的提议。

如果麦哲伦于 1520 年 11 月返回卡斯蒂利亚，只能含混地说自己可能在南纬 52 度的地方找到了西向通道的入口，但口袋里一无所有，他会被他的客户嘲笑，这将是他一生最大的失败，他不再可能得到一支舰队。塞维利亚有太多自称探险家的人，他们像戈麦斯一样，未曾失败，只是在等待胜利。这个海峡是麦哲伦唯一的也是最后的机会。对于他来说，只有努力跑到前面，对他的下属而言也同样如此。如果舰队总指挥决心要吃覆盖在桅杆上的牛皮革，意味着下属要做同样的事情，或者走上另外一条路——逃跑。

总之，"圣安东尼奥号"不见了，无论是否逃跑了，它都在夜色中消失了。这仅仅是一场事故，舰队总指挥并没有失去耐心和对局势的控制。他的舰队的其余船只停泊在海峡北岸的一个避风港中——大概位于弗罗厄德角西北方向 50 公里的巴伊亚或不伦瑞克半岛。在占星家做出判断后，麦哲伦再次证明了他在危机管理方面的杰出才能。

正如过去几周里所做的那样，他清理了小艇并将其派出去进行探索。这些小艇向西北航行，河道在岛上纵横交织，如果向左侧航行，会陷入一条几乎静止的河流中，两侧是陡峭的山脉，狭窄的地方只有半里格，似乎没有尽头。由于水（其实是咸水）从相反的方向猛烈流出，因此麦哲伦认为该通道必然通往大海。他很想确认此事，所以派小艇的船员上岸爬上山，看看是否能看到

▲左边是手持绳子和信号哨的一名卡斯蒂利亚船船长，右边是他的舵手。出自克里斯托夫·魏德兹的《卡斯蒂利亚航海之旅所见传统服装集》（约1530）。

那里的出口。如果他们能成功，麦哲伦许诺给予这些侦察人员奖励。

　　然后，麦哲伦托"特立尼达号"的文书转交了一封信。这封信是给"康塞普西翁号"和"维多利亚号"的船长、管理者和船员的，他们的船也都停泊在旗舰附近。他在信中写道："听说，有其他船长在抱怨，把继续遵从舰队总指挥的决定看作是一件坏事，因为留给我们航行的时间已不多了。"显然没有人敢当他的面说这种话，自从他杀死圣胡利安港的叛乱分子后，其他人都很怕他。他带着责备的口气写道："就为陛下服务和关于这支舰队的安全的事情，你们不再跟我说你们的意见和建议。这样做冒犯了国王，我们的主人，违背了你们的誓言和效忠。"他要求其他船长诚实地做出选择：继续航行或返回。每个人都应以书面形式提出自己的意见，并说明理由。然后麦哲伦会添加他的声明，并决定最终要做什么选择，这听起来有点烦琐，但是毫无疑问，最后做决定的人是这封信的作者。1520 年 11 月 21 日星期四，在舰队总指挥费尔南多·麦哲伦的要求下，舰队选择沿着与小岛呈 53 度角的河道前进。

我们知道的这封信，是历史学家若昂·德·巴罗斯——被本国国民称作葡萄牙的"提图斯·李维"（古罗马历史学家）——所收录的。安东尼奥·德·埃雷拉－托德西利亚斯为卡斯蒂利亚国王服务，记录卡斯蒂利亚在美洲的殖民帝国的不朽历史，而若昂·德·巴罗斯的工作是记录葡萄牙帝国在印度的历史。巴罗斯对麦哲伦的评价不是很好，毕竟，他的同胞把自己献给了另外一位国王，与葡萄牙的利益相违。巴罗斯认为，任何这样做的人头脑都不是清醒的。偶然，当他得到麦哲伦的信件时，他首先看到了船长的困惑和无助，并且为了说明这种无助，他在编年史中添加了未删节的信作为证据。这位葡萄牙的"提图斯·李维"嘲笑道："麦哲伦不再希望与船上的管理者相遇，这位船长甚至因为担心船员起义而不想见到人们在船上聚会。"麦哲伦为了避免与同事的对抗，甚至不敢直视他们的眼睛。

在海上航行了 14 个月后，远征摩鹿加群岛的军官和船员们的心情无疑不太好，因为食物存储桶即将见底，摩鹿加群岛仍然遥不可及。但是在这种紧急情况下写这样一封信，舰队总指挥麦哲伦的困惑或恐惧都不是决定性的原因，相反，这是一个经过深思熟虑的举动。首先，假如戈麦斯真的和"圣安东尼奥号"逃回去，这种情况下，麦哲伦肯定能预料到，逃兵将为自己辩护，向国王指控他们的舰队总指挥，并谴责他残暴的领导作风。他在信中表明自己是具有合作精神的领导，如果要进行审判，这封信可能会非常有用。他会出示这封信，然后说："看啊，我很想听听别人的意见，但他们太顽固而不愿意告诉我，我能怎么办呢？"

但是这封信还有第二个目的：强迫船长和舵手公开他们的底牌。如果有人有意返回塞维利亚，现在将不得不亮出自己的底牌，或者承认平时说谎话。这两种情况，麦哲伦都可以从中获益。他可以了解其他人的想法，或者可以利用他们的说法来批判他们。麦哲伦提醒军官们对他效忠和为国王服务的职责。他要求他们对法律发誓——根据该条法律，领导人和他的追随者必须相互忠诚——并要求船员们写出书面文字，因为那是植根于中世纪的神秘的观点，当时的书面文字比今天的具有更强的约束力。通过这些他再次增强了约束力。

麦哲伦发射的这颗子弹带有沉重的道德意味，但如果没有一批忠诚的助手加入他的行列，那将是无济于事的。这些助手包括杰出的皮加费塔，从波尔图被带走的麦哲伦的门徒克里斯托瓦·雷贝洛，麦哲伦的马来奴隶恩里克，以及其他人，尤其是舰队的"警长"贡萨洛·戈麦斯·德·埃斯皮诺萨。像跟随麦哲伦的所有其他航行者一样，埃斯皮诺萨的模样也不被人清楚地知道，不知他是高还是矮，是否壮实。我们所知道的是他来自布尔戈斯地区，他已经30多岁了，不会写字。他不可能是闹事者，因为作为"警长"（检察官兼执法官），埃斯皮诺萨必须确保遵守纪律。因此，他是舰队的高级船员，必要时他需要依靠体魄占住上风。在圣胡利安港，当卡斯蒂利亚船长想发动叛变时，埃斯皮诺萨毫不费力地刺伤了一名头目，证明了自己的能力。只要麦哲伦身边有像埃斯皮诺萨这样的人，他就不必惧怕与其他船长的正面冲突，但是目前他更需要借助书面文字的力量。他签署了以文书形式草拟的信件，并用小艇将其带到其他船上。

在舰队总指挥忙于阅读和答复信件的那几个小时里，水手和其他人在做什么？没有人知道。16 世纪，船上的水手经常被允许离开几个小时，他们希望能离开这浮动的监狱。无论如何，管理者可以放心地让船员上岸，因为在荒野中，没有人会逃跑，逃跑意味着自杀。海湾本身并非没有魅力：山脉保护着它免受西风的侵袭，南部的两条河流和数条小溪提供了水源，树木和灌木丛提供了补给。麦哲伦的船员们甚至可以沐浴几个小时的阳光，他们可以在河里洗澡并洗衣服。某些人可能已经沿着山谷走了几步，寻找可食用的药草，而另一些人则在海湾捕鱼。据皮加费塔说，海湾中盛产一种酷似沙丁鱼的鱼类，这是鲱鱼家族中较小的鱼。他们也一定在海滩上点燃了火，用它取暖、晾干衣服和烤鱼。那里有足够的柴火：山毛榉的树枝，富含树脂的伏牛花和杆状灌木的树枝。埃雷拉－托德西利亚斯说，木头燃烧时，烟味闻起来很浓，因此给男人"很大的安慰"。气味是否使水手想起了家乡教堂的香火？回到卡斯蒂利亚后，有些人以令人印象深刻的方式描述了燃烧的木头散发的芳香熏烟，以至于人们知道在麦哲伦海峡的两岸，生长着雪松，通过皮加费塔人们可以知道得更多。

我们可以想象巴塔哥尼亚式的田园诗，例如在春天可以用花朵来装饰海滩，像地毯一样。实际上，上岸休假是绝对必要的举动，因为舰队必须节省食物供应，并尽可能多地靠岸上的食物养活自己。除了药草和鱼类外，主要的食物还有贻贝、蜗牛和螃蟹。如果有机会看到这片土地的居民，可以吃一些野味或者进行交易，甚至驱逐他们。这种交易对航行者来说有两方面的合理性：这不仅可能有丰厚的利润，而且让人兴奋。因为这样做可以打破在海上日复一日的单调。尤其当有女人出现的时候！经过近一年的节欲，看到一个女人再次出现，甚至是一个赤裸裸的女人，这难道不令人兴奋吗？

毫无疑问，人类在这种纬度的荒凉地带也能繁衍生息。卡瓦略的部队在入口附近发现的坟墓可以作为证明。在远方的南部海岸上，他们看到过熊熊大火，但并不知道是谁燃起的。因为这个缘故，水手们称其南部的土地为"火之国"——火地岛。

1587年夏天，英国海盗托马斯·卡文迪许和他的士兵由于逆风阻止他们继续前进，在同一个（或邻近的）海湾度过了几周。他的士兵在上游几英里处遇到了一群全副武装的猎人。当时的英国人不信任陌生人，为了安全起见，他们用火枪杀死了很多人，于是那里的人开始与他们保持距离。在麦哲伦时代，海峡两岸的居民更加谨慎，尽量躲避入侵者。

在巴伊亚等待的日子里，皮加费塔与两名巴塔哥尼亚人进行了更详细的交谈。两人在圣胡利安港向北数百英里处被水手们绑架，此后他们一直是"特立尼达号"的非自愿乘客。

有一次，那个高个子男人讨要面包和水，显然他不是第一次讨要这些，因为他所说的类似"卡帕科"和"奥利"的发音，皮加费塔已经理解了意思是要吃的东西。皮加费塔把它们写下来，并要求巴塔哥尼亚人用他的语言说出更多的单词，指着事物并说出它们的名字。这样，巴塔哥尼亚的第一本（也是很长时间以来唯一的）字典出现了。条目不多，只有 90 条，但包含足够的词汇，语言学家认为它们属于琼语族，这个语言体系曾经从南美洲的南端覆盖至潘帕斯草原。

皮加费塔记下了巴塔哥尼亚人说出的单词——从头到脚底，再到日常事物和活动，如火与鱼，烹饪和战斗——他对身体部位的单词最感兴趣。他还询问了有关男女性行为的单词，以及大小恶魔的名称——它们的名字分别是"赛特博斯"和"彻列乌勒"。皮加费塔指出，所有这些发音都是在喉咙深处发出的。

当船上的意大利人用他的手指塑造十字架的标志并亲吻它时，据说巴塔哥尼亚人震惊并大喊"赛特博斯"。在手势的帮助下，那个巴塔哥尼亚高个子想警告皮加费塔：如果他再次做出十字架的手势，赛特博斯会让他爆裂。当然，这样的事情没有发生。几周后，当"特立尼达号"的一个巴塔哥尼亚人再次面临饥饿时，他拥抱了十字架，并以保罗的名字受洗。

对于虔诚的皮加费塔而言，他的使命包括在世界各地将非信徒转变为信徒。从某个意义上讲，这个事情是容易被理解的。但是，他面对的这个群体的所思所想是我们所不了解的。如果说 16 世纪的卡斯蒂利亚水手的思想对我们而言在很大程度上是未知的领域，那么那个时代巴塔哥尼亚人生活的世界，用形象的比喻来说，就好像处在远离太阳系的某个星球上，我们的想象力真是无法企及。那条船上的巴塔哥尼亚人的处境就好像被外星人绑架了，而且这个外星人的船上没什么可吃的食物。

同时，在"特立尼达号"的甲板上，舰队的命运被决定了。所有的收件人读完船长的信，向文书口述，记录、审阅并签署名字，这花了一天多时间。这些答复中只有一个被保存下来，是"维多利亚号"的占星家和舵手圣马丁写的。他把麦哲伦的信和他对这封信的答复抄录到了他的私人文件中。后来这些文件几经周折落到葡萄牙宫廷史官巴罗斯手中，这些信件和回答由此被人知道。圣马丁所记录的话给人带来的启发并不亚于他的上司。

这位天文学家怀疑他们所在的河道或其他任何通道是否会通往摩鹿加群岛，但这并不能阻止他们学习有关此航道的一切知识："希望恩典继续，让我们延长夏天的时间，直到明年1月中旬。"舰队将不得不尽快返回卡斯蒂利亚，因为随着白昼缩短，风暴会变得更加猛烈。如果在白昼长达17个小时的情况下，都是这样的暴风雨天气，那么秋天甚至冬天的情况将更糟。因此，船长应该力求1月底前离开海峡，这样舰队还能有足够的水和柴火直接驶向卡斯蒂利亚圣罗卡港。

尝试通过其他方式到达摩鹿加群岛，例如被禁止的从葡萄牙越过好望角向东的路线，圣马丁认为这不是个好主意："因为人们很虚弱；即使我们目前有足够的物资来维持自己的生活，也无法补充新的劳动力进行繁重的工作……此外，我看到那些生病的人需要很长时间才能康复。即使在您的恩典下拥有良好的船只和良好的索具，也要上帝保佑！尤其是这艘'维多利亚号'，它竟然连船缆都没有。"因此，圣马丁不相信麦哲伦会携带这样的船只和如此羸弱的船员登上摩鹿加群岛并返回卡斯蒂利亚。

最后，出于船舶安全的考虑，以及为了使人们能够稍稍休息，圣马丁建议船长仅在白天继续航行，为的是避免在晚上可能发生的危险，毕竟在短暂的夜晚只能航行 2 英里，完全没必要夜间航行。圣马丁写道："在表达了我的意思之后，我相信我已经履行了在上帝面前和对您的恩典的责任，在我看来，您是国王和舰队最好的选择，由上帝引导您，请您自行决定。"

如上所说，我们不知道其他人的答复是什么。如果麦哲伦派出的侦察艇在此后不久没有返回，我们也不知道他最终会如何决定。皮加费塔的叙述给人留下的印象是：好像这个任务已经在"圣安东尼奥号"失踪和信件交换之前完成。小艇的船员们高兴地宣布了这种探索大海的方法，这个所谓的"圣徒海峡"开辟了通往摩鹿加群岛的道路，圣马丁却在他的记录里对此表示怀疑，他认为这几乎是不可能的。

在侦察艇的船员中，有三个人的名字我们是知道的：前两个是来自"康塞普西翁号"的理发师埃尔南多·德·布斯塔曼特和水手奥卡西奥·阿隆索。因为麦哲伦最终支付了答应给他们的奖励——每个人 4000 马拉维迪（货币单位）或超过 3 个月的工资，记录在塞维利亚皇家贸易局的账簿中。第三个人可能是来自佛兰德斯的枪手罗丹·德·阿戈特。这名侦察员登上他们观察到的一座山峰后，为它起名"坎帕纳·德·罗丹"，德语翻译为"罗丹钟"。

在巴塔哥尼亚山顶上，谁还能像这个佛兰德斯人这样能想到比利时根特钟楼的钟声呢？

这座山峰与麦哲伦海峡南岸圣伊内斯岛上海拔 1269 米的白雪皑皑的山峰遥相呼应。但是，即使这些人设法登上了山顶，他们也只有在能见度高、视野极好的情况下才能窥探到海峡，因为它远在西北 100 多公里处。侦察员看来看去，传回消息：除了广阔的大海，他还看到一个岬角。皮加费塔写道："我们已经寻找了那么久，船长高兴得哭了，并称呼那个岬角为德塞阿多角（希望角）。"

舰队总指挥再次发出一封信，重申他将继续这一旅程的意愿。他坚信这对舰队来说是最好的，他向"胸前绣着的圣詹姆斯发誓"。上帝向他们展示了人们盼望已久的海峡，他相信上帝的仁慈现在将把他们带到"他希望的目标"。麦哲伦命令在所有船只上朗读这封信，信的内容后来由巴罗斯总结。第二天扬帆起航，整个舰队为了庆祝这一天而炮声齐鸣，3 艘战舰掉头并再次将船首向西调转。在河岸上，他们留下了一个木制的十字架，在它的脚下放着一个老罐子，上面有一条消息要传给阿尔瓦罗·德·拉·麦斯基塔，如果"圣安东尼奥号"随后又回来这里可以看到。

麦哲伦再一次走运，不像其他海员航行经过这条水道时，因为西风的阻碍而停留数周。他这次遇到的却是轻拂的微风，没有意外事件发生，舰队总指挥率领舰队穿越了海峡最狭窄、最艰险的一段。向西航行的船只必须与太平洋强大的海洋力量相对抗，他们必须应对强大的逆流，并采取预防措施，以避开潜伏在水面下时不时出现的褐色珊瑚礁。而且，海湾是如此之深，以至于难以抛锚，岸上又没有坚固的树丛可以固定锚索。还必须注意阵风，阵风在这里肆虐，德雷克的牧师弗朗西斯·弗莱彻描述了这种情况。这里是险恶的水域，在风暴来临或春季涨潮时，它们很快成为帆船的致命陷阱，麦哲伦的舰队却毫发无损。显然，总指挥拒绝了圣马丁的建议，昼夜不间断地在风中航行，在 11 月 28 日，根据一些记录，也可能是在 11 月 26 日，"特立尼达号""康塞普西翁号"和"维多利亚号"就离开海峡，驶向大海。

船上的 175 名人员都难以想象，海洋是那么黑暗狂野、浩瀚无边，其中一些人甚至认为它没有尽头，因为他们永远都看不到另一边。但是在那一刻，"每个人都珍视自己的幸运"。吉恩斯·德·马夫拉回忆起来，充满了探索的自豪感，"因为他到达了一个从来没有人到达过的地方"。

舰队总指挥命令所有的航行人员感恩，他们克服了在他看来最大的障碍：西部的大陆。他找到了一条通往地球另一端的海路，完成了整整一代海员的工作。穿过圣徒海峡的航行持续了一个月加一个星期，航程 110 里格，相当于 600 多公里。麦哲伦永远不知道这个海峡会以他的名字命名，那时他只知道还没有实现自己的愿望，他的航行生涯多年前已开始，但尚未结束。

2. 印度学徒生涯

自 13 世纪以来，麦哲伦家族就散布在葡萄牙北部的山区。随着时间的流逝，这个家族逐渐遍布葡萄牙北部的所有省份，并发展出几个分支。许多家谱学家迷失在麦哲伦家族分支的复杂丛林中，在 15 世纪和 16 世纪，至少有 8 个不同的人名叫费尔南多·麦哲伦，这种情况使研究变得不易，难怪关于麦哲伦的身世流传着不同的版本。费尔南多·麦哲伦作为克里斯蒂亚诺·罗纳尔多之前最著名的葡萄牙人，鼓舞着人们，他们说自己是英雄后裔，分享着英雄的光环。

费尔南多·麦哲伦于 1504 年在里斯本贝伦立了遗嘱，很长一段时间以来，这是关于他水手生涯的最早的文件。他从父母那里继承了萨布罗萨的一个小农场，该农场位于内陆深处山后省的一个村庄，后来他把这个农场留给了他的妹妹特蕾莎和妹夫。萨布罗萨有一处旧庄园，它看起来就像那个农场，目前仍然是麦哲伦迷的朝圣之地。很多朝拜者希望踏足这个地方，但那里可能并不是麦哲伦的出生地。

几年前，一份捐赠协议被发现，在塞维利亚的公证人档案中发现了一个流传将近千年的谎言。1519 年 3 月，舰队总指挥官费尔南多·麦哲伦在其舰队离港前几个月订立了一项有利于其妹妹的协议，他说自己是罗德里戈·德·麦哲伦和阿尔达·德·拉·麦斯基塔夫妇的长子。

捐赠协议指出，罗德里戈和他的妻子阿尔达是波尔图地区的居民，在今天的加亚新城地区，拥有一处乡间邸宅。这是一个庄园，包括葡萄园、栗树林和谷物种植地。他们去世后，他们的第一个孩子麦哲伦继承了这座宅邸，同时继承了遗产和对妹妹的照顾义务。妹妹未婚，名字是伊莎贝尔。显然，麦哲伦认真地承担着他的家庭责任。在长期航行之前，他于 1519 年 3 月写信给伊莎贝尔，向她移交了父母的遗产。

除了作者姓名相同外，1519 年的捐赠协议和 1504 年的遗嘱在各个方面都相互矛盾。起草 1504 年遗嘱的人几乎不可能是那个在 1519 年 9 月作为卡斯蒂利亚国王的舰队总指挥被派往摩鹿加群岛的麦哲伦。顺便提一句，麦哲伦一直把自己称为波尔图的"居民"，16 世纪博学多才的作家费尔南多·奥利维拉甚至明确地称他为杜罗河上这座古老商业城市的"本地人"。

麦哲伦母亲的家庭和父亲的家庭属于葡萄牙北部一个很大的贵族氏族，但他们的贵族血统不那么纯正。她奇怪的姓"德·拉·麦斯基塔"，意思为"来自清真寺"，是因为以下事实：她的 5 个兄弟于 1437 年在航海家亨利亲王的带领下围攻了摩洛哥要塞丹吉尔，并曾经占领了一座清真寺。

与出生地点不同，麦哲伦的社会背景从未引起争议——他是底层贵族。因为父亲是贵族，他继承了徽章，这体现了家族的荣誉。由于底层贵族缺乏财富，纹章盾和荣誉是他最有价值的财产，这使他在农民和小资产阶级的邻居中显得突出。为了保存和增加这种类似理想的财产，底层贵族实际上只有一条路可走——成为一名骑士。麦哲伦也走上了这条路。

每个人看到"骑士"这个词，眼前浮现的形象都是：身穿铠甲的战士，骑着马，手持剑、盾和长矛。乍看之下，这种形象似乎与早期的现代水手形象相矛盾，但水手其实就是将马换成船，将盔甲换成大衣和帽子，将长矛换成大炮。麦哲伦腰带上的军刀仍然让人联想到中世纪的骑士。短暂地做此联想还是有道理的，因为在麦哲伦时代，对于他所属的底层贵族而言，这是一个典型的形象。尽管雇佣军和火药早已撼动骑士在战场上的地位，但在整个欧洲，尤其是在伊比利亚半岛，骑士仍是作战的主力。骑士心中有自己的理想。这个理想是十字军东征时期的遗物，是把战士的美德与基督教的慈善命令融合成一种特殊的精神。骑士从小就被培养成残酷的冒险者，他们生活在暴力之中，杀人是他们的职业。但是他们有一个荣誉守则，正常情况下，他们还被培养出温柔的一面，他们被允许与家人同住，与贵妇们打交道，作为主人和教会的忠实奴仆。

所谓的"收复失地运动"是对穆斯林安达卢斯帝国长达百年的征服战争，它使葡萄牙和卡斯蒂利亚的骑士有充分的机会效仿罗兰或埃尔熙德这样的传奇榜样。"收复失地运动"为雄心勃勃的贵族骑士重新开辟了一条陡峭的职业发展道路——有生命危险但前景广阔。那些在战场上出类拔萃并抢夺了敌人的土地、穆斯林清真寺的人，将获得对那片土地和人民的统治权，其后裔有权继承。封建社会就是这样运作的，它完美地运作了几个世纪，直到有一天所有土地被夺走。暮色降临在1492年1月2日，格拉纳达的最后一位穆斯林酋长将他的王国移交给天主教国王费尔南多和伊莎贝拉女王，这就是"收复失地运动"的历史。在葡萄牙，最早是在13世纪中叶，葡萄牙国王将所谓的"西方世界"置于他们的统治之下。对于骑士来说，这意味着：他们不得不出发去新的海岸。许多人从字面上做到了，他们坚持了传统的自我形象。

从近代开始，中世纪骑士英勇浪漫的史诗在欧洲广为流传，尤其在卡斯蒂利亚和葡萄牙最为流行。今天的年轻人更熟悉的卢克·天行者和绝地武士，或祖父母那个年代的老沙特汉德和阿帕奇人的形象，对大约1500年的葡萄牙和卡斯蒂利亚青年而言，就是亚瑟王和圆桌骑士。该类型史诗中无可争议的明星是"阿马迪斯·德·高拉"，创作者（大概是葡萄牙人）将凯尔特人的传奇故事中的场景编织成一个梦幻般的成年故事："魔术以及争吵、战斗、决斗、伤害、求偶、爱情、风暴和没用的废话。"（米格尔·塞万提斯语）这本书的主人公像一个方舟中的婴儿一样被移交给大海，但作为一个骑士的榜样被神秘的"大海之子"救出并抚养长大，他在冒险旅程中证明了他的美德。《阿马迪斯·德·高拉》于1508年以卡斯蒂利亚语出版，像无数其他风格类似的作品一样，启发了一代又一代的读者。直到塞万提斯用他的《奇情异想的绅士堂吉诃德·台·拉·曼却》创造了该类型的辉煌模范，并筑就了文学高峰。

麦哲伦在青少年时代一定已经接触了这种骑士文化。像他的许多同龄人一样，他对此肯定留下深刻印象。而且谁知道呢，也许这些印象甚至已经影响他许下愿望：有一天自己能去冒险航行。即使他这次的找寻，像展现给我们的那样，有着更为合理的理由。

毫无疑问，年轻的麦哲伦曾接受过骑士的训练。这不仅包括学习战斗、学习用长矛和击剑，还包括教皇帕特诺斯特的教义、圣母颂、信条，以及上小学，在那里学习阅读、写作、算术以及一点拉丁文。同样重要的是学习礼节：如何在高级军官、长辈（尤其是国王）、女士和牧师面前举止得体，在他们面前跪下并亲吻他们的手。礼节的基础是在家庭和邻里圈子中学习的。然而，那些对孩子怀有更高期望的人最终将把他们送到公爵或国王的宫廷中，在那里给他们的学习画龙点睛，并且在那里可以建立有价值的关系。

因此，麦哲伦很可能年轻时就离开了父母的怀抱，为若昂二世（1455—1495）的妻子莱昂诺尔皇后服务。在 17 世纪卡斯蒂利亚历史学家巴托洛梅·莱昂纳多·德·阿苏银拉的参考文献中能找到这些记录，但就麦哲伦而言，他当时的情况并没有给巴托洛梅留下深刻的印象。由于家族关系，罗德里戈·德·麦哲伦也许能够将他的大儿子费尔南多安排在宫廷里。作为麦哲伦家族的一员，罗德里戈·德·麦哲伦与葡萄牙贵族中最杰出的上层贵族有联系，其中包括索萨领主和布拉干萨公爵。此外我们可以猜测，麦哲伦的长辈根据他青少年时期的行为，已经能对他日后的航海热忱略知一二，这在他的家族中并不是个案。在世界上任何地方，只要是说葡萄牙语的地方，无论在非洲、印度还是巴西，都能听到麦哲伦家族的传说。

有进取心的亲戚之一，皮奥·罗德里格斯，来自波尔图北部的布拉加，是费尔南多伯父的儿子、麦哲伦的堂弟。像费尔南多一样，皮奥出任皇家的骑士职务，并执行了陆上和海上的军事领导任务。几十年后，他的一个侄子对比了皮奥和费尔南多两人："他们的性格和倾向非常相似，既是伟大的冒险家，又是航海家，拥有奇异的想法。"

两个堂兄弟，在精神和气质上似双胞胎！虽然一个人的名字像流星一样短暂地闪烁，很快沉入历史的黑暗中，但另一个的名字却在500年以后在星系的穹顶中闪耀光芒。

1505年3月25日，在里斯本的居民见证了一场奇观。在城市的大门口，有20多艘卡瑞克帆船和轻快船准备离开，在人类记忆中，还没有舰队从特茹河口起航。涂着新鲜沥青的船体闪闪发光，桅杆上悬挂着旗帜和三角旗，春天的阳光照耀着崭新的枪支。

舰队的对面是一个大型建筑工地，贝伦的圣哲罗姆派修道院几年前在那里开始兴建，它的哥特式外立面宽300米，宣示着其创始人的虔诚和巨大财富——唐·曼努埃尔1495年继承王位，是若昂二世的继任者，被称为"幸运儿"。

编年史家加斯帕·科雷亚在他的《印度传奇》中讲述：在前一天，在里斯本大教堂，唐·曼努埃尔向舰队指挥官唐·弗朗西斯科·德·阿尔梅达授予了"皇家旗帜"。国王还授予了基督骑士团旗帜。

在旧教堂沉重的穹顶下，挤满了竖起耳朵的人。唐·曼努埃尔将跪在自己面前的"朋友和大臣"唐·弗朗西斯科·德·阿尔梅达称为"在印度的亲王"，他可以"通过对不信者和异教徒的转化……以及对那些不忠于我们圣洁信仰的人的惩罚，来扩大他们的圣洁信仰，使其为上帝服务，并服务于我的这些属地"。于是，接受这个称呼的唐·弗朗西斯科·德·阿尔梅达跪在地上，亲吻了国王和王后的手，在庄严宣誓效忠之后，接受了旗帜并向上帝宣誓，而传令者则大喊："亲王唐·弗朗西斯科·德·阿尔梅达！国王任命的印度总督！是我们的主人！"

这位编年史家并不吝啬用华丽的语言描述在教会发生的精彩场景。唐·弗朗西斯科·德·阿尔梅达，以及他的所有船长和贵族骑士依次亲吻了国王的手，在靠窗的女士们的注视下，脱帽骑着马走向远处的港口。他们穿着华丽的长袍和盔甲，黑色天鹅绒夹克，紫色缎面帽子，雪白的法式风格鞋子，牵着马的银色缰绳，佩带镀金剑。在两旁80名持戟士兵和24名侍从的护卫下，亲王的儿子唐·洛伦索头戴"华丽的卷发"骄傲地举着皇家旗帜，骑在前面，老阿尔梅达在旁边，他有点秃头，但派头十足。

之后他们出发了。"船上飘扬着皇家旗帜和基督骑士团旗帜，礼炮齐鸣，吃了晚饭后起航，顺着河开往贝伦，并在那里抛锚。"第二天，唐·曼努埃尔乘船前来参观，"因为风势良好，国王下令起航，整个舰队离开了河口"。

在那天，麦哲伦也站在从特茹河口起航的22艘船中的一艘上。他也是参加教堂仪式的贵族之一，恭敬地亲吻了国王之手后告别。"穿着华丽地游行，他们的所有仆人也都穿着精美的制服"，浩浩荡荡地列队穿过整个城市。像其他人一样，麦哲伦将目光投向在岸上挥舞手臂的人群，搜寻着什么，很可能是他的父母。参与1505年的舰队是最早得到确认的有关麦哲伦生涯的事件，这也是推测他的年龄的唯一线索。如果假定他在出发时还不到20岁，那么麦哲伦一定是在1485年之前出生，但这仅仅是猜测。

在跟随唐·弗朗西斯科·德·阿尔梅达上船的贵族的名单中，麦哲伦的名字在他的兄弟迪奥戈·德·索萨的后面。迪奥戈的姓氏与古老一些的姓氏费尔南多不同，这并不奇怪，葡萄牙贵族子女可以自由选择继承父亲或母亲的名字，甚至像迪奥戈一样选择继承其祖母的名字，尤其是在索萨的名字非常有声望的情况下。这个表单上的几十个人中，有一位叫弗朗西斯科·塞拉诺。他是麦哲伦的密友，在接下来的几年里，他与麦哲伦共同度过了在亚洲的时光，并共同分享了一些冒险经历。即使这对朋友最终不得不分手，他们的联系也没有中断。他们的命运交织在一起，几乎同一天，在东亚走向悲惨的结局。

费尔南多和迪奥戈兄弟以及他们的朋友弗朗西斯科·塞拉诺在名单中被列为"宫廷薪资人员"，他们是国王的仆人，因在宫廷服务而每月获得报酬。薪资由一袋大麦和一些钱币构成，根据等级决定，但还是太少，对于维持生活有些不足。在曼努埃尔国王统治下，领取这类薪金者的数量达到了数百人，并持续增加。有些人担任王室议员或高级职务，但大多数人主要在和平时期担任宫廷典礼的编外人员。

　　唐·曼努埃尔被称为"幸运者"，是因为他出人意料地登上了王位。在继承者排位榜上，他一直位居第六，虽然距离王位相差很远，但其他王位争夺者都失败了，所以在1495年，才26岁的他就出人意料地成为国王。从那以后，他深信上帝对他有伟大的期望。在这种信念下，他深入研究了菲奥雷的约阿希姆院长的神秘教义，认为这是圣灵的工具，用于在世界各地传播基督教信仰，解放圣墓，并为基督的末世回归做准备。

　　自1415年以来，葡萄牙船只一直在整个非洲西海岸徘徊，寻找黄金和奴隶。最终，在1488年，一支由巴塞洛缪·迪亚斯领导的舰队绕过了非洲大陆的最南端厄加勒斯角，打开了欧洲人仅凭传闻知道的通往奇观和财富世界（印度洋及其沿海国家）的大门。1497年，唐·曼努埃尔派出第一批舰队，在瓦斯科·达·伽马的指挥下深入了这个神秘的世界，于1498年春天到达了印度的马拉巴尔海岸，这是亚洲香料贸易的中心之一。这一事件激发了无数葡萄牙人的想象力，尤其是曼努埃尔国王。

　　机会的大门被打开了！现在可以通过海上通道与传说中的祭司王约翰联系，据说他在埃塞俄比亚统领强大的基督教王国。开罗的马穆鲁克苏丹是基督教的大敌，占领了耶路撒冷的圣墓。曼努埃尔甚至可以和祭司王结盟，越过红海，从背后袭击他们。至少可以控制马穆鲁克从亚洲到欧洲、横跨红海和巴勒斯坦的利润丰厚的香料贸易。简而言之，可以从两个方向抓住基督的仇敌，并在上帝的帮助下解放耶路撒冷，从而使所有基督徒数百年来的梦想得以实现。曼努埃尔国王很乐意这样称赞自己的功绩。

瓦斯科·达·伽马归国后，来自里斯本的舰队在每年春天驶往印度洋，有时一年两次或三次。

葡萄牙人的大帆船轰炸了所有海岸，他们出现在哪里，哪里就充满恐怖和畏惧。每个舰队都带回了整船的胡椒粉，在安特卫普的香料市场上，这些胡椒粉可以变成金银财富。但是国王很快意识到，派几艘军舰和商人不足以使他的雄心勃勃的计划实现。甚至当印度次大陆上那些陌生的信徒（显然葡萄牙人希望找到反对穆斯林的天然盟友）根本不是基督徒，而是异教徒、偶像崇拜者时，情况就更加明显了。因此，曼努埃尔决定增强在印度洋的影响力，国王在1504年派遣了一支13艘船的舰队之后，在1505年又派出大型舰队增加兵力。

20艘船中有10艘在船舱中装满香料，在第二年返回葡萄牙。另外10艘永久留在了印度洋，为一个十字军帝国奠定基础，这个帝国是一个新的"海外领域"。除了1500名战士和200名炮兵外，船上还有僧侣、文书和医生、口译员、铁匠和木匠，他们也要进行几个月的航行。除了枪炮、弹药和火药之外，他们还携带木头、雕刻的石头、工具和其他材料来建造要塞和船，以及其他日常必需品，例如餐具、衣服和书写用具。

但是，并非被派遣上船的2000多人都充满了与国王相同的虔诚的十字军精神，许多渴望荣耀和猎物的骑士迫不及待地想要抢劫外国船只，掠夺印度洋沿岸富有的贸易城市。还有一些商人，对于他们来说，利益至高无上。由一个意大利-德国财团提供资金，奥格斯堡贸易商威尔瑟受到亚洲繁荣的吸引，资助了一支三艘船的舰队，还将他的代理商派驻到葡萄牙。在那里有他们的意大利合作伙伴，尤其是热那亚人和佛罗伦萨人，已经在葡萄牙定居了数十年。

骑士直接参与贸易的利润分配。船舶的大小视船级而异，每个人都有权分享船舶的货物量。度量单位是公担①，用来测量胡椒粉以及其他商品的重量。每个贵族骑士被允许从印度向葡萄牙和卡斯蒂利亚运送一批香料，以自己的名义在国内销售。他们可以从惊人的利润中直接受益，利润率甚至达到了百分之几百。当然，王室试图垄断里斯本和印度洋之间的货物贸易，从而获得更多的利润。商船未经皇家许可不得离开葡萄牙，在特茹河上卸下的每一袋胡椒都必须经过国家贸易机构"印度之家"，在那里的官员为其注册并以官方规定的价格扣除高额税款后，才能进行交易。

因此，战争、财富和对信仰的热忱在这个划时代的大型组织中齐头并进，这使每个参与其中的人都感到激动。对名誉和财富的渴望与拯救历史时刻的感觉相结合，再加上风险意识，回报的不确定性，以及无数谣言和故事流传的广阔而神秘的世界的无限可能性——简而言之，充斥着一种兴奋的心情，就像任何集体冒险开始时一样。在这片眩晕之中，有一个来自波尔图的年轻骑士，名叫费尔南多·麦哲伦，在1505年的那个春天，开始了他经历丰富的8年多的海外学徒生涯。

在接下来的几个月，麦哲伦和他同行的大多数航行者所见的几乎所有东西都一定新奇、陌生得令人难以置信，对他们进行感

---

① 当时的1公担重量比现在轻，只有46公斤。

官上的轰炸——炎热的热带，陌生的星空，不同的肤色和不同的面部特征，不同的文化，不同的语言、衣服、食物、建筑物，不同的动植物等。

在横跨大西洋的 4 个月旅程中，航行者遇到了许多未知事物。威尔瑟在蒂罗尔州的贸易代理商巴尔塔萨·斯普林格乘坐其中一艘船，他在 1509 年印刷的《海上航行及通往未知岛屿和帝国之路》中写道："在海湾地区有一群小鱼，经常在海面上飞跃，小鱼有白色的翅膀，很像蝙蝠的翅膀，令人诧异。"在今天被称作塞内加尔海岸的地方，斯普林格遇到了"令人惊讶的害羞的人"。在佛德角，他惊叹于大概 4 英尺粗的巨型树木。舰船"夜以继日地航行"。根据斯普林格的说法，他们航行 1400 英里绕过好望角，那里 6 月的天气"就像我们国家圣诞节时一样"，暴风雪敲打着船只。当舵手确定他们已经越过海角时，他们才再次向北转。长途绕行穿越南大西洋比沿着非洲海岸行驶更明智，因为航行者能够利用东南信风，然后在南纬约 40 度处利用南极西风带前进。斯普林格写道："在15 周的时间里，看不到土地，大海就像荒野和沙漠。"

在公海生活数月之久意味着什么？很多人挤在一个摇曳的"木制浴缸"里，这个"木制浴缸"的空间比现代家庭住宅的居住空间还小，这对 21 世纪的欧洲人来说是难以想象的。每天，人们看到相同的未清洗的脸，相同的海平面，看似无边无际的水域，且不知道水有多深。在海面之下，躲藏着像"邪恶的残忍鲸鱼"这样的怪物（巴尔塔萨·斯普林格语），这使人的思绪更加不稳定，有时海面数周看似静止不动，船帆松弛地挂在横杆上，然后海面充满活力地翻腾和冒泡，变成一片沸腾的山峦，有可能吞没船只。巴塞洛缪·迪亚斯命名非洲最南端的海角为"风暴之角"，此后这个海角被里斯本的领主命名为"好望角"，并沿用至今。

1505 年，对于航行者而言，南半球的冬季尤其寒冷。在这里，亲王的精打细算起了作用，为了应付各种额外的开支，唐·弗朗西斯科·德·阿尔梅达在从佛得角到南极洲的航行中，每日只给船员提供四分之三配给的葡萄酒和食物，因此能够在 7 月下旬到达东非海岸赞比西河口附近，使舰队在某种程度上得到了补给和增强了战斗力。

巴塞洛缪·迪亚斯和瓦斯科·达·伽马发现了一条通往印度的海路。对于他们和所有像麦哲伦一样航行的人，这意味着在好望角之外，开辟了一个充满"稀有事物"的新世界（巴尔塔萨·斯普林格语）。他们的旅程拓宽了所有参与者的视野，不论是亲自去航行的人，还是阅读《海上航行及通往未知岛屿和帝国之路》的人。尽管葡萄牙王室用严厉的刑罚作为威胁，试图阻止其海外水手传播有关的敏感信息，但由于印刷机的出现，这种信息很快在欧洲所有城市都可以得到。从长远来看，他们的阻止是徒劳的，因为欧洲人新的发现引发了一场认知革命，在几十年之内，地球的古老形象被摧毁，并被一个全新的、真正意义上的全球概念取代。

这场革命的戏剧性影响和后果到今天已被人们轻易忘记，欧洲人实际上只发现了地球的一小部分，发现了人类的一小部分。葡萄牙人抵达时，人类在印度洋及其沿岸的活动历史已有上千年。像地中海一样，它长期以来一直是贸易中心和文化交流区，形成了一个从东非、波斯、印度、暹罗和婆罗洲一直延伸到摩鹿加群岛和日本的"经济世界"（法国历史学家费尔南德·布劳德尔语）。

季风给这个世界带来了不一样的生活节奏。在冬季的印度洋上，一股稳定、干燥的风从印度高原东北方向吹来，直达非洲，这是理想的航行天气，使一艘艘休整完毕的船很快就到达了另一侧。在春季，风向转变，风从西南方向吹来，变得更加潮湿和多变，所以只有一个季节开始和结束时才是理想的航行日期。在6月至8月的3个月中，经验丰富的海员留在港口。在印度半岛以东和印度尼西亚群岛之间的孟加拉湾，风的规律具有可预测性，从而使经常航行的船只在风中航行顺畅，其中包括阿拉伯三角帆船和从中国到印度尼西亚使用的帆船。明朝时期（1368—1644）中国的大型帆船具有多达三个甲板，可承载1000多吨的货物，其性能超过了当时的任何其他船只。而东非的船则几乎完全由椰子树制成：从用椰子纤维缝合的船到桅杆和绳索，再到由交织的棕榈叶制成的帆。

通过这些船只，斯瓦希里海岸的水手将波斯人和阿拉伯人的文化与非洲班图人的当地文化融合在一起，创造了自己的文化；将非洲内陆的珍宝——黄金、象牙和奴隶销往印度，有时还销往中国；在返回的途中，带回高品质的商品，例如瓷器、丝绸和染色棉织物。就像今天流行的染料"靛蓝"这个名字所暗示的那样，这种彩色织物是印度次大陆的出口热销品，从古吉拉特邦的坎贝（今天的肯帕德）、科罗曼德尔海岸、孟加拉出口到整个世界。津巴布韦穆塔帕王国的臣民以及爪哇的满者伯夷国居民也穿着印度的棉质连衣裙。而印度尼西亚的特产是香料：来自摩鹿加群岛的丁香，来自班达群岛的肉豆蔻、姜、肉桂，尤其是胡椒。

自古代以来，欧洲一直与这个庞大的贸易网络联系在一起。贸易商从印度的马拉巴尔海岸带走这类商品，这些商品的出口（主要是香料）利润丰厚，它们通过波斯湾和巴勒斯坦或通过红海和埃及运往地中海。海上丝绸之路在罗马时代已经开发，它将欧洲与亚洲连接起来。所以，这并不意味着印度洋的世界一直是静止的，而是恰恰相反。

从 14 世纪后期开始，印度洋和东亚的商业和思想交流蓬勃发展，尤其受到欧洲对东方奢侈品需求增加的刺激。为了满足这一需求，印度的商人发挥了重要作用，最显著的是位于次大陆西北部的古吉拉特邦苏丹国。古吉拉特人的商业活动范围从开罗直到爪哇，随着时间的流逝，马来半岛和马拉巴尔海岸（海上丝绸之路的心脏）之间的货物交易大部分落入了他们的手中。这些商人是穆斯林，他们在其祖国印度的教徒中只占少数，他们习惯与其他信仰的人合作。受益于东南亚精英阶层对伊斯兰教及其成就（例如在行政、贸易和司法等领域）的热情日益提升，他们同样是有说服力的宗教调解人。因此，1400 年左右，马六甲的统治者在这座城市成立后不久就皈依了伊斯兰教。从那时起，马来半岛成为东南亚最重要的贸易中心，海盗巢穴也以惊人的速度在增加。

马六甲主导了亚洲大陆与苏门答腊岛之间的航道，苏门答腊岛将印度洋与中国南海和爪哇海相连。到 1500 年，据说已有超过10 万人居住在这座城市，使用 84 种语言，甚至据说鹦鹉都掌握多种语言。有来自中国、日本、菲律宾、婆罗洲、爪哇、苏门答腊和缅甸的大商人，以及来自古吉拉特的印度人，他们用丝绸和棉花交换丁香和肉豆蔻，然后运往西方。在卡利卡特（现称科泽科德）或坎贝停留后，其中一些香料通过红海送到亚历山大港，威尼斯的船已经等候在这里，准备把珍贵的货物运到地中海。从威尼斯出发，沿着街道和河流来到意大利北部和德国南部的城市，或者去那不勒斯、佛兰德斯、伦敦等城市的中心——那些富裕的终端客户所在的地方，他们有足够的支付能力来满足他们对异国情调的追求。欧洲人渴望异国情调，他们付出的代价是一枚枚清脆响亮的硬币。因为除了贵金属之外，欧洲仅仅能够提供少数几种商品，值得长途跋涉出口到亚洲。

像今天一样，生产者在这项交易中赚得不多。商贩赚取了很大一部分利润，以弥补他们的巨大风险。长途交易是一项高度投机的业务，按照"高风险、高回报"的原则，它只有通过高利润率才具有吸引力。然后，从马六甲苏丹到卡利卡特的扎莫林王国，从开罗的马穆鲁克苏丹到威尼斯最高执政团，许多统治者都想从中攫取利益。由于1348年的大瘟疫和蒙古帝国的崩溃，整个亚洲的陆路贸易衰败，威尼斯垄断了从亚洲向欧洲的香料进口，直到1498年瓦斯科·达·伽马从马拉巴尔海岸冒出来。

葡萄牙人像不速之客一样出现在印度洋上，防不胜防，首先是因为他们的船。卡瑞克帆船和卡拉维尔帆船比中国古代的帆船和单桅帆船更适合航海，因为它们可以更近距离地贴近风航行。最重要的是，它们的结构相当坚固，可以在船上安装重炮。自14

世纪以来，枪炮铸造在欧洲取得了长足的进步，并达到了世界上其他任何地方都无法达到的技术水平。现代历史学家的公式——"风帆和大炮是无与伦比的组合"——在葡萄牙人征服印度洋之时为其提供了决定性的优势。但是他们的成功不仅仅是技术优势的结果，他们还很快学会了利用已有的冲突来发挥自己的优势。

例如，在东非基尔瓦，两个王朝争夺苏丹国继承权时，或者科钦这样的藩属城市的王子想要摆脱卡利卡特的扎莫林王国控制时，或在马六甲宗教团体相互竞争时，葡萄牙人利用他们的卡瑞克帆船和炮弹的优势，帮助一方赢得胜利。作为回报，他们要求建立据点和进行贸易，并且利用据点，很快就能控制当地的贸易。这种策略背后是纯粹的恐怖。瓦斯科·达·伽马曾经抓获一艘船，在海上放火烧死这艘船上 300 名穆斯林朝圣者，包括妇女和儿童；还有一次，他命令将数十名来自卡利卡特的渔民和水手绑在他的船上，并将在船上被切断的手脚送到陆地；他把扎莫林王国不愿意生活在他统治下的数千名穆斯林驱逐出境后，把这座城市夷为平地。这些暴行不是意外行为，而是有意为之。仇恨很快就从四面八方指向他们，葡萄牙人早有准备，他们就是想让当地人感到害怕。

亚洲的海洋从来不是热带的天堂。在莫卧儿帝国早期，战争已在印度提上议事日程，海盗活动和贩运奴隶在印度洋沿岸和东南亚群岛上十分猖狂，马六甲这样的大都市夜晚的街道与当时欧洲主要城市无异——充满谋杀和凶杀。但是，随着葡萄牙人的到来，暴力行为进一步蔓延，甚至让当时习惯于这种环境的人也感到害怕。

这段文字粗略地描述了麦哲伦在 1505 年夏天进入的世界，及随后的几年在这个世界里的活动。作为一个普通的骑士，他几乎没有在这个世界留下任何个人痕迹。他的名字很少出现在官方编年史中，也没有出现在他的上司给国王的长达一整页的报告中。只是偶尔提到了他，所以我们可以追溯他的职业生涯，并为分析他的性格特征提供一些佐证。

麦哲伦是否参与了对基尔瓦的占领尚待考证，但当阿尔梅达亲王于 1505 年 8 月入侵并掠夺、焚烧更北部的蒙巴萨时，麦哲伦肯定在那里。这座富裕的贸易城市的 1 万多名居民（其中包括 4000 名有战斗能力的士兵）非常勇敢地捍卫自己的城市，以至于攻击者不得不动用所有力量。威尔瑟的贸易代理人巴尔塔萨参加了葡萄牙人入侵这座城市之后发生的激烈的巷战："当我们冒险进入狭窄的街道和小巷时，发现没有人喜欢我们，我们遭受了暴力侵害。石块、砖瓦、箭矢……向我们袭来。但是由于上帝的帮助，我们保持了出色的状态并征服了这座城市，最后赢得战斗，我们感觉真是太好了，感恩上帝。"

蒙巴萨被抢劫和烧毁后，舰队越过阿拉伯海，麦哲伦接下来的 15 个月里在印度西海岸度过。1506 年的坎努尔海战，葡萄牙人击败了卡利卡特扎莫林王国舰队，麦哲伦可能参与其中；也许他还参与了较少的战斗任务，譬如监督科钦工厂的香料装载，因为亲王必须在每个冬季吹季风时将香料运回葡萄牙，以便国王可以用销售收入来资助进一步的探险；麦哲伦一定经历了印度的人声鼎沸和仪式的富丽堂皇：例如，坎努尔国王科拉蒂里的招待会上，在 3000 名带着匕首、剑、矛、弓、小号和长笛的战士陪同下，国王等待葡萄牙人的到来。在棕榈树下的帐篷中，国王靠在沙发柔软的枕头上，穿着细棉布，系着腰带，戴着一顶丝绸帽子，旁边站着一个捧着王冠的侍从。麦哲伦一定不由自主地迷失在印度世界复杂的种姓、礼节和习俗中。他那个时代的其他航行者，譬如来自博洛尼亚的环球航行者卢多维科·德·瓦尔塔马和葡萄牙在坎努尔的工厂的官员杜阿尔特·巴博萨对印度的种种景象进行了描述，包括蛇、大象和圣牛、胡椒灌木丛和稻田、饮食习惯和性行为、育儿和司法，而麦哲伦对这些方面的描述我们却一无所知。

1506 年末，亲王被迫派遣一个使团漂洋过海到基尔瓦，因为在那里发生了动乱，据点里的葡萄牙人在忍受饥饿。在这种情况下，麦哲伦的名字首次出现。亲王提到他是执行任务的船长努诺·阿尔瓦雷斯·佩雷拉的随行贵族骑士之一。唐·弗朗西斯科·德·阿尔梅达在基尔瓦操纵了一个苏丹傀儡，但不久这个傀儡便被对手谋杀。结果，这座城市爆发了战斗，大量居民流离失所。在此过程中，葡萄牙据点的首领被暗杀，佩雷拉代替他在战争双方之间维持了并不稳定的短暂和平之后，和随行人员乘船驶向位于赞比西河口以南沼泽附近的索法拉，在此等待从里斯本驶来的下一个船队。人们纷纷染上疟疾。他们一完成任务，佩雷拉和他的随行同伴就登上了下一艘向北行驶的船。在莫桑比克的小岛上，大约位于索法拉和基尔瓦之间，他们寻求庇护。由于本应将其带回印度的夏季风减弱，他们被迫加入了也被困在岛上的其他葡萄牙人的行列，不得不在碧绿沙滩上的棕榈树下"冬眠"。

如加斯帕·科雷亚所描述的那样，其中健康的人利用待在莫桑比克的时间建造了一个医院，"一栋大房子，后面有一个大阳台，一栋用于安置病人的单独建筑物，一间药房"。他对他同胞的工作感到非常高兴。编年史作者记载，船长们依次担任护士，在奴隶的协助下，他们给病人"果酱和蜜饯"，一种"极大地强化"了病人体质的饮食。但是并不能每次都这样治疗，因为许多人将自己的财物献给了医院。关于麦哲伦是这家热带医院的护士还是患者的事，并没有记录，即使他属于后者，他的身体也完全康复了。因为最迟在1508年底，他的身影又出现在印度西部海岸，那里在酝酿一场大风暴。

葡萄牙人在亚洲活动的受害者，包括卡利卡特的扎莫林王国，古吉拉特邦苏丹和开罗的马穆鲁克苏丹，以及威尼斯最高执政团（威尼斯的香料垄断被打破）。葡萄牙人从这种贸易中获得的利润对威尼斯人的财务报表产生了明显的影响，就像他们的商业伙伴马穆鲁克苏丹古里一样，其海关收入也急剧下降。更糟糕的是，曼努埃尔国王激进的十字军计划威胁着马穆鲁克帝国的存在。1507年，一支葡萄牙舰队抵达非洲之角，占领了亚丁湾口的索科特拉岛，此后恐怖地袭击了阿拉伯半岛东南角的城市。这种进攻必须被抑制。

由于本国的树木太少，古里向他的奥斯曼帝国盟友苏丹·贝耶兹二世借了木头来造船，由威尼斯的木匠在红海的苏伊士组装，航行到印度，在那里与坎贝湾的古吉拉特邦苏丹舰队会合。1508年3月，联合舰队在今天孟买以南的焦尔遭遇了对手葡萄牙人，并打败了他们。这是葡萄牙人第一次在印度输掉海战，总督的儿子唐·洛伦索·德·阿尔梅达战死，他被称为光芒四射的战争英雄。所以，老阿尔梅达不仅要恢复不可战胜的威望，而且还要通过对敌人的残酷复仇来减轻作为父亲的痛苦。

因此，他于1508年12月12日带着18艘船、1500名葡萄牙勇士和400名来自坎努尔王国科钦的盟军在马拉巴尔海岸向北航行，这些再次准备战斗的人里就有麦哲伦。即使他自己没有做这件事，他也会目睹阿尔梅达的舰队沿着海岸的航程中留下的毁灭性痕迹，看到达布尔废墟中被肢解的尸体，看到婴儿被抓住脚并砸向墙上，听到母亲的哭声，闻到烧焦的肉的恶臭。毕竟，葡萄牙历史学家对他们的所作所为丝毫不加掩饰。

第乌战役于1509年2月2日至3日在坎贝湾的第乌港进行，此战被认为具有历史意义，因为它的目的是确保葡萄牙掌控印度洋主权至少100年。麦哲伦在那边的活动得到了证明：加斯帕·科雷亚在记录中说麦哲伦在第乌受伤。如果麦哲伦仍然是努诺·阿尔瓦雷斯·佩雷拉随行人员的一部分，那么他将冲在第一线。阿尔梅达的舰队与敌人相遇时，佩雷拉的船"圣埃斯皮里图号"驶在最前面。敌人召集了一支可怕的舰队：拥有十几艘土耳其大帆船和阿拉伯独桅帆船，以及七八十艘较小的船只，至少4000名战士，主要是马穆鲁克人和古吉拉特人，以及奥斯曼雇佣兵，他们被称作"鲁姆人"，类似"罗马人"的称呼，因为他们的苏丹居住在罗马帝国的前首都。在穆斯林的队伍中，也有一些来自希腊和意大利的基督教叛逃者，尤其是持枪的叛逃者。

这漫长的一天所发生的事情一定已经深深印入麦哲伦的脑海：他的同伴们高呼"摩尔人杀手圣地亚哥"，战鼓敲击，小号尖叫，炮声轰鸣，箭矢呼啸，木头破裂，伤者号哭，这些声音就像"末日审判"一样响亮（加斯帕·科雷亚语）。浓烟刺痛了眼睛，遮天蔽日，无情的火焰照亮了热带的天空，疲惫的努诺·阿尔瓦雷斯·佩雷拉稍微动了下领子，他的喉咙迅速被箭击中并流血致死。100 多名葡萄牙人在战斗中丧生，300 多人受伤，其中多数是枪伤，另一半是在近身混战中受创，而穆斯林有数千人被杀。那些幸免于难的马穆鲁克人，成为老阿尔梅达发泄愤怒的对象：在老阿尔梅达的命令下，囚犯被活活烧死，绑在枪上或拴在船上。除了装备上的优势外，古吉拉特人的长官在战斗中叛变到葡萄牙一方，对葡萄牙人的胜利起了决定性的作用，这是事实。

麦哲伦似乎并没有受到这场战役长期的创伤。1509 年 7 月底，他从科钦军需官那里领了 20 个"帕拉"（相当于 400 公斤）小麦，这些就算他的工资了。8 月 19 日，他在迪奥戈·洛佩斯·德·塞凯拉的指挥下出发前往马六甲。了解这个贸易城市的富裕程度和重要性之后，唐·曼努埃尔希望他的部下来此拜访。

塞凯拉的舰队由 4 艘卡瑞克大帆船和 1 艘塔弗拉船（现在该船的形状和尺寸没有准确的数据，可能是部队运输船或货运船的一种，底面平整，舷墙低）组成。麦哲伦在塔弗拉船上与一个名叫加西亚·德·索萨的船长以及其他 60 名战士一起航行。其中一个人叫弗朗西斯科·塞拉诺，这段旅程将他和麦哲伦永远地联系在一起。

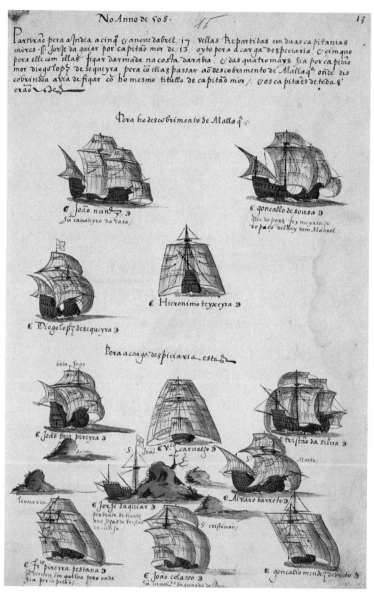

▲图片的上半部分是在迪奥戈·洛佩斯·德·塞凯拉指挥下"为了发现马六甲"派出的4艘船。摘自《舰船记忆》（16世纪的手抄报，存于今天的里斯本科学院）。

　　过了 3 周多的时间，他们就穿过了从未有基督世界的船只穿越过的孟加拉湾，沿着苏门答腊岛的北部海岸航行，这里的大陆对船上的所有人而言就像马六甲一样神秘，他们在 9 月 11 日放下了船锚。他们眼前的这座城市既没有强大的防御工事，也没有宏伟的宫殿。大多数房屋由木头制成，屋顶覆盖着棕榈叶。这样的建筑物非常多，每个人第一次看到这种房屋都会感到惊讶。据当时的人说，马六甲海岸延伸了 15 公里多。在城市的前面，无数大小各异、构造奇特的船只在海岸边停泊：有四桅帆船，有马来帆船（有 2 个或 3 个船体、带有舷外桨架的船），还有配有许多桨的舢板船。在他们的后面是连绵的山丘，覆盖着绿色的热气腾腾的热带雨林，那里有蛇、老虎和鳄鱼。马六甲位于马来半岛，它早已因为被地理学家称作"黄金半岛"而广为人知，这个名字足以激发人们的幻想。

　　比起新来的移民，对于造访他们海岸的那些怪异而陌生的船只，这个早期大城市的居民很有可能不会感到困惑。当然，马六甲的居民知道这些访客是谁，以及是什么吸引了他们来到这里。尽管以下事件仅从葡萄牙语的文献中得知，但它们提供了足够明确的事实：3 天来，什么都没发生。双方互相注视，而在马六甲苏丹的王宫中，各派对如何最好地处理这一胶着局面争论不休。最后，苏丹有礼貌地邀请葡萄牙人在他的城市进行贸易。

　　为了节省时间，迪奥戈·洛佩斯·德·塞凯拉命令将几乎所有的小艇停放在岸上，以装载胡椒和肉桂。之后，一切都在迅速进行。突然，塔弗拉船的船长加西亚·德·索萨看到：他的船被商人卖货的船只包围，加西亚不相信这不是别有用心。他让塔弗拉船准备好进行防御，然后派麦哲伦乘坐剩下的最后一艘小艇赶往旗舰，在那里麦哲伦找到了正在下西洋棋的指挥官，他被马六甲的一群客人包围。麦哲伦告诉塞凯拉，需要派船夫到船右侧检查索具。船夫看到葡萄牙人已经在陆地上与当地人展开混战，尖叫着发出警报声。当塞凯拉放弃棋局，抓住武器并追赶突然成为敌人的客人时，麦哲伦划着船上岸支援伙伴们。但考虑到敌人的数量优势，这是没有胜算的举动。数十名葡萄牙人在该座城市丧生或被俘。而麦哲伦设法将他的5名同胞拉进了小艇，并在大炮的掩护下将他们带到安全地点。弗朗西斯科·塞拉诺是5个被营救的人中的一个，麦哲伦挽救了他的生命，与他建立了重要的友谊。

仅仅几天后，当葡萄牙人带着3艘船撤退到印度时，麦哲伦再次有机会帮助他的朋友。这个故事可以追溯到16世纪的葡萄牙历史学家——费尔南·洛佩斯·德·卡斯塔涅达，他在印度生活了很多年。塞拉诺试图抢劫一艘朝爪哇航行的中国式帆船，船员拼命反击，塞拉诺被长矛击中，陷入困境。麦哲伦和其他人开船冲上去施以援手，撞向对手的船，"他们给这艘船的推力是如此之强，以至于它偏向另一侧，水溅到了侧面，船上的妇女们都摇摇晃晃。当妇女们意识到危险并担心船会沉没时，她们跳入水中，而船上的男人们则跳水救她们。我方的人看到这种情况，穷追不舍并杀死了他们大多数人"。然后，他们拖着弗朗西斯科·塞拉诺的船，并将伤者带到旗舰。在前进的旅途中，他们在这种类似海盗的活动中陷入困境，麦哲伦可能再次扮演了拯救同伴的天使角色。关于第三次营救行动，值得注意的是，由于在漆黑的夜里，以及海洋强流的到来，其他军官认为这太危险了，但麦哲伦坚持了自己的意见，最终使同伴摆脱了困境。

与此同时，在印度，唐·弗朗西斯科·德·阿尔梅达的任期已经结束，1509 年至 1510 年冬季，他的大部分追随者也跟随总督踏上回家的旅程。麦哲伦在夺取卡利卡特的尝试中失败并受伤后，于 1 月从科钦出发前往葡萄牙。这是加斯帕·科雷亚记录的。

1510 年 1 月起航前往葡萄牙的这支舰队的 3 艘船中，有一艘毫发无损地抵达莫桑比克岛，另外两艘搁浅在离印度海岸约 240 公里的礁石上。现在，这座巨大的礁石沉没得很深，以至于不再对运输构成任何危险，可在当时却是麦哲伦时代的著名地标，水手们称其为"佩德罗"或"帕多瓦珊瑚礁"。在船员们将一部分货物和粮食以及水保存在珊瑚礁上之后，船长和一些贵族骑士想坐着小艇离去，留下"水手和一些低等级的人"。而这些人表示强烈抗议，他们担心自己留在礁石上会遭遇不测。直到麦哲伦也同意留下来，才挽救了局势，不过条件是船长宣誓要尽快随船返回。

几个星期中，留下的这些船员被抛弃在礁石上，在广阔的海洋中，在热带的阳光下，喝着稀少的饮用水。麦哲伦赢得了这些人的感激，但是他非常谨慎，以避免水手们偷走珍贵的物资。这是不小的成就，因为"低等级的人"经常利用这样的机会来报复他们傲慢的主人。麦哲伦敢于面对这样的情况，并且擅长处理这种危机，这充分说明了他的个人权威以及他与水手的良好关系，这些品质后来对他很有用。最终，来自坎努尔的三桅帆船来了，将所有人和货物都带上了船。

由于帕多瓦珊瑚礁上的船只搁浅事件，麦哲伦错过了季风，因此他不得不在印度继续停留一年。在热带地区服役的 5 年在他的盔甲上留下显眼的痕迹，阿尔梅达的继任者于 1510 年 9 月 6 日指示坎努尔要塞的主要工匠："让费尔南多·麦哲伦交出旧的胸甲，给他制作一套新的胸甲。"骑士预计很快会再次需要一件坚固的盔甲。

阿尔梅达的继任者阿方索·德·阿尔伯克基被同时代人和后代用不同的绰号称呼——"东方恺撒""海洋之狮""葡萄牙战神"，或简称为"可怕之人"。阿尔伯克基与他的前任不同，他不属于高级贵族，因此他没有亲王的头衔，而只有总督的头衔。阿尔梅达已然不是仁慈之人，但和他的继任者相比，简直是相形见绌。阿尔伯克基是一个疯狂的传奇人物，这位继任者的下属声称他痴迷于魔鬼。他作为五十多岁的成熟男人，竟然在一次讨论中，袭击长期服务他的若昂·达诺瓦船长并试图扯掉他的胡须。像曼努埃尔国王一样，新任总督也深信葡萄牙在印度洋负有神圣的使命，他很快意识到自己需要付出比以往更多的努力。最重要的是，要在印度建立一个牢固的堡垒，一个真正的殖民地。可是，阿尔伯克基的同伴们对他的痴迷并没有表现出多少热情，因此，他与船长们经常发生争执，后来当他试图完全停止自由贸易时，还激怒了商人。最终，他的贵族骑士们都反对他，因为他试图改变他们原先的战斗策略，这种战术只知道"像暴风雨般进攻"，不计损失地战斗。这通常会带来立竿见影的成功，但在受挫时也会以同样快的速度落败。

阿尔伯克基立志征服位于康坎海岸的贸易中心果阿，它在一个岛上，是殖民地的理想据点。在 1510 年春季的第一次袭击以屈辱的失败而告终后，总督想在秋天进行第二次尝试，并在葡萄牙的基地中争取人手和资源。10 月 10 日，他召集了在科钦的船长和高级船员进行讨论，希望葡萄牙装载香料的商船，包括船员在内，都用于征服果阿。会议记录显示，麦哲伦是参与会议的 16 人之一。像其他人一样，他断然反对在战争中使用商船，理由是它会错过借季风往返葡萄牙的机会，"水手和乘客将没有时间购买货物交易，并为旅途做一切必要的事情"。因此，没有人说话，他们没多少心思为神和国王完成新的任务。这些服役多年的士兵想的是回家，并把他们的财富带回去。

就在几天前，同样在科钦的麦哲伦与某个叫佩德罗·阿内斯·阿布拉德斯的人签约，借出了 10 枚葡萄牙金币，每枚价值 10 克鲁萨多①，总计 100 克鲁萨多或 3.9 万雷亚尔。在里斯本的同一时间，一桶小麦（约 13 升）的价格为 16 雷亚尔，波尔图的一家裤子生产商在 15 世纪末每月可赚 1200 雷亚尔，因此，人们可以算出这些金币总价值是 30 吨以上的小麦或裁缝年薪的近 3 倍。作为回报，阿布拉德斯承诺向其葡萄牙的债权人偿还 200 克鲁萨多，即两倍的金额。阿布拉德斯希望通过出售 20 公担（2000 磅）的胡椒来获得利润，他打算将胡椒通过船只运到里斯本。如果销售收入不符合预期，阿布拉德斯承诺再增加 40 克鲁萨多，通过另一艘船寄回。

该合同揭示了香料贸易中可观的利润率。暂且忘记麦哲伦的

---

① "克鲁萨多"是葡萄牙铸造的杜卡特金币，最初在威尼斯铸造，重约 3 克半，是中世纪晚期和近代欧洲的主要货币。在 1496 年和 1517 年之间，1 克鲁萨多相当于 390 雷亚尔。雷亚尔最初是银币，后来是铜币。

战士和贵族骑士身份，我们从另一个角度看麦哲伦——作为一名商人，他投资风险高但利润丰厚的企业，并合法地保护自己。我们之所以能获悉他与阿布拉德斯的合同，是因为付款存在问题，这一过程持续了多年，甚至达到了审查的最高等级，这些以后再讨论。可以推测出麦哲伦在印度长期逗留期间进行了几项此类投资。这种投资通常进行得比较平稳，但是并不代表其有合法性。与他同时代的人都这么做，即使他们曾经看不起资金捐客和商人。①

自中世纪以来，这种合同就在其他地方成为惯例，尤其是在意大利，葡萄牙的扩张确实从意大利的专利技术和资本中受益匪浅。因此，阿方索·德·阿尔伯克基于1510年10月10日在科钦召集的战争委员会，也与佛罗伦萨人弗朗西斯科·科尔比内利进行了交谈。科尔比内利已经在葡萄牙工作了30年，从事一切能保证利润的交易，包括马德拉糖、亚洲香料、海关租赁，经常做价值数十万雷亚尔的生意。作为圣地亚哥的船长和海运企业家，科尔比内利于1509年随大型舰队一起航行到印度。他是麦哲伦在印度时期交往的一群人的代表，麦哲伦通过这种商业方式与国际贸易商中的精英交往，这些关系也应该对他有用。

在科钦召开的会议结束后，麦哲伦在印度的踪迹逐渐消失。1510年11月25日，他是否参与了仅用了4个小时就完成的对果阿的征服，仍有待进一步的考证。对此事件进行记录的编年史家都没有提到这位波尔图骑士的名字。阿尔伯克基私下询问参加科

---

① 法国国王弗朗西斯一世曾经傲慢地将通过香料贸易而致富的曼努埃尔国王称为（香料）"草药之王"。

钦会议的人，是否听从他的号召。加斯帕·科雷亚轻蔑地说道："但是船长们沉迷于他们的货运和贸易的利润，以至于他们很少愿意那样做，总督离开，说他不会违背个人意愿招募任何人。"城市被征服之后，暴行持续了4天，战争胜利者屠杀了这座城市的所有穆斯林，不论性别和年龄，共6000余人。

完成这一"非常崇高的行为"（阿尔伯克基语）之后，不安分的总督被吸引到马六甲，他的一些同胞仍在苏丹的地牢中苦苦挣扎。他们向他发送了消息，他们不仅描述东南亚贸易大都市神话般的战利品，也说出了城市各方之间的分歧。苏丹在他的穆斯林弟兄，尤其是古吉拉特人的帮助下统治这座城市，而其他商人团体，尤其是中国人，则处于不利地位。囚犯们写道，由于古吉拉特人的阴谋，去年在迪奥戈·洛佩斯·德·塞凯拉的带领下的葡萄牙舰队的首次访问已经以最快的速度结束。苏丹敦促古吉拉特人在葡萄牙人造成更大危害并破坏其生意之前，果断而尖锐地指责他们。对于阿尔伯克基来说，这意味着背叛，而背叛必须受到惩罚。因此，在1511年4月，他带着18艘船和1000名战士过来，对马六甲进行了审判。

根据历史学家若昂·德·巴罗斯的说法，麦哲伦也随总督去了。因此，麦哲伦在1509年和1511年两次访问了马六甲。他的访问产生的深远影响，远远超出了对他个人的意义。回顾过去，巴罗斯抱怨说，葡萄牙王国遭受了"巨大伤害"，指的是麦哲伦后来转而为卡斯蒂利亚服务。因为马六甲，这位葡萄牙骑士将永远屈服于东南亚的魔力，尤其是那诱人的异国香料气味。

马六甲位于赤道以北2个纬度。在30摄氏度左右的温度和

90% 的湿度下，这座大城市的战斗持续了整整 6 个星期：1511 年 7 月整个月和 8 月的两个星期。来自佛罗伦萨的商人乔万尼·达·恩波利，在果阿被阿尔伯克基封为骑士，他也参加了对马六甲的探险。他报告说："我们有大约 1500 名士兵，我们得到了大约 400 名中国人和苏门答腊酋长的支持。在纪念卡斯蒂利亚保护神——圣地亚哥的使徒节那天开战。在黎明时分，我们就发出了攻击的信号，然后开始了激烈的战斗，对手们勇敢地守卫着自己的土地，一开始就投入了战象进行防御。苏丹的儿子坐在其中一头战象上，他们让大象怒吼，吼声惊颤了整个世界。我们用大炮击毙一人，同时还炸伤了王子，由此上演了一幕惨烈屠杀的大戏。正如我们的主总是奇迹般地让他的基督徒击败异教徒一样，我们在圣地亚哥的使徒——我们的船长带领下，打败了众多英勇善战的敌人，并缴获了大批各式各样的武器。那天我们赢得了这座城市，并抢夺了大部分地区。"

回想起来，佛罗伦萨人犯了个错误：因为葡萄牙人在 7 月 25 日圣地亚哥节那天没有攻占这座城市，他们在圣母升天节那天又进行了一次猛烈的攻击，直到他们终于把马六甲抢到手中。恩波利用诚实的语言描述了这一切："从基督徒发起的恐怖狂热的战争，到马来人的坚强防御，最后的结果就是大屠杀。"苏丹逃入丛林后，东南亚最重要的贸易都市现在也受到葡萄牙的控制，正如当时的人指出的："葡萄牙通过马六甲掐住了威尼斯的喉咙。"

但是阿尔伯克基想更进一步。他与居民和附近的酋长达成了一致后，就安排建造据点。1511 年 11 月，他组建了 3 艘战舰组成的舰队。他们的目的地——摩鹿加群岛，是众所周知的世界东部边缘最偏远的岛屿。基督徒还没有目睹过这些偏远的岛屿，只有葡萄牙人知道它们的存在，而且只有他们知道，这里出产最精致、最昂贵的香料，即丁香和肉豆蔻。阿尔伯克基的算盘是：如果他与这些珍贵物品的生产商直接接触，他将把整个商路掌握在自己的手中，从摩鹿加群岛到安特卫普，从而环绕半个地球的商路。不管世人如何看待阿方索·德·阿尔伯克基的残暴，这个人的确是深谋远虑、行动果决。

作为第一批前往香料群岛的基督教远征队的负责人，阿尔伯克基总督任命了"勇敢的骑士"安东尼奥·德·阿布雷乌为指挥官。舰队第二艘船的船长，即麦哲伦两年前两次营救的朋友弗朗西斯科·塞拉诺。麦哲伦是不可能和塞拉诺一同前去的，但麦哲伦的名字会与摩鹿加群岛联系在一起，因为1519年，他本人领导了一次卡斯蒂利亚去摩鹿加群岛的探险。从写作动机的角度分析，我们可以清楚地了解到，作者希望历史英雄更接近他魂牵梦绕的地方。但是，即使麦哲伦这次没有去香料群岛，阿布雷乌领导的这次探险也为他的命运指明了方向。

1511年末，120名葡萄牙人和操作水泵的20名奴隶所在的3艘船起航。他们的船上除了粮食和弹药，主要是来自坎贝的棉布。来自爪哇和印度的商人，出于对葡萄牙人除掉古吉拉特邦这个竞争对手的感激，告诉他们，这些货品是摩鹿加群岛的抢手货。这些来自欧洲的"发现者"依靠对亚洲的专业知识相信了这一点，爪哇的领航员和地图会将他们带向目的地。

阿布雷乌带着舰队驶向巽他湾以北，沿着苏门答腊、爪哇和巽他群岛到达索洛岛，他们在安汶岛和塞兰岛中途停留后穿过班达海，到达了班达群岛。这个小群岛位于塞兰岛以南约 110 公里，在赤道以下 4 度半处，是当时地球上唯一生长肉豆蔻树果实的地方。它包裹果实的坚硬的种皮被称为"肉豆蔻衣"，被认为是芳香香料和兴奋剂。葡萄牙热带医学先驱加西亚·德·奥尔塔在 1563 年出版的《印度香药谈》中说："当大约长到一棵桃树的高度，成熟的果实突然破裂并出现红色的肉豆蔻衣。"但是美丽背后却隐藏着危险。植物学家警告说："班达群岛并不是一个好地方，有很多人去那里而很少有人返回，但由于利润丰厚，人们总是喜欢去那里。"

阿布雷乌还与这个命运多舛的群岛上的居民进行了交易。他买了肉豆蔻、肉豆蔻衣、丁香，为弗朗西斯科·塞拉诺买了一艘中国式帆船，因为他那艘不堪重负的卡瑞克帆船搁浅了。这艘中国式帆船可能是阿布雷乌从班达群岛上占统治地位的爪哇商人那里购得的，而且他们可能是从摩鹿加群岛带来了丁香。与今天不同，班达群岛那时并不属于摩鹿加群岛。为了到达目的地，阿布雷乌将不得不再向西北方向航行 700 公里，经过塞兰岛、安汶岛和奥比群岛，如果运气好的话，他会遇到另一组火山岛，其中的 5 个岛屿——特尔纳特岛、蒂多尔岛、莫蒂岛、马基安岛和巴占岛，丁香树生长繁盛，因而与其他数千个热带岛屿区分开来。这 5 个岛屿与哈马黑拉的贾伊洛洛国一起，组成了摩鹿加群岛，即卡斯蒂利亚人和葡萄牙人所谓的童话之岛。德语名称"摩鹿加"取自尼德兰语。尽管丁香树也生长在其他地方，例如锡兰，但那里的丁香却没有结出任何果实，因此丁香的产量竞争仅是赤道上这 5 个小岛的竞争。

由于有着丁香发源地的特殊地位，摩鹿加群岛就成了出名的香料群岛。阿布雷乌本来想和他的舰队一起向香料岛航行，但是他的船漏水了，此外，爪哇领航员也并不急于告诉葡萄牙人前往摩鹿加群岛的进一步路线。阿布雷乌惩罚了不合作的领航员，把他扔到船外，并开始了从班达群岛返回马六甲的旅程。阿布雷乌对此行已经感到很满意了。尽管他本人尚未到达摩鹿加群岛，但他向东航行的航程比任何基督世界的海员都远。他船上的东西让他引以为傲，因为"勇敢的骑士"的船上除了载有精美的香料外，行李中还有另一种无价之宝——关于世界上最赚钱的市场的第一手资料。

在返航途中，舰队陷入风暴，弗朗西斯科·塞拉诺的中国式帆船与其他船只分散并失踪。因此，1512 年末，安东尼奥·德·阿布雷乌的舰队在失去了麦哲伦朋友的情况下回到马六甲。过了一段时间，塞拉诺的同胞才知道他的冒险命运，特别是麦哲伦，麦哲伦不得不等待朋友的消息，这段时间，他准备离开印度。

3. 诉讼和利润

当弗朗西斯科·塞拉诺穿越班达海时，他的朋友麦哲伦开始了漫长而艰辛的返回葡萄牙的旅程。与往程一样，返程的航线与时机同样要受季风和信风的影响。在麦哲伦时代，通往印度的航线，必须一点点探索风向、海流、潮汐和地标。舵手记录了他们的观察结果，随着时间的推移，这些记录变成了航海手册，即所谓的航海路线图，其中一些航海路线图所包含的细节十分精确，甚至在 100 年后尼德兰人航海时也并不过时。我们通过这样的航海路线图，可以了解麦哲伦的回家旅程。

满载香料的船队于 12 月或最晚于 1 月上半月离开马拉巴尔海岸。由于葡萄牙人最初并不了解穿越印度和马达加斯加之间的海洋的安全路线，那里充满礁石和环礁，因此他们在大约北纬 10 度越过阿拉伯海，在非洲海岸沿着马达加斯加向西航行，到达这个地区的南端。那些错过了正确离开时间的人，在这条航线将遇到糟糕的天气，直到 1 月中旬才能离开，回家的时间将会推迟。

绕过海角后，他们沿东南通道穿越几内亚湾，经过赤道，然后向西利用北大西洋的洋流以大弧线的线路航行，直到到达亚速尔群岛。从那里，西风将他们带到里斯本，他们于初夏到达。返程花了 6 个月的时间，比往程要长一点，而且还损失了更多的船，因为这时船体通常更旧、更重。

海上的旅程注定是漫长、不舒适和危险的，但它也为乘客提供了很多休闲时间，当然，前提是他们在数周或数月内习惯了海上的生活而不再晕船，也没有在甲板下因恐惧而颤抖。卡斯蒂利亚国王查理的密友、方济各会教士弗雷德·安东尼奥·德·格瓦拉说："大海如此之大，没人自愿这样做，只是大家别无选择，不得不如此。"弗雷德·安东尼奥·德·格瓦拉陪同国王多次航行，并在一本广为流传的小册子中总结了他在皇家船只上的经历，他说："如果一个人出海，不是为了救赎自己的灵魂、捍卫自己的名誉或生命，那么他不是个傻瓜，就是个悲观厌世的人，或者是个该关起来的疯子！"

不知道这些动机中的哪一个对麦哲伦适用。无论怎么说，这位来自波尔图的骑士都不属于没有土地的贫困人群，而船员的大部分都属于贫困者，他们极端贫穷，别无选择，只能将生命交给风浪。由于家庭出身的帮助，麦哲伦有一定的行动自由，尽管这种自由受到家庭、宗教戒律、职业、职务和他那个时代的技术的限制，并不能与现代社会的自由相比。但是像麦哲伦这样的人可以做出选择，因为他与大多数同时代的人并不同。虽然对于大多数人来说，航海只是实现目标的手段且充满艰难困苦，但它在麦哲伦看来充满着特殊的魅力。

他为什么要掌握所有的航海技能？麦哲伦的工作并不需要他

全面掌握这些技能。操纵船只是一种专门的技能，操作者领取着工匠一般的报酬。对于一个雄心勃勃的贵族骑士来说，这不是一个很诱人的活动。麦哲伦还想获得军事指挥权和成为船长。许多船长只把他们的船当作运输船，即使是不断参与海战的舰队的船长，也不需要专业的航海知识。当然，掌握这些知识并没有坏处，多年来，不仅许多船长获得了深厚的航海知识，其他经常航行的探险者，如商人或神职人员，也获得了深厚的航海知识。传教士巴托洛梅·德·拉斯·卡萨斯从卡斯蒂利亚到美洲往返了十多次，到最后，他对航海的了解比舵手还要多。麦哲伦在穿越大西洋、阿拉伯海和孟加拉湾的航行中也利用闲暇时间来观察工作中的水手，与舵手聊天并向他们学习。

在国外工作了八年多后，麦哲伦大概于1513年夏天回到家乡，他不再是1505年3月从里斯本起航的那个人。除了航海知识，麦哲伦还拥有当时几乎没人拥有的地理知识——而且这些都是他通过自己的亲身经验掌握的。谁知道他竟然从里斯本一直航行到马六甲然后又回来了？他几乎走完了半个地球。除了旅行带来的最好的礼物——晒得完美的肤色之外，他还得到了更好的东西——成就感。对于麦哲伦这样的人来说，他尤其看重后者。他不仅摆脱了溺水、发烧以及长途航行带来的各种危险，而且一次又一次地在信仰和征服战争的屠杀中冒着生命危险活了下来。

有一件事是麦哲伦在印度没有成功的——致富。加斯帕·科雷亚写道："他在那些船上摆脱了贫穷，又穷困着回到葡萄牙。"这真是矛盾得使人感到困惑的句子。麦哲伦经验丰富但资源匮乏吗？还是他赚了很多，但也亏了很多？他的收入还算不错，否则，这位骑士在香料交易中就无法拥有多达 100 克鲁萨多的财富，正如在上一章提到的那样，他希望当他到达葡萄牙时能够将它翻倍。根据另一份文件，麦哲伦投资了更多的船只，有传言说他因此得到 43435 雷亚尔，甚至有说法称他得到了 136241 雷亚尔。可惜消息来源不确定，但是就算麦哲伦真的得到了这些钱，他也是个穷人。他本可以用这笔钱来购买一艘（二手）远洋船。然而，贫困是相对的，正如拉菲尔·布鲁托在 1728 年出版的一本葡萄牙语 – 拉丁语词典中所述："贵族骑士和侯爵也可以被称为穷人，他们的收入不足以装饰自己的尊严和获得贵族所需要的东西。"

底层贵族，即像麦哲伦这样的骑士，与工匠或临时工相比，在物质需求上有所不同。他需要一个合适的住所，要养一匹或多匹马，必须穿着优雅，拥有枪支并向教堂捐款。最重要的是，人们期望他可以养活一部分随从和仆人。这些都需要金钱。麦哲伦在这方面也不例外。当他于 1517 年秋天离开葡萄牙前往卡斯蒂利亚时，陪伴着他的是一群下属和追随者。1513 年，有一个人和他一起从印度航行回到了里斯本——他的奴隶恩里克。

正如麦哲伦的遗嘱中所说，恩里克来自马六甲，肤色黝黑，抵达葡萄牙时大约 20 岁。麦哲伦称他为囚犯，却没有透露恩里克何时以及在何处从属于他。有可能在 1511 年，在征服马来贸易大都会的时候，甚至更早之前，在苏门答腊沿海的一次海盗活动中，但是无论何时何地，这个年轻人都是麦哲伦的奴隶。麦哲伦以恩里克的名字为他施洗，并引导他接受了教义。这符合基督教的伦理道德，要求一位绅士为他救赎的臣民负责。这种道德观念是支撑中世纪统治的基础。当时的社会，这种在海外"发现人类"以及随后将其作为奴隶的行为必须证明其正当性。

奴隶制从未在地中海彻底消亡，但是随着葡萄牙向非洲的扩张以及卡斯蒂利亚向美洲的扩张，自 15 世纪以来，奴隶制呈现了巨大的繁荣景象。在葡萄牙和卡斯蒂利亚，即使是工匠家庭也把奴隶当作仆人。奴隶们在马德拉岛和安的列斯群岛的甘蔗种植园里劳作，他们大多数都是在非洲被买来或抢来的。奴隶的进口，如同所有高价商品，都受到国家的控制。因此麦哲伦是获得了官方许可才能将恩里克和一个"女孩"带到里斯本。

在 1518 年 2 月，麦哲伦向卡斯蒂利亚国王展示他的摩鹿加群岛远征项目时，为了打动国王并证明他的印度经历的真实性，他介绍了"苏门答腊的奴隶恩里克，他能听懂许多摩鹿加岛屿的语言，即马六甲海峡所在的地方"。即使后来的历史学家只提到麦哲伦拥有的这个奴隶，但"那个女孩"的存在绝非凭空捏造。毕竟，麦哲伦是一个单身汉，有什么比买一个除了满足其他需求，还能为他做饭并整理衣服的女仆更合适的呢？即使不谈麦哲伦，这里也隐含着其他的事情：在航行至印度的男性中，拥有性奴隶是一种普遍存在的罪恶，这件事情也让教会非常头疼。1550 年，一名震惊的耶稣会士向罗马教会报告说一些葡萄牙定居者在印度拥有名副其实的后宫。例如在马六甲的一个单身男人拥有 24 个不同种族的女奴隶。除了上文提到的那个苏门答腊女孩外，没有任何迹象表明麦哲伦参与了这些行为。毫无疑问，他以拥有至少一名男性奴隶的身份骄傲地从印度返回。

麦哲伦有志向在印度指挥一艘船，如果就这样回家，他应该是壮志未酬。总的来说，我们并不清楚他为什么不再留在亚洲。可以猜想的是，在阿尔伯克基严厉的统治下，他对自己的前景应该是没有什么期望了。或者是因为家庭责任迫使他想要离家更近？是因为父亲病了 ①，他必须作为长子担起家庭责任？如果在服役八年后，厌倦战争是他返回的原因，那么他注定没有太多的休息时间。

1513 年 8 月 17 日，麦哲伦就已经再次起航，执行他的下一个战斗任务。布拉干萨的公爵唐·海梅谋杀了他不贞的妻子和她的情人，被国王判处对摩洛哥大西洋沿岸的艾宰穆尔市进行军事远征，因为那里的总督没有缴纳贡税。由于麦哲伦骑士一直属于布拉干萨家族的附庸，所以麦哲伦几乎不由自主地跟随公爵的号召。随后，1513 年 8 月，包括麦哲伦在内的 2000 名骑士以及超过 1 万名步兵随同唐·海梅一起到了非洲，并毫不费力地夺取了艾宰穆尔。面对气势汹汹的对手，在几次小规模冲突之后，防御者足够聪明地将这座城市移交给了进攻者。在其中一场战斗中，麦哲伦的马摔倒了。因此，这位骑士不得不徒步奔命。正如他在致唐·曼努埃尔的一封申诉信中抱怨的那样，这匹马花了他 1.3 万雷亚尔，但只有 3705 雷亚尔得到了报销。除了失去坐骑外，他的非洲冒险之旅还使他受了伤，并被指控挪用了被捕获的牛。经过一番信件的来回往复之后，他被无罪释放，但膝盖没有完全康复，因此他此后一直都略微跛行。

为了参加进攻艾宰穆尔的战事，麦哲伦必须最晚在 1513 年跟

---

① 最晚在 1519 的春天，麦哲伦双亲都离世。

随香料商船队返回里斯本，即那年初夏。鉴于航行的时间进度，日程安排很紧。为了庆祝回家，麦哲伦先做了必不可少的感恩仪式，之后他花了两个月与家人团聚，解决了一些生意上的事情。再次起航之前，他为自己准备了一匹马和其他战争装备。

骑士返回后必须做的是生意上的事情——处理与佩德罗·阿内斯·阿布拉德斯的合同。如前所述，麦哲伦向科钦的香料贸易商放贷 100 克鲁萨多，希望在葡萄牙获得两倍的回报。但是，当他想在里斯本拿到自己的钱时，阿布拉德斯无法支付。于是，被骗的债权人通过法律手段维权没收了阿布拉德斯的货物——七公担胡椒。这些货物仍被存放在"印度之家"。然而，它们的出售仅带来了"略高于 60 克鲁萨多的收益"，债务甚至没有被赎回三分之一。麦哲伦没有因此放弃，相反，他继续跟阿布拉德斯打官司。阿布拉德斯死后，他父亲拥有他的继承权，麦哲伦继续与他父亲打官司。这个过程一直持续到 1516 年夏，3 年多的时间，国王也被卷入纠纷之中。原来国王欠了阿布拉德斯的债务，共计 200 克鲁萨多。麦哲伦一定知晓了国王的这笔债务，因为他在服役的地方向唐·曼努埃尔呈送了一份书面请愿书，说只有在他的要求被国王满足后，才能结束与阿布拉德斯的债务纠纷——国王不得不于 1514 年 9 月同意麦哲伦的要求。

审判记录有时被证明是历史学家的宝库，它们包含了许多信息，若非如此它们也不会被保存下来。例如，在阿布拉德斯案中，提到了麦哲伦离开印度时乘坐的那艘船的名称——"圣克鲁斯号"，引发了猜测。毕竟，一艘同名的船于 1513 年 1 月从马六甲驶向科钦，并于 2 月 10 日停靠在那里。如果这艘"圣克鲁斯号"毫不拖延地载着乘客麦哲伦驶往葡萄牙，那么在此之前，这名骑士本可以参加最终于 1512 年下半年返回马六甲的阿布雷乌的摩鹿加探险队；他也能及时赶到里斯本，参加 1513 年 8 月中旬起航的唐·海梅对艾宰穆尔发起的惩罚性军事远征。如果麦哲伦参加了阿布雷乌的旅程，他不仅将成为第一次环球航行的发起者，而且将是最早实现这一成就的人！阿布雷乌的探险舰队于 1512 年抵达位于东经约 131 度的塞兰岛（位于印度尼西亚东部）的东端。大约 10 年后，麦哲伦作为卡斯蒂利亚的摩鹿加探险队舰队指挥官，向西经太平洋到达约为东经 123 度的菲律宾的宿务岛。如果是这样，他才是第一个绕地球一周的人，尽管分两个阶段。

这个故事听起来很迷人，但它的起源令人怀疑。它的历史可以追溯到巴托洛梅·莱昂纳多·德·阿苏银拉，他在 17 世纪初，即事情发生 100 年后，为卡斯蒂利亚国王菲利普二世撰写了一本关于征服摩鹿加群岛的书。关于麦哲伦的故事，在文学上雄心勃勃的阿苏银拉只能依靠二手知识，而阿苏银拉的某些言论与较早的、更可信的消息来源存在矛盾。因此当他声称麦哲伦曾指挥过阿布雷乌的 3 艘船之一，人们对此持怀疑态度。1512 年 8 月 20 日，阿尔伯克基亲自写信给国王，他任命西蒙·阿方索为该探险队的第三艘船的船长，另外两位船长为阿布雷乌和塞拉诺。所有葡萄牙编年史家也记录了同样的情况。尽管经过仔细核对发现船名是相同的，仍然不能解开这些疑问。

1511 年阿尔伯克基离开，把舰队指挥官费尔南·佩雷斯·德·安德拉德留在马六甲，从他的信中我们知道，那个"圣克鲁斯号"

在 1513 年 1 月越过孟加拉湾并于 2 月 10 日在科钦停靠。1513 年初，佩雷斯·德·安德拉德率领拥有 3 艘船的舰队（其中一艘是"圣克鲁斯号"）返回马拉巴尔海岸，去追赶总督。总督已经去了果阿，安德拉德试图追赶上总督却失败了，因为他的船是"圣克鲁斯号"，已经"严重腐蚀和漏水"。由于这艘不停进水的船，他担心无法准时到达，于是他派出一艘快艇带了一封信，为自己进行辩解。在 1513 年 2 月 24 日写给这位总督的这封信中，他说道："3 艘船都已经在马六甲被腐蚀了，必须修理好才可以冒险越过孟加拉湾。"

麦哲伦如果是与这艘用于远航的废船一起绕过好望角并穿越大西洋到达葡萄牙，这件事并不十分可信。他如果在 2 月中旬做了这些，那么距穿越莫桑比克海峡的航线安全回家的最后日期已经过去了一个多月，所以这种说法是完全荒谬的。为什么要这么着急？只是为了让这个返回里斯本的人在离开家乡 8 年多之后，几乎可以在当天与唐·海梅一起启程到艾宰穆尔？不必用奥卡姆剃刀准则（如非必要，勿增实体）解释这种情况，就可以意识到怎么回事——这源于将 1519 年探险队的形象英雄化的渴望。

顺便说一句，葡萄牙人对他们的船的命名并不是很有创造力。尽管有些船的名字类似"点火棒"或"小国王"，但大多数都是以上帝母亲的名字命名的。"圣玛利亚号"和"圣母号"在最受欢迎的船只名字中名列前茅，其他守护神如"圣安东尼""圣约翰"或"圣地亚哥"也很常见，"圣灵"或"圣十字""圣克鲁斯"同样受欢迎。《舰船之书》记录，1502 年瓦斯科·达·伽马的第二次航行和 16 世纪中叶前往印度的航行中，有十几艘同名的卡瑞克帆船和轻快帆船。

由于这些清单并不完整，因此可以假设还有一些其他的船，也拥有这样的名字。

由于麦哲伦与阿布拉德斯的法律纠纷，我们不仅知道了船名，还知道了船长的名字。麦哲伦乘坐的船在豪尔赫·洛佩斯·比克索达的指挥下回到了葡萄牙。在1496年，犹太血统的商人豪尔赫·洛佩斯·比克索达与其他信仰犹太教的人一样，在国王的诏令下，除非他们离开葡萄牙，否则必须皈依，成为所谓的新基督团体。这个圈子里涌现出许多商人，但是比克索达并不是其中的小角色。今天所知道的关于这个人和他的生意的资料很少，他看起来像是一个显赫的人，因为比克索达参与了当时所有能赚大钱的事——贩卖香料、贵金属、糖、奴隶。在16世纪上半叶，他属于控制里斯本贸易的有影响力的圈子的一员，唐·曼努埃尔赐予他骑士爵位。1538年，他将第一批非洲奴隶运往巴西，比克索达以此获得令后人质疑的名声。

1509年春，为了去印度购买香料，这名企业家带着他自己的船加入王室舰队。商人自己随身携带商品进行买卖的行为，自13世纪的"商业革命"以来就不常见了。通常，他们通过信函来处理办公室的业务，然后将运输委托给货运公司，在本地与代理商进行交易结算。但是，在洲际长途交易中，经常有批发商亲自到现场开展业务的情况，比克索达并不是唯一加入1509年舰队的商人。还有一个叫弗朗西斯科·科尔比内利的意大利人，1510年10月在科钦战争委员会中，他是除麦哲伦以外发言的第二人。但是，比克索达的生意似乎比科尔比内利的要大一个量级。

唐·曼努埃尔的内阁已收到收据，国王确认了各种债务，包括来自香料贸易的债务。而且，唐·曼努埃尔决定不通过"印度之家"出售香料，而是将销售转移给所谓的私人承包商。当然，他们必须遵守他的价格规定并与他分享收入。王室内阁的一封信中还提到了豪尔赫·洛佩斯·比克索达，从 1509 年 8 月到 1511 年 1 月（仅 1 年半的时间），他为了从香料交易中获利，欠下 585 万雷亚尔（相当于 1.5 万克鲁萨多）的债务。人们可以将这笔钱与麦哲伦跟阿布拉德斯为之进行诉讼的 200 克鲁萨多进行比较。

国王和商人既彼此需要，又彼此对立。贸易商依靠葡萄牙海军，如果没有他们的帮助，商人永远不可能征服印度洋市场，但是他们希望国家海军放弃对有关贸易的控制权，以及王室对他们征缴的可怕的税收。另一方面，唐·曼努埃尔希望将印度贸易国有化，但他的流动资金不足，尤其是因为葡萄牙殖民的成功，使得胡椒价格暂时下跌。因此，国王必须依靠欧洲的贸易渠道和银行公司的注资为他的王室舰队进行预融资。除了著名的意大利商人外，来自德国南部的家族（如富格尔－威尔瑟商社）也来到了这里。唐·曼努埃尔对他们非常感兴趣，因为他们控制着蒂罗尔、波希米亚和匈牙利（当时欧洲最富有的国家）的银矿床和铜矿床，而贵金属是葡萄牙的印度商业伙伴唯一接受的交易媒介。

当时在里斯本非常活跃的第三种外国商人来自卡斯蒂利亚布尔戈斯。卡斯蒂利亚羊毛贸易中心一直与佛兰德斯市场紧密相连，在佛兰德斯，安特卫普取代比利时布鲁日成为主要的贸易中心。佛兰德斯则服务于英格兰和蓬勃发展的中欧市场。通过与佛兰德斯的联系，卡斯蒂利亚布尔戈斯的商人成为葡萄牙国王理想的中间商，他们将印度的商品带给有需要的欧洲人民。

在出生于卡斯蒂利亚布尔戈斯的商人中，一个人脱颖而出，不仅是因为他是最早定居在特茹河边上的人之一，而且还因为他像比克索达一样，是一个经济领域重量级的人物——克里斯托瓦尔·德·哈罗。在上文提到的信件中，他的债务几乎可以与比克索达的债务相提并论——4646705 雷亚尔。据说喜欢赌博的克里斯托瓦尔·德·哈罗与他的兄弟迭戈一起做生意，迭戈居住在安特卫普。在里斯本，克里斯托瓦尔担任奥格斯堡商人雅各布·富格尔的经纪人。他把一家中等规模的贸易商行打造成为一家大型公司，业务遍及欧洲边界，这个人是如此富有，以至于他可以收买王侯并将王国国王提升为帝王。

在 1513 年至 1517 年的某个时候，麦哲伦的航行路线与商人、赌徒和货运代理人克里斯托瓦尔·德·哈罗的生意有交集，也许是豪尔赫·洛佩斯·比克索达把他们联系到一起。比克索达和麦哲伦在航行中彼此结识，在密闭空间中待了 6 个月，知识渊博的商船船长和航海骑士有很多相互了解的机会。但是无论比克索达是否与哈罗或其他人有联系，麦哲伦和布尔戈斯的商人在某一天相遇了，这次相遇对于麦哲伦的未来是具有开创性的。

像比克索达和哈罗这样的人不会把鸡蛋都放在一个篮子里。他们一直在寻找机会，以有利可图的方式投资，最好是不要像印度贸易那样，有王权干预市场。这样的机会出现在大西洋的另一边，赤道以南。在那里，1500 年春天，佩德罗·埃尔瓦雷斯·卡布拉尔领导下的第二支印度舰队偶然遇到了所谓的"真十字架之岛"（后来的巴西）。远征行动表明，卡布拉尔并不是发现了一个岛，而是发现了一片广阔的大陆，参加这次探险活动的佛罗伦萨商人和舵手亚美利哥·韦斯普奇称之为"新世界"。

对于那些年忙于建立一条通向印度的新海路的葡萄牙而言，这似乎一下子有点负担过重了。这就是为什么唐·曼努埃尔要求获得这个新世界的所有权，却把开采权转让给私人投资者。他做这个决定很容易，因为在"真十字架之岛"的土地上获得的宝藏几乎无法与印度的宝藏相提并论。如果想寻求快速致富或者做点事情，那里除了可以被奴役的猴子、鹦鹉和当地人以外，几乎没有东西是可取的。

但是，有另一种珍宝非常值得开采——一种木材，名为"巴西红木"。这片新世界拥有大量该珍宝，并且很快成为出口重镇。这种木材包含一种适用于染色纺织品的红色颜料，是近代欧洲的一种有吸引力的奢华产品。贸易很快就蓬勃发展起来，商人将砍伐树木和陆地上的树木运输交给了当地人，当地人很乐意从事这项工作，以换取铁制工具，因此，"真十字架之岛"终于变成了巴西——所谓的巴西木材之国。①

虽然豪尔赫·洛佩斯·比克索达在 1513 年左右就做巴西木材的贸易，但克里斯托瓦尔·德·哈罗出于其他原因对西南的新世界更感兴趣。只要这个新世界的边界没有被完全探索，就有机会

---

① 这个名字的词源是有争议的。有人说"巴西"源自葡萄牙语"brasa"，意思是"红色灰烬"；其他人则认为其源自"verzino"一词。威尼斯人认为该树原产于亚洲，自中世纪以来就在欧洲被用作色剂。

绕过边界并向西航行，直到他们又回到印度洋——这能从理论上证明地球是一个球体。这个想法并不新鲜，它已经启发了哥伦布，但它在后来没有失去丝毫魅力：从亚洲获得财富进入欧洲，而不必经过好望角，尤其不用穿越印度洋，被葡萄牙的垄断扼住咽喉。

那时，大约在1515年，奥格斯堡的一家印刷厂出版了一个只有几页的小册子，名为《巴西见闻》，现在被认为是最早的德文报纸之一。这是一名记者的报告，但是报告的作者没有说出他的名字、写报告的地点或年份。他可能是在奥格斯堡的威尔瑟贸易公司担任代理人，报告可能写于1514年："这是10月的第12天。巴西外面有一艘船被塞满了。这艘装载有巴西木材和购买的奴隶男孩的船是克里斯托瓦尔·德·哈罗和其他商人的两艘船之一，被葡萄牙国王允许登陆巴西，目的是探险和发现。"

据此，我们可以知道克里斯托瓦尔·德·哈罗当时与其他船主一道派了两艘船到巴西，以收购木材和奴隶，并增加对这一地区的了解。如果这篇报道值得信任，那他们做得相当成功：在水手沿着南美海岸行驶"600或700英里"后，他们在南纬40度发现了一个海角。他们绕过那个海角航行，发现可以沿着与直布罗陀海峡相同的路径从东向西航行。但是不幸的是，经过60英里之后，"风暴变得如此大，他们甚至无法前行"，所以他们不得不转身回到巴西。一名经验丰富的葡萄牙舵手确信："在海角前面600英里处，只需要很短的时间就能穿过一个海峡，到达马六甲。"换句话说，他认为南美洲和马来半岛是同一个大陆的一部分。

从巴西到马六甲，一条航程短且航线直的海上路线被发现：

这必然是一条重磅消息！但不幸的是，这是一个假消息。据悉，哈罗的侦察员要么乘船沿着拉普拉塔河航行（所描述的海角与今天的乌拉圭的埃斯特角城相对应），要么到达圣马蒂亚斯海湾，这与上文中提到的南纬 40 度相符。拉普拉塔河和圣马蒂亚斯海湾都没有开辟通往太平洋的道路，但是当时的读者并不知道实情，因此热切地接受了《巴西见闻》报道的轰动性新闻。这不仅在富格尔家族档案中的图纸副本有体现，而且美因河畔卡尔施塔特的数学家和地理学家约翰尼斯·舍纳于 1515 年制作的木制地球仪也暗示了这一点。

这个地球仪有两份样本保存下来，一份保存在法兰克福历史博物馆，另一份保存在魏玛的安娜·阿玛利亚公爵夫人图书馆。在地球仪上，人们可以看到一条海峡，将大西洋与南美洲大陆的另一侧的海洋相连，该大陆在全球范围内首次被称为"美洲"，而南部陆地则延伸到南极洲。难道约翰尼斯·舍纳在麦哲伦海峡被发现之前就知道了这个海峡？

大概率是不会的。制图师用他们的想象力或基于同样出色的模板进行推测来填补知识空白的情况并不少见，甚至做得非常出色。约翰尼斯·舍纳在制造地球仪的同时，在一篇论文中清楚地表明，他是从刚才提到的《巴西见闻》中获得有关假想的海峡的信息的。因此，葡萄牙舵手根据从马德拉群岛传播到神圣罗马帝国的猜想创造了所谓的地理事实。换句话说，麦哲伦海峡于 1515 年就被推测出来了，只是必须在真实世界找到它。而且，这个葡萄牙舵手既不是第一个，也不是唯一一个怀疑美洲南部有海峡通往西方的人。

邻近的卡斯蒂利亚王国有一些人密切关注葡萄牙人在西南大西洋的活动。两国之间的联系有很多途径：通过与安达卢西亚的穆斯林抗争的共同历史；通过相同的宗教和类似的语言；通过经济关系；通过王室的联系，比如从特拉斯塔玛拉王朝到阿维斯王朝，两国之间无论贵族还是下层人民都有联系。但是，葡萄牙人和卡斯蒂利亚人也将对方视为竞争对手。他们在伊比利亚半岛、北非和大西洋发生利益冲突，不久又在世界的另一端增加了争端。

按照历史书籍中的记载，1470 年，卡斯蒂利亚王位继承战争引起血腥冲突之后，葡萄牙和卡斯蒂利亚通过两个具有开创性的条约确定了它们之间的关系。在 1479 年签署的《阿尔卡苏瓦什条约》中，卡斯蒂利亚承认葡萄牙对大西洋的控制权，即对西非海岸、佛得角、马德拉群岛和亚速尔群岛的控制权，但不包括加那利群岛。此外，该条约间接确定了卡斯蒂利亚和阿拉贡王国之间的联系，现代卡斯蒂利亚由此而来。在哥伦布第一次航行的影响下，通过 1494 年缔结的《托德西利亚斯条约》，两个扩张的帝国将整个地球瓜分了。经过讨价还价后，他们同意在佛得角群岛以西 370 里格从北到南画一条假想线：该子午线以东的一切都应属于葡萄牙，以西都应属于卡斯蒂利亚。

在历史上，从未有一只大熊在被捕获之前，它的皮毛就已被瓜分，甚至在还不知道猎物有多大之前！但是，伊比利亚君主及其顾问习惯在基督教救赎历史的普遍范畴中进行思考。如果罗马教皇代表陆地上的上帝，他是否赞成让世界顺服于他们的主张？

最初，《托德西利亚斯条约》的签署国尽力尊重分界线，尽管没有人确切地知道其在现实世界中的位置。条约规定进行联合勘察以厘清这个问题，但始终没有实现。所以，冲突并没有持续很久。当卡布拉尔发现向西延伸的"真十字架之岛"，从而深入到卡斯蒂利亚的那一半世界，第一次的冲突开始显现。

佛罗伦萨舵手亚美利哥·韦斯普奇是最早认识到这一点的人之一。韦斯普奇与他的雇主葡萄牙国王闹翻，在1505年改变立场，从那时起为卡斯蒂利亚王朝工作。这年3月，当麦哲伦在里斯本收拾行李准备第一次前往东方的时候，韦斯普奇在卡斯蒂利亚北部的托罗市会见了帕伦西亚主教胡安·罗德里格斯·德·丰塞卡，他在王室理事会中负责"印度事务"。丰塞卡当时已50多岁，受过教育并且意识到权力的作用，作为一位牧师取得了天主教徒伊莎贝拉女王的信任，事业飞黄腾达。哥伦布于1493年返回后，丰塞卡在政治上接管了卡斯蒂利亚海外从事征服的组织，丰塞卡成为卡斯蒂利亚在大西洋沿岸扩张的首席战略家。

韦斯普奇在卡斯蒂利亚的托罗市向主教解释了他对巴西真实范围的看法，并坚信存在一条穿过新大陆并到达亚洲的海上路线。因此，丰塞卡和佛罗伦萨人提出了大胆的"发现香料群岛的舰队计划"，但该计划在最初就搁浅了。伊莎贝拉女王在1504年底去世后，卡斯蒂利亚经历了政治动荡的阶段，她的继子、王位继承人、英俊的菲利普也很快去世。直到伊莎贝拉的丈夫、阿拉贡的国王、"天主教徒"费尔南多接管摄政之后，丰塞卡和韦斯普奇才再次提出这个计划。一名叛逃者加入了他们的阵营——胡安·迪亚斯·德·索利斯，他是一个有着神秘出身的舵手，也曾为唐·曼努埃尔掌舵。

索利斯是个有才华的舵手，这点毫无疑问。但是，他的名声并不好。据说他不大的时候就从葡萄牙王室偷走了 2 万枚金币，登上一艘小帆船逃走。人们还传说他当过海盗，为法国国王服务。1506 年，他因谋杀妻子而被迫离开葡萄牙。第二年，他出现在卡斯蒂利亚，又遭受打击。丰塞卡和韦斯普奇（后来成为首席舵手）于 1508 年派遣索利斯和另一名经验丰富的海员、哥伦布的同伴文森特·耶内斯·平松前往中美洲和巴西北海岸。这两个人从那里返回，但没有找到通往西方的路径，因此充满争议。索利斯被抓进监狱，但在韦斯普奇于 1512 年去世后，索利斯最终得以出狱，然后被任命为首席舵手。

索利斯并未切断和葡萄牙的所有联系。他的线人告诉他关于葡萄牙人征服马六甲以及阿尔伯克基派往中国和摩鹿加群岛的远征探险队的消息。这一消息使卡斯蒂利亚政府采取行动的压力越来越大。香料群岛甚至是马六甲都可能在卡斯蒂利亚划界之内，而葡萄牙人则摧毁了属于卡斯蒂利亚的国家和城市。

葡萄牙和卡斯蒂利亚地区之间的分界线问题在《托德西利亚斯条约》中仅在理论上有规定，现在以这种方式呈现，不仅是划定两个王国对大西洋所有权的问题，而且要弄清楚这两个王国在地球另一端再次相遇的确切界线。用刀对地球进行切割时，出现了一个更棘手的问题，确切地说，刀应该从另一侧的哪里伸出来？以及香料岛是在该假想切割线的东方还是西方？"教皇子午线"在地球世界的背面形成了"反子午线"，确切地说是绕成了一个经度圈，这在 1494 年《托德西利亚斯条约》中并未预见到。当卡斯蒂利亚人想阻止葡萄牙向东扩张时，他们才真的把葡萄牙视作对手。但这个"反子午线"的确切位置到底在哪里？

当时，没有哪个天文学家还会怀疑地球是一个球体。但是，关于它的大小的观点差异很大。埃拉托色尼已经在公元前 3 世纪几乎准确地算出了地球的周长，但他的计算在 16 世纪初期才为人所知。古希腊数学家、天文学家和地理学家克罗狄斯·托勒密在公元 150 年左右对地球做了全面的描述，大多数天文学家都同意他的观点。葡萄牙人和卡斯蒂利亚人的航海消除了许多思维的条条框框，在大约 1400 年"重新发现"后，托勒密的《地理学》已成为大多数学者所遵循的权威著作。但在他的世界中并没有预见到美洲大陆，亚洲向东延伸得比现实中的更远，地球的周长也被低估了。

由于科学界对葡萄牙半球的尽头问题没有明确的答案，卡斯蒂利亚人别无选择，只能亲自去现场勘察并检验远古时代传下来的关于地球的说法，即使这样做并不容易。第一个问题是美洲，它阻断了向西通往世界另一端的道路。第二个问题，没有可靠的方法来确定船舶在海上的经度。做这些事情的目的恰恰是找出《托德西利亚斯条约》中规定的经度。

在 16 世纪，海员已经可以测量太阳或北极星在地平线上方的高度从而计算出当前的地理纬度。但是要弄清楚他们正在航行的经度，他们没有精确的计时器。他们必须用手转动沙漏测量时间，舵手以此估算并记录每天的行驶距离。负责这项工作的侍者经常提前转动沙漏而缩短了时间，对于船上的工作来说，这在大多数情况下并没有影响，但这也使精确确定一个位置的地理经度成为不可能的事。只有在陆地上并且使用复杂的天文学方法才有可能实现，这些方法通常超出了舵手的基本技能。

尽管存在技术和科学上的问题，但分界线问题在政治上过于紧迫，无法拖延。因此，丰塞卡主教决定在索利斯和平松失败后再进行一次远征。1512年3月，阿拉贡国王费尔南多二世和他的女儿——绰号"疯子"的多娜·胡安娜，与胡安·迪亚斯·德·索利斯达成书面协议。首席舵手应该确定卡斯蒂利亚和葡萄牙的势力范围的边界，从"属于我们划界范围内的摩鹿加群岛"到苏门答腊和勃固，"发现并占有某些岛屿"，甚至在可能的情况下，得到"中国人的土地和帆船"。卡斯蒂利亚政府认为自己拥有整个东南亚地区，从摩鹿加群岛到马来半岛乃至中国，都应该属于卡斯蒂利亚，并且选了索利斯来征服这些地方。

唐·曼努埃尔对这个项目自然不是很热心。他要求费尔南多二世引渡索利斯，因为他被指控在葡萄牙犯有严重罪行。当费尔南多二世装聋作哑时，唐·曼努埃尔找中间人诱使这个舵手回到里斯本，但是索利斯拒绝了。最后，葡萄牙国王派使者到罗马，同行的还有带着随从、音乐家的贵族，驮着印度的宝藏的骡子，甚至有一头专门从果阿引进的大象，引起了轰动。在一片喧闹声中，教皇利奥十世在教谕中宣读，向他的"在基督世界里备受尊敬的儿子"保证，葡萄牙对东方所有已发现与尚未发现的国家、岛屿、港口和异教徒拥有统治权。他这样做是在间接指出，《托德西利亚斯条约》的分界线仅对大西洋有效，而与世界的另一端无关。根据使者的意愿，无论东亚有多远，一切都应属于葡萄牙王室。

费尔南多二世及其首席战略家丰塞卡不允许自己被教皇的教谕欺骗。尽管他们暂时推迟了探险计划，但他们没有将计划束之高阁，特别是由于新的轰动性报道从他们的西方殖民地那里传来。达连省省长瓦斯科·努涅斯·德·巴尔博亚于1513年底在巴拿马地峡中游荡，在另一边发现了一片大海，他称之为"南海"。巴尔博亚立即意识到，通往亚洲的漫长路途在他眼前，比世界上任何其他道路都要宽，而且卡斯蒂利亚的负责人在得知他的发现时也有同样的想法。穿越这片海域的人，将直接获得香料的来源和东方的所有宝藏。正如托勒密所预言的那样，一些当时的人甚至认为新大陆只是一个亚洲半岛。地理学家马格努斯·西努斯认为，巴尔博亚所见过的大海不过是一个巨大的海湾，只需跨越即可到达远东。

但是问题是如何乘船进入这个海湾。为了解决这个问题，索利斯于1515年6月，以私人企业家身份，从圣罗卡出发，和70人一起分别乘坐3艘帆船在海上航行，唐·曼努埃尔对此没有理由抱怨。1516年1月，他们的船只到达拉普拉塔河，索利斯将其命名为"圣玛利亚河"。当地人对待客人的方式使他大吃一惊，他们热情地把来到他们土地的探险者及随行人员送往彼岸世界。在船上，船员眼睁睁地看着印第安人肢解了他们领导人的尸体，将其放在火上烤，然后吃掉，至少编年史家在1516年9月乘船返回家园后是这样报告的。尽管这次探索失败了，但对于卡斯蒂利亚来说，这个问题仍然是热门话题，因为丰塞卡和他的国王仍然没有找到打开亚洲宝藏之门的方法。

在葡萄牙和卡斯蒂利亚争夺香料群岛的那几年，麦哲伦在做什么？关于他这段时间生活的少量的资料表明，他在非洲和里斯本之间往返工作，并且在做生意。根据王室退休金账簿中的条目，麦哲伦被称为"菲达尔戈"，即"贵族骑士"，他在1514年中的10个月以及1515年下半年和1516年第一季度在艾宰穆尔服役。对于他的第二次逗留，国王给了他总计14050雷亚尔的薪金，该金额是按每月1250雷亚尔和每天一袋大麦计算的。

从麦哲伦对阿布拉德斯的诉讼我们知道，他也在首都进行商业活动。在1516年6月5日以国王的名义做出的最终判决，支持麦哲伦索赔200克鲁萨多的主张，这份判决如此描述原告："他是这个城市（里斯本）的人"，"他也与商人合作，通过与商人合作并借贷来赚钱。利润出让一半，通常每年还要收取利润的10%"。这就是为什么麦哲伦不仅要向阿布拉德斯的父亲索要200克鲁萨多，而且要求赔偿每年10%的利润损失。王室法官也将这笔钱给了麦哲伦，并指示官员负责没收和清算阿布拉德斯的资产。

在1515年，麦哲伦授予他的一个兄弟权利从葡萄牙北部城市蓬蒂-迪利马收取王室税务管理机构欠的款项。兄弟的名字叫杜阿尔特·索萨，与麦哲伦一样，他于1513年参加了去艾宰穆尔的探险。1516年11月，杜阿尔特向官员确认已收到80702雷亚尔的款项，该款项实际上偿还了阿布拉德斯的债务，但不是完全偿还：1517年5月，麦哲伦在里斯本发表了一份声明，称在阿布拉德斯案中，蓬蒂-迪利马的税务管理人仍欠他3751雷亚尔。这名骑士是一个坚定不移的信徒，他试图将债务追索至最后一笔。

有一天，麦哲伦收到了信件。我们不知道确切的送达日期，但是一定是 1516 年香料船队停泊在里斯本之后。这封信来自很远的地方。寄件人叫弗朗西斯科·塞拉诺，麦哲伦在马六甲挽救了他的性命，但他在和阿布雷乌探险队返回的途中，在班达海失踪了。几年后，麦哲伦很高兴获悉他的朋友幸存的消息。这封信的内容同样令人高兴。不幸的是，它没有被保留下来，但根据编年史家的记载，至少可以了解塞拉诺告诉了他的朋友发生了什么。

风暴将塞拉诺的帆船驱赶到一个被树木覆盖的小珊瑚岛①，该珊瑚岛无人居住。正如从塞拉诺的爪哇船员那里了解到的，这里屡屡遭到海盗袭击。一段时间后，当帆船准备航行时，搁浅者分成两组，一组船员与海盗交战，另一组船员等待机会，然后从暗处跳了出来，控制住了海盗的船。海盗屈服了，并同意将沉船残骸和他们的装备带到 100 英里外的安汶岛。

葡萄牙人的铁甲和火枪给安汶岛留下了深刻的印象。关于异国士兵的消息传遍了整个地区。一天，一小队有节日装饰的船停泊在附近，特尔纳特苏丹派遣船上的人邀请塞拉诺和他的同伴加入摩鹿加群岛。这位苏丹有先知的天赋，他曾梦想有一天，身穿铁甲的人会从遥远的地方来到他的国家，并帮助他成为征服邻近岛屿的统治者。现在，这个梦想的实现似乎临近了。葡萄牙人很高兴接受邀请，因此，塞拉诺和他的同伴成为第一批目睹传说中的香料群岛并定居于特尔纳特苏丹王国的基督徒。

这个区域正好位于赤道上方，并不大。它仅由一个圆形的小

---

① 可能在鲁西帕拉岛或海龟群岛的一个岛屿上，该岛屿在班达西南方向 250 公里的海中。

岛组成，直径约 10 公里，中间是雄伟的冒烟的伽马拉马火山。它的侧面被茂密的丛林所覆盖，丛林直奔河岸。黑色的沙滩，被椰子树遮蔽，冷却的熔岩形成的奇异岩石，带有竹棚的小村庄，干燥的丁香散发的诱人的香味，还有那些可爱、开放的人，让葡萄牙人觉得似乎到了一个热带小天堂。

葡萄牙殖民帝国中有像塞拉诺这样的人，在孟加拉和印尼等较远的地区，以自己的名义行事，并向当地统治者提供军事知识，从而逃脱了国王严厉的统治。一些人甚至皈依了伊斯兰教，并切断了与家乡的所有联系方式。当然塞拉诺不是这样，这个麦哲伦的朋友把国王当作自己在摩鹿加群岛的主人，他让苏丹给唐·曼努埃尔写了封信，称服从于"我们当中最崇高，最有力量的主宰"葡萄牙国王。塞拉诺给麦哲伦写了一封信，在信中他用淡红的颜色画了摩鹿加群岛。他在这里发现了另一个新世界，比瓦斯科·达·伽马所发现的世界更加遥远，并且物产丰富。麦哲伦的朋友不想回到欧洲，而想留在这里定居了吗？

很容易想象，一个好朋友写的这样的信会给收信者留下深刻的印象。历史学家若昂·德·巴罗斯有十足把握，正是塞拉诺提及的香料群岛让麦哲伦念念不忘，事实也很有可能是这样。但是一个疯狂的想法要成为一个具体的项目，必须增加其他因素。首先是麦哲伦的个性和生活条件——如果骑士对他作为非洲驻军战士和投资人的身份感到满意，那么塞拉诺的诱惑几乎不会引起他的注意。但是显然麦哲伦所取得的成就还不够，他还很年轻，精力充沛，可以尝试一些新事物。马六甲的记忆、热带地区的神奇世界和新鲜香料的味道仍然存在于他脑内，它们的力量引领他回到东南亚。

麦哲伦可能曾想再次在葡萄牙的"印度之家"谋得一个职位，但他失败了。因此，他很快考虑另一种选择，最有可能通过与长距离贸易商的接触而发现的一种选择：通过巴西和巴尔博亚的"南海"（太平洋）穿越未开发的路线到达香料群岛。要么是商人克里斯托瓦尔·德·哈罗向他指出了这条路线，要么是受到塞拉诺信件的启发，麦哲伦找到哈罗，他知道哈罗已经向巴西派遣了船只。无论哪种方式，他们两个肯定在某一天见面了，并且可能是在社交晚会上饮美酒和掷骰子的过程中，他们为摩鹿加群岛的探险制订了第一个计划。当这样的讨论变得更加具体时，很快就出现了这样的公司应该在哪里组织的问题，这时他们想到了哈罗的家乡。

哈罗的家乡布尔戈斯位于卡斯蒂利亚的梅塞塔高原，是重要的贸易大都市。这里的商人羡慕地看着里斯本和塞维利亚这两个蓬勃发展的城市，它们从大西洋的殖民扩张中受益最大，赚得盆满钵满。通过他们在里斯本的经纪人，最重要的是通过哈罗，布尔戈斯的商人成功地使部分资金流向了他们的城市。但是凭什么他们不能赚取更多呢？他们也越来越厌倦唐·曼努埃尔及其垄断政策。因此，他们没有忽略与海外第二大扩张者的关系，并在经济方面多次帮助卡斯蒂利亚王室。

费尔南多二世清楚地表明了自己的意图。他从罗马教皇那里获悉，布尔戈斯大教堂于 1514 年获得了新的主教——胡安·罗德里格斯·德·丰塞卡，致力于卡斯蒂利亚海外殖民地扩张的那个人终于成了布尔戈斯商人的邻居。主教总是有做生意的诀窍（并始终确保他在探险中能挣到钱）。他正在寻找通往香料群岛的西部路线，这就是为什么当商人表示对他的长期项目感兴趣时，他很敏感。因为商人不仅有资本而且消息灵通，提议经常别出心裁。他的同胞哈罗遇到了葡萄牙的贵族骑士，这个人对东南亚有亲身的了解，并收到了摩鹿加群岛的来信，里面讲述了一切。弗朗西斯科·塞拉诺向他的朋友麦哲伦描述了香料群岛的地理位置以及巨大的经济潜力。据他说，这些岛屿位于马六甲以东。但是，如果摩鹿加群岛位于远东，那么根据16世纪20年代的学说，它们很可能在卡斯蒂利亚的半球。

对于哈罗和其他商人来说，麦哲伦与摩鹿加群岛的紧密联系像哈罗与布尔戈斯的联系一样具有吸引力。双方很快达成一致，远征的筹划不是来自葡萄牙，而是来自卡斯蒂利亚。与葡萄牙不同，卡斯蒂利亚对西部路线的发展具有强烈的政治兴趣，也有融资人，这个地点的选择既有法律因素也有地理因素。

因此，麦哲伦向塞拉诺做出了答复，答应前往特尔纳特岛（摩鹿加群岛北部）。葡萄牙当局后来在塞拉诺关于摩鹿加群岛的文件中找到了这封信。麦哲伦告诉他的朋友，如果他不能经由印度到达摩鹿加群岛，他只能采取"卡斯蒂利亚方式"。这个来自波尔图的骑士决心返回东南亚——如果有必要的话，他也可以与葡萄牙的对手合作。

确切地说，关于麦哲伦决定进入哈罗的圈子，返回远东，以及通往亚洲的西方路线——"卡斯蒂利亚之路"何时成为他的真正选择，找不到相关记载。不过在1516年夏天到1517年秋天麦哲伦渐渐投入卡斯蒂利亚怀抱期间，他的计划一定已经成形。该项目可能在他离开前的最后几个月才真正具体化。在 1523 年葡萄牙王室召集讨论摩鹿加群岛问题的调查委员会上，一名受访者做证说，在麦哲伦离开葡萄牙动身前往卡斯蒂利亚的一年前，他曾在法庭上见过麦哲伦，麦哲伦"悄悄地离开了"。这是可信的，因为在麦哲伦自由行动之前，他和他的合伙人一定知道索利斯在拉普拉塔河的探险失败了。最早在 1516 年秋天，麦哲伦就开始制订他的计划了。卡斯蒂利亚的政治局势再次稳定下来了。

1516 年 1 月，"天主教徒"、阿拉贡国王和卡斯蒂利亚摄政王、伊比利亚半岛数十年来的强者、丰塞卡的资助人费尔南多二世去世，享年 63 岁。费尔南多二世非常聪明，对权力的渴望永不满足，没有任何顾忌，是文艺复兴时期君主的理想原型——马基雅弗利将他视为榜样。这个政治巨人的去世终结了一个时代，留下了权力真空。也有传言称他因为服用剂量不当的春药而丢掉了性命。

由于费尔南多二世的女儿胡安娜（名义上的卡斯蒂利亚女王）被认为精神错乱，托莱多的红衣主教弗朗西斯科·希门尼斯·德·西斯内罗斯在最初阶段接管了政府。在君主去世后，贵族如同感受到清晨的阳光一般快活，西斯内罗斯必须镇压这些叛乱的贵族。通过努力和手腕，年长的红衣主教力排众议，将查理推上王位。16 岁的勃艮第公爵查理是胡安娜的长子，神圣罗马帝国皇帝马克西米利安的孙子，从未踏上卡斯蒂利亚的土地。他生活在哈布斯堡家族的尼德兰地区，在那里出生并长大。

只要卡斯蒂利亚的权力问题没有得到解决，哈罗和麦哲伦向丰塞卡介绍他们的项目就没有多大意义。但是，这并不意味着他们现在表现不活跃。麦哲伦已经花了很多时间来学习和了解地理学，尤其是关于东南亚的地理知识。除了他的军事经验，正是这些知识让他在他的新伙伴眼里变得有价值，而且，如果他们的项目能够真正实现，那这些知识将是无价的。葡萄牙国家贸易机构"印度之家"，不仅是商品的中央交易中心，也是从亚洲传入里斯本的所有信息的枢纽。它位于塔古斯河岸的唐·曼努埃尔的新宫殿中，即今天广为人知的宫殿广场。① 在麦哲伦时代，舵手进出"印度之家"，在那里记录日志，绘制航海图，装备舰队并进行香料交易。

"印度之家"的官员肯定对麦哲伦非常熟悉。作为一名曾在印度活动的航海家和商人，他的航行使他经常进入"印度之家"，同时，作为贵族骑士，他也可以进入宫殿区域。因此，麦哲伦可以轻松地与从东方来的船长、商人和其他返回者进行对话，并满足他的好奇心。

一个叫贡萨洛·德·奥利维拉的人可能是给麦哲伦提供信息的人之一。这人曾是阿布雷乌的摩鹿加群岛探险队的舵手，他根据个人经验了解了马六甲和班达海之间的水域。据说他和麦哲伦是远亲，曾一起在印度洋航行②。麦哲伦对航海和天文学的知识非常了解，这首先要感谢贡萨洛·德·奥利维拉，他当然也向麦

---

① 这座宫殿在 1755 年地震中被彻底摧毁，包括贸易机构的档案。

② 葡萄牙博物学者费尔南多·奥利维拉描述了 16 世纪中叶左右第一次环球航行的情况，但他从未发表过。直到 20 世纪，他的文件才在莱顿大学图书馆被发现。费尔南多·奥利维拉早年曾任历史学家若昂·德·巴罗斯的导师，今天一些已经丢失的文件，他那时可以看到并记载下来。

哲伦介绍了东南亚的地理和摩鹿加群岛的情况。奥利维拉不太可能是麦哲伦唯一的信息来源。此外，麦哲伦不仅可以在"印度之家"拜访相关人员，而且只需一点手段便可以访问机密文件，例如航海和区域手册，但最重要的是航海图。这并非没有危险，因为唐·曼努埃尔已将向国外泄露任何机密信息的行为判以死罪。但是，该禁令无法阻止信息泄露，只会抬高信息的价格。所以，威尼斯共和国政府总是很了解里斯本的竞争对手的情况，而麦哲伦后来在卡斯蒂利亚也因熟悉葡萄牙航海图而受益。更重要的是，他说服了葡萄牙一些著名的地图绘制员为他工作。

来自维琴察的贵族安东尼奥·皮加费塔在 1519 年加入麦哲伦前往摩鹿加群岛的舰队，他在航行日记中写道：麦哲伦曾在"葡萄牙国王的宝库中看到过由一位杰出的男子马丁·贝海姆制成的地图"，地图上是"一个非常隐秘的海峡"，这使麦哲伦后来能够找到那条海峡，并以自己的姓氏命名。这一言论引起了最疯狂的猜测：马丁可能早在麦哲伦之前就已经在南纬 52 度的位置发现了海峡。

这里不是质疑围绕在纽伦堡贵族和商人马丁·贝海姆周围的无数神话。没有证据表明贝海姆去过南美。但是，他也与世界地图有关，因为他是现存最古老的地球仪的发明者，该地球仪是在他的监督下于 1492 年在纽伦堡制造的。然而，韦斯普奇的"新世界"尚未在这个"地球苹果"上被描绘出来，因此也没有描绘通过它的海峡。它所依据的地球仪或世界地图很难成为麦哲伦的计划的契机。没有任何人知道贝海姆的其他身份，后来他变得生活窘迫和对国王不满，1507年在里斯本去世。尽管如此，皮加费塔的说法并不完全是错误的。它指出了德国南部商人和学术界对葡萄牙殖民地扩张的极大兴趣，例如，马丁·瓦尔德泽米勒于1507年绘制的著名的世界地图和1515年舍纳制作的地球仪都模糊地描绘了这个海峡。显然，知识并不是朝一个方向流动的。阿尔萨斯人和纽伦堡工作室中的学者不仅利用了葡萄牙人的经验，而且还利用了天文学家的成果，也就是说南美海峡在麦哲伦远征之前就已经被"发现"了。

关于麦哲伦探险队的文章，现在都保存在卡斯蒂利亚的西印度群岛档案馆中。其中有一本《从好望角到中国的地理描述》，也就是《杜阿尔特·巴博萨书》。这个巴博萨曾在坎努尔和卡利卡特的葡萄牙工厂工作多年，据说在1516年左右写了这本书。官方认为这些内容非常有价值，因此从未允许它们被印刷。尽管这些文字仅秘密传播，但它通过某种途径流传到了卡斯蒂利亚——无法确定它是否出现在麦哲伦的行李中，但这个像巴博萨一样计划去东南亚航行的男人一定翻阅过此书。巴博萨不仅描述了从苏门答腊到摩鹿加群岛的整个印度尼西亚，还描述了基督教刚刚出现的地区，例如越南和中国。另一位作者的作品则更进一步——《东方概要》，由皮雷斯在1515年左右撰写，并且很长一段时间没有被印刷。皮雷斯提到了"Jampom"（日本）和一个群岛，他以其主岛的名字"吕宋岛"为其命名，即今天的菲律宾。这位药剂师还报告说，在那里可以获得黄金。1521年3月，麦哲伦是第一个登陆菲律宾的欧洲人，这当然不是因为巧合或航线错误，而是他在"印度之家"研究的结果。

在这段时间里，麦哲伦结识了另一个人——他遇到了萨拉曼卡大学和锡耶纳大学的文学学士、占星家和天文学家鲁伊·法莱罗。法莱罗声称已开发出一种确定经度的方法，他本应在像葡萄牙这样的航海国家中取得成功，但是由于某种原因，这位科学家在他的祖国得不到承认。法莱罗的理论引起了麦哲伦的极大兴趣，他确实需要一种测量经度的方法来证明摩鹿加群岛位于卡斯蒂利亚的半球，塞拉诺的来信和他在"印度之家"的研究使他深信不疑。

巴罗斯将法莱罗描绘成患妄想症的狂热者，这个判断不仅基于历史学家对占星家的天然厌恶，而且也是出于法莱罗对他祖国的冒犯。因为在他的眼中，法莱罗像麦哲伦一样出卖了自己的祖国。实际上，随着时间的流逝，法莱罗被发现有人格障碍，多疑、易怒并且情绪不稳定。要么这些特征一开始并没有那么明显，要么是由于法莱罗的专业素养，麦哲伦接受了它们。这两个人成为伙伴，并一同去了卡斯蒂利亚。

因此，现在他们组成了三人组——克里斯托瓦尔·德·哈罗是皇家议会的丰塞卡的潜在赞助者和支持者。麦哲伦是一位航行经验丰富的骑士，他通过自己的经历了解了东亚。最后是学者鲁伊·法莱罗，他要给这个航行以科学的视角。这 3 个人都有自己的理由拒绝葡萄牙——法莱罗未能在自己的家乡找到与他的学识和自我形象相称的职位，他认为自己是一个被误解的天才；据说麦哲伦也在唐·曼努埃尔那里感到被冷落，因为国王拒绝增加他的每月薪金。

在关于麦哲伦的浪漫画作中，特别强调了荣誉受到冒犯的动机，是葡萄牙君主的忘恩负义使骑士投入卡斯蒂利亚的怀抱，这个解释似乎是合理的。然而，这个解释夸大其词，并不确切。因为麦哲伦的行动是基于微妙的计算或投机行为。不能从麦哲伦独自提出了环球航行的伟大构想，来说明他是一个明智且富有远见的人。当时的社会，从西方到达东亚的想法已经出现很多年了。这位来自波尔图的骑士只是在正确的时间、正确的地方与关键的人物进行了交谈。麦哲伦有经验，大胆且坚韧，但如果没有像韦斯普奇和索利斯这样的人前期做的铺垫，最重要的是，如果没有克里斯托瓦尔·德·哈罗和他的人脉，他会像他的堂弟皮奥·罗德里格斯一样几乎不会留下任何痕迹。

与其他两个人相比，哈罗对唐·曼努埃尔及其执政风格感到非常不满。1515 年，他和他的同伴派出 16 艘船前往非洲进行贸易。在几内亚沿岸，他们被一个长期出没于佛得角、名叫埃斯特瓦·朱萨特的海盗伏击。损失估计为 1.6 万杜卡特，不包括营救费用。由于朱萨特是葡萄牙人，哈罗向唐·曼努埃尔要求赔偿。但是，即使他们在哈布斯堡王朝中找到了最有分量的说情者，葡萄牙国王所能做的也不过是在名义上追查这个海盗而已，而商人们则继续蒙受损失。这是克里斯托瓦尔·德·哈罗取消里斯本的贸易据点，并将其安排到卡斯蒂利亚的另一个原因。同时，人们对新国王查理的到来抱有的期待越来越强烈。

每个人都考虑了新国王领导下的机会，他们前往佛兰德斯，并在梅赫伦的勃艮第宫廷上等待。克里斯托瓦尔的兄弟迭戈居住在安特卫普，与哈布斯堡王室有着良好的关系，也感受到查理到来的积极信号。显然，开辟卡斯蒂利亚西方路线寻找香料群岛的计划并不是完全没可能。因此，克里斯托瓦尔·德·哈罗是三人中首个拒绝葡萄牙的人。1517年4月，他不再居住在该国。

4月1日，教皇利奥十世向"卡斯蒂利亚国王查理"发出教谕，表彰他的外祖父费尔南多和伊莎贝拉以上帝的名义与"顽强的撒拉逊人"斗争的功绩，并准许他拥有"天主教国王"的头衔，以此从最高级别承认了查理对卡斯蒂利亚和阿拉贡的统治。5月，查理前往尼德兰海岸，自1516年秋天以来，西斯内罗斯派遣的卡斯蒂利亚舰队一直在那里等他。9月初，这些船终于起航，同月19日，查理"经过了一段愉快的旅程"到达阿斯图里亚斯海岸的比利亚维西奥萨港，并宣布他很高兴抵达卡斯蒂利亚。

此时，麦哲伦的航行安排紧锣密鼓地展开。但是没有留存下来的记录，也没有信件帮助我们想象他与家人和朋友道别的时刻。唯一可以确定的是，这位王室的贵族骑士并没有大张旗鼓，而是保持秩序井然。他请求唐·曼努埃尔允许其正式退出服务职责，并寻找另一位绅士代替他，这个请求显然很容易得到许可。由于法莱罗花了更长的时间安排自己的离开事宜，麦哲伦与他的同伴签署了一份合同。麦哲伦会先去卡斯蒂利亚，但一个人在那里什么也不做。只有当法莱罗过来时，他们才会一起为他们的项目敲响进军鼓。他们选择在安达卢西亚的城市会面，那里有卡斯蒂利亚海外贸易蓬勃发展的无可争议的中心——塞维利亚。

4.合 约

塞维利亚拥有阿尔摩哈德时期建造的长达 7 公里的城墙，其城门和城垛让人想起马格里布的古堡，在麦哲伦时代，看上去像北非城市。一座钟楼耸立，看上去像马拉喀什的尖塔的孪生兄弟。小巷狭窄而曲折，富人的房屋用朴素的外墙和高墙遮掩了它们的魅力——建有喷泉的瓷砖庭院，以及种有柠檬树、夹竹桃和枣椰树的花园——就像尊贵的妇女按照古老的习俗蒙着面纱一样。约 250 年前，卡斯蒂利亚的一支舰队经过安达卢斯的大河——瓜达尔基维尔河，去征服"伊斯比利亚"（今塞维利亚）。纽伦堡医生希耶洛缪努斯·明泽于 1494 年在卡斯蒂利亚和葡萄牙航行时曾在此停留，他满意地说："从那时起塞维利亚一直是基督教色彩的，这座城市拥有许多教堂和方济各会、奥古斯丁主义者、布道兄弟会和修女修道院。"

明泽称赞其理想的地理位置："在广阔而美丽的平原上，土地上产出各种水果，种类丰富，尤其是盛产油和优质的葡萄酒。"他还爬上了"大教堂的高塔，那里曾经是清真寺"，从那里望去，这座城市看上去"是纽伦堡的两倍大，贝蒂斯河在城墙脚下流向西部，这条通航且水量丰富的河在涨潮时上升 3 至 4 埃勒 [①]，然后带来咸水，在退潮时又变成淡水"。

正是贝蒂斯河、瓜达尔基维尔河或当地人所说的塞维利亚河，自古以来就使该市成为交易中心并为它集聚了大量财富。通过西南迷宫般的沼泽地带，长达 120 公里的通航水道将塞维利亚与大西洋连接在一起，这个城市的视野自 1492 年以来就急剧扩大。"过去，卢西塔尼亚和安达卢西亚是地球的尽头；现在，在发现印度之后，它们几乎处于中间位置。"16 世纪末，学者托马斯·德·梅尔卡多写道。

年轻的卡斯蒂利亚殖民帝国与安的列斯群岛往来的所有船只都是从塞维利亚出发的。该市是与非洲、加那利群岛和葡萄牙进行贸易的首个停靠港口，许多在地中海和北欧之间航行的船只停靠在此。这里资金往来频繁，塞维利亚也成为卡斯蒂利亚人口最多的城市。超过 5 万人挤在它的围墙内：街头到处都是非洲奴隶，还有穿彩色长袍的摩里斯科人 [②]、乞丐和妓女，妓女可以通过红色的嘴唇和袒胸露肩的衣服辨认，还有持剑的贵族骑士、新富商，当然还有戴着五彩缤纷头巾和身穿哈伦裤的水手们。

麦哲伦对这一切应该没什么印象。如果人们看过马六甲、卡利卡特和艾宰穆尔，就不会觉得塞维利亚充满异国情调。尤其是

---

① 德国旧长度单位，1 埃勒 =0.6 米。

② "摩里斯科人"是卡斯蒂利亚原先居住的穆斯林摩尔人，在 1502 年王室命令他们选择受洗或离开卡斯蒂利亚。

是里斯本，无论是令人眼花缭乱的繁荣和国际化的风貌，还是卫生条件，都能够与瓜达尔基维尔河穿过的这座城市媲美。即使在塞维利亚，仍然有一些穆斯林浴场卫生状况很差，致命的流行病是日常生活的一部分。

根据麦哲伦的表述，他于1517年10月20日到达塞维利亚。他至少有两个人陪同：和他一样来自波尔图的克里斯托瓦·雷贝洛和他的马来奴隶恩里克。另外，历史学家猜想，出现在探险队名单上的努诺和埃尔南多，可能是两个葡萄牙血统的仆人，也可能是苏门答腊的奴隶，麦哲伦的另外两名奴隶后来在塞维利亚被记录下来，他的一些亲戚也加入了他的探险队。我们并不清楚其中有多少人，是1517年10月那个星期二，带着马匹与驮畜慢腾腾地穿过旧桥的从西方而来的商队的一员。

他们在这座宽阔的桥上看到了右边的阿雷纳尔，这是河流和城市之间广阔的沙地，也是塞维利亚的港口。那里并排放置着森林般的桅杆，无数大小不等的船只——从小平底船到能经受海洋风浪的卡瑞克帆船。有些船在河里漂浮，有些则在绞车的帮助下被拖上岸。这个卡斯蒂利亚最重要的港口没有砖砌的码头，但它有一台靠大型滚轮驱动的装卸起重机。

起重机站在有12个侧面的"黄金塔"上，这座塔守卫着南面的阿雷纳尔，它就像大教堂的钟楼一样可以追溯到阿尔摩哈德时期。几公顷的空间内，散布着帐篷和木制摊位，它们是简易的办公室和储藏室，里面堆放着造船材料和各种物品，同时产生了大量垃圾和巨大的水坑，猪和鸡就在垃圾和水坑之间四处奔跑。这里一直是临时场所，因为阿雷纳尔经常被河水淹没。城墙的外面有许多建筑：木桶厂和制绳厂，小酒馆，简易车间和妓女的简易屋子。皇家造船厂从庞大的作坊建筑群中脱颖而出，然而，由于无法跟上不断增加的船舶吨位，皇家造船厂已在 15 世纪被改建成仓库。

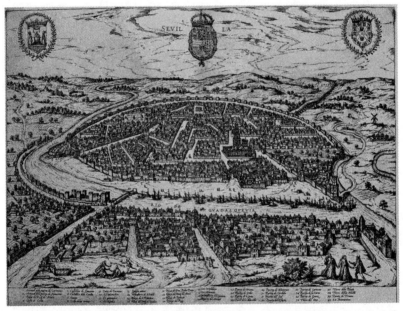

▲塞维利亚的俯瞰图，瓜达尔基维尔河从左向右从城市中间流出，后面是阿雷纳尔。出自乔治·布劳和弗朗茨·霍根伯格的《寰宇城市志》（1594）。

但是麦哲伦在塞维利亚停留的第一个地点不是港口，而是大教堂附近的圣玛利亚贵族区，他同胞的家在这里——迪奥戈·巴博萨是当年逃离葡萄牙的贵族唐·阿尔瓦罗·德·布拉干萨的仆人，他在麦哲伦之前移居卡斯蒂利亚。巴博萨年轻时曾在格拉纳达打过仗，天主教国王以圣地亚哥骑士团的惯例向他支付了报酬。在葡萄牙担任船长乘船前往印度后，他于 1503 年与家人一起定居在塞维利亚，唐·阿尔瓦罗接管了王宫和造船厂的城堡看守官职位，但他大部分时间不在，实际上是迪奥戈·巴博萨担任了这个职位，当唐·阿尔瓦罗去世并且他的儿子——来自葡萄牙的唐·豪尔赫——继承了他的爵位时，巴博萨继续为他的儿子做事。作为王室看守官的代表，这个葡萄牙人现已定居塞维利亚60多年，享有很高的声誉，是一位受尊敬的绅士，甚至被任命为塞维利亚市议会议员。

麦哲伦当然不只是敲了巴博萨的门，他是有计划的。尽管巴罗斯表示两人之间的关系尚未得到证实，但巴博萨和麦哲伦都是布拉干萨"大家庭"的成员，属于这个公爵府的跨度广泛的交际网，他们的成员彼此忠诚。通过这个网络，这位波尔图的贵族骑士联系了塞维利亚的这位尊贵的官员；也许两人已经商议了麦哲伦与巴博萨的女儿多娜·比阿特丽斯的婚事，据我们所知，当时她已经20岁了。通过与当地人结婚，麦哲伦不仅获得了城市的公民权利，提高了其法律地位，而且还提高了其经济能力。

巴博萨给了他的女儿60万马拉维迪①，相当于1600杜卡特金币，是法律允许范围内塞维利亚公民（贵族除外）最多的嫁妆。对16世纪公证记录的评估表明，只有很小一部分的塞维利亚女性能够拥有这种价值的嫁妆。按照物质标准，麦哲伦进入了城市的上层圈子。而且，他与未来的岳父相处得很好。作为退伍军人和熟悉印度事务的人，这位长者有着和麦哲伦一样的经历。在巴

---

① "马拉维迪"是一种阿拉伯的金币，曾在伊比利亚半岛各处流通。后来，在卡斯蒂利亚取而代之的是杜卡特金币，但马拉维迪继续用作记账货币，在麦哲伦时代，1杜卡特相当于375马拉维迪。

博萨负责的王宫和造船厂的房间里，"贸易局"也设有办公室和储藏室。

卡斯蒂利亚皇家贸易机构——"贸易局"成立于 1503 年，以里斯本的"印度之家"为模板，是大西洋贸易和所有海外探险的总部。美洲征服者偷走的所有宝藏——金、宝石、珍珠，后来的墨西哥和秘鲁的白银，都经过了"贸易局"和其官员的手，这些官员直接受卡斯蒂利亚王室委员会领导。但是，王室在伊比利亚半岛北部，距离很远，因此交流主要通过书面形式进行。当一艘艘载有黄金的船从美洲抵达时，刚铸好的杜卡特金币就被立即带往宫廷；信使每月要动身几次，经常有装备精良的披甲骑兵陪同。

该贸易机构的管理层由三巨头掌控。自"贸易局"创立以来，财务主管就由桑乔·奥尔蒂斯·德·马蒂恩佐担任，他本来是塞维利亚大教堂的一名牧师，自 1508 年以来，他一直得到来自巴斯克的会计师胡安·洛佩兹·德·雷查理德的支持。由于两人不仅负责大西洋贸易的监测和征税，而且还担任商业法官，因此他们拥有巨大的权力。这对塞维利亚商人来说是一个公开的秘密，他们也利用了自己的优势。两人都积累了巨大的财富，马蒂恩佐将部分财富投入了著名艺术品，雷查理德则主要投资大型房地产。王室对此睁一只眼闭一只眼，只要塞维利亚的金矿收入源源不断，而且没有人大声抱怨，王室就可以忍受。具有商业头脑的官僚们也从国家的动荡中受益。费尔南多二世最后一次出现在塞维利亚是在 1511 年；西斯内罗斯在他短暂的统治期间有别的事要操心；直到 16 世纪 20 年代中期，查理才将控制权牢牢掌握在手中：雷查理德在牢狱中度过了一段时间，而财务主管马蒂恩佐由于年老将死而免于被清算。

麦哲伦来到塞维利亚时，马蒂恩佐和雷查理德处于鼎盛时期，这让"贸易局"的王室经济人（贸易代理人），第三个巨头胡安·德·阿兰达大为恼火。阿兰达刚被任命这个职位，从他的家乡布尔戈斯来到这里，"贸易局"的前辈似乎让新人处境艰难。所以，阿兰达通过对雷查理德提出指控进行了报复，导致他自己也在数年后被捕入狱。

麦哲伦到达塞维利亚后不久就感觉到了"贸易局"的作用，他去找阿兰达，后者显然立即感觉到这是一笔有利可图的生意，所以阿兰达立即开始了忙碌的社交活动，这使麦哲伦有些惊讶。阿兰达来自布尔戈斯，他与家乡的商界有着良好的联系，因此，他很容易获得有关这个新移民的背景信息，麦哲伦自称航海经历丰富并且是远洋航行专家。阿兰达在里斯本的联络人，包括哈罗家族的代表，迅速做出了积极回应，因此事情更进一步，王室顾问让·勒·索瓦吉邀请麦哲伦到王宫。

同时，鲁伊·法莱罗在他的兄弟弗朗西斯科的陪同下到达塞维利亚，他们对带有王室因素的行动一点都不热心。法莱罗指责麦哲伦违反了在卡斯蒂利亚他们要共同行动的协议。经过激烈的争论，两人达成共识。他们决定独自前往巴利亚多利德，在1518年2月，新国王在此地召开卡斯蒂利亚国会。阿兰达想与他们一同前去，被他们拒绝。但是，阿尔科斯公爵夫人加入了他们，她于1月20日带着随从前往巴利亚多利德。

　　三个葡萄牙人，麦哲伦和法莱罗兄弟，当他们启程时肯定知道他们正在接近一个决定性的时刻。他们计划的实现取决于他们随后在宫廷上的表现。为了使卡斯蒂利亚的强大势力垂青他们的计划，这三个人不仅带着马来奴隶恩里克（可能还有来自苏门答腊的那个神秘奴隶），还有塞拉诺的信件和各种来自葡萄牙的地图，其中包括细分区域的世界地图。如果将这些内容粘贴到纸浆球上，它就变成了地球仪——难道有比这更好的东西能向国王展示环球航行的计划吗？

　　随从们痛苦地在高原和卡斯蒂利亚的寒冷山脉上缓慢移动。他们经过荒芜的田野，穿过成群的绵羊和衣衫不整的农民，在小村庄、修道院，有时也在托莱多或阿维拉小城里过夜。对于这个国家五分之四的人民来说，他们的国王像卡利卡特的扎莫林国王一样难以接近。这些人从来没有听说过摩鹿加群岛，如果有人告诉他们麦哲伦和他的同伴正在计划什么，对他们来说，比现在听到飞往另一个星系的幻想还要奇妙。如果说像马来人恩里克这样的人在途中不是特别引人注目，那仅仅是因为他是阿尔科斯公爵夫人形形色色的随从中的一员。

　　像公爵夫人和她的丈夫这样的人，才是卡斯蒂利亚的真正所有者——大约有20多个高级贵族家族分据在这个国家，并在其领土上不停地掀起暴动。教堂以及骑士团的高级职务都被他们占据，大多数城市的政府都按照他们的意图行事，他们通常无视王室命令。软弱的国王才是贵族眼中的好国王，他们中的一些人从一开始就质疑来自尼德兰的查理的统治权力。他的母亲女王胡安娜仍然活着，难道不应该是查理在卡斯蒂利亚长大的弟弟费尔南多更适合统治这个国家吗？这就是查理急于召开国会的原因，他需要召集国会认可他的王权。

公爵夫人的队伍已经走了近三个星期，在埃尔埃拉东山区的村庄停了下来，正在穿越阿维拉关口，一个信使为麦哲伦和鲁伊·法莱罗带来了信件。胡安·德·阿兰达说，他已经在美丽的梅迪纳·德尔坎波进行了三天的旅行，他得到了一个好消息：国王已回复了他的来信，并亲自邀请麦哲伦，希望麦哲伦来宫廷和其见面。进取心为幸运的骑士打开了第一扇门。

麦哲伦和法莱罗赶紧前往梅迪纳·德尔坎波，在阿兰达一个经商的朋友的房子里住了一晚，然后和他一起前往巴利亚多利德。在2月中旬的狂欢节上，他们经过杜罗河上一座破旧的罗马式桥梁，麦哲伦在看到河水时是否思念家乡？在河的源头，向西数百公里，就是他的家乡波尔图。

他们在桥上休息，心情愉快。阿兰达吐露心声：在他们得到王室邀请后，他希望在巴利亚多利德为三个葡萄牙人做更多的事情，如果他们感激他的帮助，正确且合适的做法是让他分享他们从这次探险中获得的利益，他认为五分之一是合适的。

和和气气的日子很快就过去了。

鲁伊·法莱罗怒不可遏，他的兄弟弗朗西斯科对阿兰达如此卑劣的想法表示难以置信，而麦哲伦表示愿意进行谈判，这可能是因为他担心阿兰达在巴利亚多利德给他们使绊子。他们决定给他10%的利润，这位政府公职人员毫不留情地拒绝了。经过漫长的讨价还价，他们达成了一项协议，阿兰达将收取利润的八分之一，前提是王室为舰队提供资金，而葡萄牙人不必自己筹集资金。

如果官员为公共合同提供中介并接受金钱，他可能会被指控腐败——即使在麦哲伦时代也是如此。在此事变得引人注目之后，阿兰达试图说服自己摆脱葡萄牙人给他造成的许多开支，这无济于事。此外，他声称麦哲伦和法莱罗自愿向他提供股份。即使那是真的，他本来应该以贿赂为由拒绝这一提议。实际上，他很不明智地向布尔戈斯的亲戚展示他与麦哲伦和法莱罗的合同，后来也被克里斯托瓦尔·德·哈罗看到了。最后，王室议会的主教丰塞卡发现下属利用自己的特权，所以在1518年秋天对阿兰达提起刑事诉讼。许多有趣的细节在此过程中得以留存，这是历史的幸运。没有这些细节，我们甚至都不知道麦哲伦第一次抵达塞维利亚的日期。

麦哲伦与法莱罗之间的默契暂时恢复了，冒险者现在要面对的是：努力赢得使国王成为他们计划的赞助者的关键挑战。但是，他们不再信任阿兰达，他们也拒绝了在巴利亚多利德时住在他那里的邀请①。他们必须寻找自己的住所，即使这不是一件容易的事。因为在卡斯蒂利亚有名声、地位的人物都聚集在这座城市，以迎接他们期待已久的王位继承人。

巴利亚多利德是卡斯蒂利亚的非官方首府，在那个年代就像一口充满野心、谣言、阴谋、敌对行动等的大锅。每个人都想从

---

① 阿兰达在巴利亚多利德住在商人迭戈·洛佩兹·德·卡斯特罗的房子里，迭戈也来自布尔戈斯，是这座城市的另一个批发商。

新国王那里得到一些东西，每个人都看到了潜在的竞争对手或盟友。更糟的是，瘟疫再次暴发。

这并没有阻止王室的庆祝。查理从尼德兰带来了一大群随从——顾问和附庸、牧师、秘书和私人医生、布施者、酿酒师、厨师、糕点师、盔甲师、马夫、卫兵和各种仆人。这个庞大的队伍举行了查理从勃艮第公爵那里继承来的辉煌的宫廷仪式，在节俭的卡斯蒂利亚人眼中，过度的铺张是可耻的。在这场似乎无休止的宴会上，特制的喷泉喷涌着葡萄酒，豪华的袍子和昂贵的礼物被分发给忠实的部下。最后，仪式结束时，尽管卡斯蒂利亚人心中不太情愿，但最终屈服于新国王的所有要求。在巴利亚多利德集市广场举行了两周的长矛比赛，据说花费了 4 万杜卡特金币，几乎是麦哲伦整个舰队最终花费的两倍，也有人在此期间受伤，有 7 人死亡。

如果您想了解年轻的国王查理的容貌，实际情况并不是提香·韦切利奥在几幅画中画的那样，像世界统治者那样拥有充满活力的山羊胡子，身穿盔甲，而是像今天在布吕赫和根特可以看到的康拉德·梅特为查理制作的彩色半身像：一个略微斜视，没有胡须的年轻人，他的头发类似于现代刘海发式，并且嘴巴总是有点张开，这可能是由于鼻子被长期堵塞，其外貌有些虚弱。顺便提一句，这个美少年被欲望驱使，向祖父的 29 岁情妇热尔梅娜·德·富瓦求爱，在晚上让宫女将这位女士带到他的宫殿。正如人文主义者和王室议员彼得·马特尔所说，因为女性的缘故，他在弥撒中晕倒了一次。这位年轻的国王特别着迷于有关印度这一重大话题的某些细节，因此，他寄信给“贸易局”的财务主管，要求从海外寄给他一些鹦鹉："因为它们和这里的鸟儿比起来很奇怪，它们很稀少，能给我带来欢乐。"五彩缤纷的世界地图、地球仪等也使他感到高兴，麦哲伦有合适的说服工具，不过不是五颜六色的鸟儿，而是他打算展示给殿下的奇异的奴隶。

但是，水手们在接近查理之前，必须取得他的顾问的支持，但当时顾问的影响力也不能高估，布尔戈斯的主教胡安·罗德里格斯·德·丰塞卡最容易被麦哲伦的计划说服，因为这和他自己多年来一直在追求的计划一致。对他来说，问题是麦哲伦是否是这项计划的合适人选，是否应将任务委托给其他人，例如，另一个葡萄牙人埃斯特沃·戈麦斯，他最近在法庭上露面，并被任命为王室舵手。丰塞卡已经为麦哲伦的到来做好了准备，当然他不像阿兰达那样过分地强调自己的作用，而是事先由哈罗出面代表布尔戈斯人接见麦哲伦，并且他原则上同意远征香料群岛。但是丰塞卡的位置不再那么重要，因为20多年来一直为费尔南多二世制定印度政策的主教在其主人去世后就被冷落。一名观察家指出，那时候丰塞卡看上去"像是一艘被解除武装的战舰"。

与新国王一起从尼德兰而来的宫廷大臣们开始在卡斯蒂利亚掌权。当时殖民帝国仍隶属于最高管理机构卡斯蒂利亚议会，仍由让·勒·索瓦吉担任主席。他是一名资深的官僚，皇家中央政府的怀疑者，对在长期摄政下悄悄掌握权力的卡斯蒂利亚人和小团体表示深深的不信任。比索瓦吉有更大影响力的是谢夫尔男爵纪尧姆·德·克罗瓦，从查理的童年开始，他就一直担任内廷总管和导师。纪尧姆男爵的住所离查理很近，甚至有时与查理同住一间卧室。查理很关心他，给予他很多荣誉，很多行动都经过他的同意。像索瓦吉一样，纪尧姆对卡斯蒂利亚人并不怎么看好，而卡斯蒂利亚人很快就发自内心地讨厌他。在卡斯蒂利亚及其殖民地，纪尧姆这个法国贵族家庭的后代发现了一座金矿，为了家族的利益开采了它。因此，他原则上不反对探险，因为一旦成功的话，回报将是难以估量的。

这里还可以提到查理身边的另外两个人——弗朗西斯科·德·洛斯·科沃斯，他作为王室秘书签署了麦哲伦在接下来的一年半中从王室那里收到的所有信件、法令和恩典；葡萄牙人唐·豪尔赫是王宫和造船厂的官吏，负责麦哲伦在塞维利亚的岳父迪奥戈·巴博萨的业务。

查理继位后，唐·豪尔赫像科沃斯一样，已经来到尼德兰一段时间，目的是争取这位未来国王的青睐。他的努力也得到了回报，因为查理——其实是纪尧姆——已在布鲁塞尔授予了他许可证，允许其将400名非洲奴隶进口到圣多明各。宫廷的大臣们并没有弄脏自己的手，而将许可证转售给了意大利的奴隶贩子，这是一个非常有利可图的生意。我们找不到直接干预的痕迹，但可以猜想唐·豪尔赫在王宫里为他的同胞麦哲伦说了好话，特别是因为麦哲伦是他堂兄布拉干萨公爵的附庸。

因此，早在2月20日，麦哲伦就已经在巴利亚多利德等待。他首先与丰塞卡交谈，然后被带到索瓦吉的住所。在那里，他遇到了神父巴托洛梅·德·拉斯·卡萨斯，他来到宫廷，推动他为争取美洲人民（即印第安人）的权利而开展的运动。拉斯·卡萨斯与麦哲伦谈了他的计划，后来他在《印度历史报》中描述了麦哲伦的外表，这是唯一保留下来的真实描述[1]。这名葡萄牙骑士身材矮小，乍看起来似乎不显眼，但他充满着决心和坚毅的态度，在神父的眼中，他拥有坚强的个性。

拉斯·卡萨斯还看到了麦哲伦为给国王和议员们展示他的计划带来的地球仪。整个地球都被描绘在地球仪上，包括麦哲伦打算走的路线——他想努力穿越那条在地球仪上还是空白的海峡，这样一来，"没有人能走在他前面"。然后，神父问麦哲伦，如果他找不到通往另一海域的通道，他会怎么做。他回答："如果那样，他将按照葡萄牙的航线前进。"根据另一位历史学家弗朗西斯科·洛佩兹·德·戈马拉[2]的说法，麦哲伦"想一直沿着海岸行驶，直到他找到与好望角相对应的海角，并发现许多新的陆地和通往香料群岛的海路"。

为了理解这一说法，可以使用世界地图，该地图可能是由葡萄牙宫廷制图师洛波·霍姆于1519年设计的，现在作为著名的《米勒地图集》的一部分保存在巴黎。它说明了麦哲伦的备用路线所基于的地理理论：在霍姆的地图上，从美洲海岸向南到南极大陆，然后向东转，再穿过马来半岛向北移动，并进入亚洲。大西洋和印度洋在这里表现为连贯的内陆海，被相互连接的大陆围住。基

[1]　如今，看上去很悲伤的有胡子的麦哲伦的彩绘肖像挂在世界各地的博物馆中，无数书籍中也是这个形象。在互联网上大量传播的另一个模板，可能来源于麦哲伦去世多年后的意大利，因此无法提供其面部特征的可靠描述。

[2]　弗朗西斯科·洛佩兹·德·戈马拉，记录卡斯蒂利亚征服美洲的编年史家。戈马拉在1518—1519年曾在卡斯蒂利亚，如果他和麦哲伦相遇，在他的作品中为何未留下痕迹？

本上，该草案延续了托勒密的世界观，包括自 1492 年以来的地理知识，并有所拓展——环绕非洲到印度和西部新大陆的海路。

只要没有对美洲的海岸进行完全而充分的探索，关于地球表面陆地和海洋分布的各种说法就会一直争论不休。简而言之，有两种理论，两种理论都有其古代权威。一种基于托勒密的学说，他们将这些大陆看作一个连续的陆地。另一种由斯特拉波提出，将这些大陆描述为被海洋环绕的岛屿，这些海洋通过海路相连。麦哲伦计划从海峡向西航行到亚洲的计划基于第二种理论，回望这个理论，它是正确的。但是，正如他对巴托洛梅·德·拉斯·卡萨斯的问题的回答所表现的那样，如果他的假设被证明是错误的，他也有 B 计划。他将沿着假设的南部海岸向东航行，直到到达亚洲。

麦哲伦的出场一定让索瓦吉印象深刻，因为根据拉斯·卡萨斯的描述，他向国王和纪尧姆介绍了该项目。后来在审判阿兰达时，麦哲伦说，他们已经被王室亲自接见，但正式觐见是何时，我们无从知晓。唯一可以确定的是，他和法莱罗很快就受到王室议会的委托，以书面形式制订并提交其条款和条件。根据他们在 2 月23 日之前的过程的陈述，他们只需要几天的时间。但之后发生的事情，谈判和磋商的走向，都是一个谜。该项目在之后的一个月没有了消息，在官方错综复杂的程序中似乎无法寻找踪迹。

当时，卡斯蒂利亚的每个角落都在骚动。新政府不得不出面应付贵族的暗中反对，并听取城市的众多抱怨。下次在阿拉贡举行的代表会议已经在议事日程上，令人垂涎的教会圣职和骑士团名额将被重新分配。女王还在卡斯蒂利亚的托德西利亚斯等待儿子的来访。几艘来自海外殖民地的满是官员和地主的船抵达，官邸充斥着诉讼和请求，更不用说其他问题了，例如针对奥斯曼帝国其及傀儡的战争，海盗巴巴·奥鲁克（或名巴巴罗萨）从他在阿尔及利亚的基地残忍地袭击了在西地中海航行的船只。

有人会认为查理的大臣们忙于处理这些任务，没精力理睬对远东亚洲进行新的冒险；另一方面，这次远征任务是宣誓本国主权，捍卫《托德西利亚斯条约》所涉及的王室财产权利。从纪尧姆和丰塞卡的角度来看，必须仔细考虑麦哲伦在这个大型游戏中的角色。

在新国王的宫廷上聚集了很多外国使节，其中包括葡萄牙代表，他们的耳目无处不在。唐·曼努埃尔被麦哲伦的计划惹怒。卡斯蒂利亚和葡萄牙之间的关系微妙，特别是在葡萄牙国王对与新王朝联姻表示感兴趣之后。第二任妻子去世后，唐·曼努埃尔计划与查理的妹妹多娜·莱昂诺尔结婚。但是，由于公主不愿与比姨妈还大3岁的驼背鳏夫缔结婚姻，所以求婚者提供了一份天文数字的彩礼。因此，重要的是要选择有望带来更大利润的东西，是联姻还是派往香料群岛的舰队。

但最终，对冒险的渴望战胜了一切。显然，年轻君主的上台激发了大臣们的勇气。广泛的声音是，根据神的旨意，世界的一半应该完全被卡斯蒂利亚掌握。1518年1月，官员阿隆索·德·祖阿佐在遥远的圣多明各为他的国王写了一份备忘录，他在其中预言查理将解放圣墓，并统治世界。他还向国王介绍了东亚的地理位置。祖阿佐用托勒密的话说，马六甲和"黄金半岛"属于卡斯蒂利亚所拥有的一半世界。因此，国王应尽快派遣一支探险队，并且由于尚未找到穿越新大陆的通道，因此最好从西海岸，即从巴拿马出发，进行探险。这些船只将在"70天之内"到达亚洲，发现许多岛屿和国家，"首先是最重要的被称为'齐潘戈'①的岛屿，比整个卡斯蒂利亚大得多"，那里有无穷无尽的黄金，"大量的宝石，盛产香料的山脉以及制成以色列法柜的防腐木头"。

对于巴尔博亚的朋友、1519年在塞维利亚出版《地理全书》的地理学家马丁·费尔南德斯·德·恩西索而言，卡斯蒂利亚的半球甚至始于恒河口，它延伸到香料群岛、"齐潘戈"和"乔卡特岛"，这是地理学家知道的最富庶的地方。恩西索相信，这些传说中的岛屿背后是圣经中的塔尔西斯和俄斐，所罗门王已将其船只派到那里，为耶路撒冷的圣殿获取黄金和白银。

尽管祖阿佐和恩西索的声明可能并不会对王室议会产生决定性影响，但营造了一种被圣经所激发的贪婪的气氛，年轻的国王和他贪婪的顾问们徜徉在这种幻想中。因此，查理拒绝了克里斯托瓦尔·德·哈罗提出的为麦哲伦的远征提供资助的提议，他这样做并不是无私的，在1518年3月22日，他即将离开巴利亚多利德前往阿拉贡的前一天，亲自与法莱罗签订了一项合同（亲笔签名）。两个葡萄牙人成为王室的商业伙伴，而哈罗和布尔戈斯的商人被排除在外，至少一开始是这样的。

国王签署了一项"合约"，命令麦哲伦和法莱罗"在属于我们的岛屿、大陆和海域范围内去发现丰富的香料和其他使我们以及使我们的贵族阶层受益的东西"。查理明确强调，这两个探险家的

---

① 在马可波罗的航行报告问世之后，欧洲将日本称为"齐潘戈"。

活动范围仅限于卡斯蒂利亚的一半世界，绝不应该活跃在"葡萄牙最杰出的国王，我最亲爱和最值得尊敬的叔叔和兄弟的地区"。

由于麦哲伦和法莱罗为这项服务承受了"艰辛和危险"，国王答应向他们提供适当的报酬，并用法律约束了他的承诺。为了鼓励其他人也这样做，"我们认为，目前的这份合约是出于我们自己的意愿和专业知识，是出于王室的权威，上述合约中包含的所有内容都正确且得到认可，我们命令在任何时候以及在所有方面都尊重并遵循它（合约）"。

如果像麦哲伦和法莱罗这样的企业家——更恰当的说法是雇员——如果不相信王室也受到其合约约束的事实，他们会留在家里或以私人身份做自己的生意。但是国王不是暴君，他使自己与臣民受到同一权利的约束，合约中记录的权利可在法院强制执行。如果两个葡萄牙人在旅途中丧生，那么将来他们的后代将从他们的努力中获益。如果成功，这些人将声名显赫。

麦哲伦和法莱罗被允许从净利润（即他们从东亚带回的货物的收益减去成本）中保留五分之一的利润。他们终身获得被发现地区全部税收的二十分之一，并拥有"地方行政长官"或这些地区总督的正式头衔。如果他们发现超过六个岛屿，他们可以从上面两项中选择，其中十五分之一的财政收入归他们所有。他们还获得了每年 1000 杜卡特的免税贸易配额。只要继承人在卡斯蒂利亚出生和结婚，所有这些权利都是可以继承的。

这大致相当于麦哲伦和法莱罗所要求的奖金，他们的王室经纪人胡安·德·阿兰达显然起到了调节作用。只有两个要求还没有被满足，一个是王室没有授予他们"海军上将"的头衔，而只是授予这片土地的总督头衔；另一个是，他们本来想统治这两个岛，现在他们只能从那里获得财政收入的十五分之一。国王希望他们成为债权人，而不是封建领主。不过，在心理预期之上，这仍然是个很好的报酬。如果两个人的探险成功，他们将富得流油地从亚洲返回。他们及其后代将在被征服的土地上行使巨大的权力，就像哥伦布的儿子迭戈·哥伦布一样，他从父亲那里继承了印度总督的头衔。

以25年前的那位热那亚海军上将作比，这表明了麦哲伦和法莱罗渴望成为社会上层的雄心。但是，针对哥伦布及其儿子，王室很后悔以前过于慷慨。迭戈·哥伦布当时就在巴利亚多利德，正在对国王提起诉讼，因为前任国王费尔南多二世剥夺了他担任总督的权利。更令人惊讶的是，尽管这对麦哲伦和法莱罗影响不大，他们却作出了让步，也许是因为拥有丰富经验的丰塞卡当时被剥夺了权力，无法贯彻他的想法。

合约使麦哲伦和法莱罗获得了十年的独家权利，他们可以向西航行穿过未得到证实的海峡，寻找迄今为止未知的土地，并将它们置于国王的统治之下。这也是两个企业家的要求，因为它降低了被竞争对手淘汰的风险。但是，王室有权从"大陆"的海岸即中美洲向"南海"派遣进一步的探险队。实际上，下一个雄心勃勃的探险家已经按照阿隆索·德·祖阿佐的建议驶向亚洲。在王室方面，麦哲伦的舰队只是他们向西方采取大攻势的一部分而已。下一轮，哈罗家族和他们在布尔戈斯的商人朋友终于可以发挥作用了。

为了运营他们的公司，麦哲伦和法莱罗将接收 5 艘船，已经指定了吨位：两艘 120 吨，两艘 90 吨和一艘 60 吨。此外还有所需的 234 名人员和装备，大炮和两年的补给品。塞维利亚"贸易局"的官员已接受该组织的委托。

从 1518 年 3 月 22 日起，国王又制定了单独的法令，任命两名葡萄牙人为"海上和陆地上的船长"，每人年薪为 5 万马拉维迪。对于麦哲伦和他的同伴来说，一切似乎都准备就绪了。根据君主的意愿，舰队应该于 1518 年 8 月 25 日起锚。

5. 五艘船的舰队

〜〜〜〜〜〜〜〜〜〜〜〜〜〜〜〜

　　"贸易局"的高级官员、总会计师胡安·洛佩兹·德·雷查理德和财务主管马蒂恩佐牧师都不高兴，因为王权在他们头顶上运作了这么个大生意。一定有人立即将合约的消息带到了塞维利亚，4月5日，雷查理德和马蒂恩佐向国王抱怨。查理立即起草致歉信，以平息官员们的情绪。同时，王室下令将"贸易局"中所有黄金和珍珠换为金钱。因为"非常需要钱，尤其来自印度的钱，我已经决定了这笔费用的预算"，这表明国王长期处于财务困境中，同时也预示着麦哲伦远征背后的利润期望。此时，"贸易局"库房堆积着价值 9749005 马拉维迪的硬币，还有 79 马克 7 盎司 3 托明珍珠[①]。在不久的将来，预计还会收到来自海地岛（卡斯蒂利亚所属岛屿）的价值 2 万比索的珍宝，即 92 千克黄金或超过 2.6 万杜卡特。

　　有了这些钱，甚至有可能提高新船长的薪水：麦哲伦和法莱罗除应分别获得 5 万马拉维迪的年薪外，每月还可以获得 8000 马

---

① 卡斯蒂利亚的马克（一种重量单位），相当于半磅或 230 克。1 马克等于 8 盎司。1 盎司等于 48 托明。79 马克 7 盎司 3 托明珍珠大约为 18.37 千克。

拉维迪的收入，即每年另外获得 9.6 万马拉维迪的收入，总数是麦哲伦作为唐·曼努埃尔的骑士获得的收入的十倍以上。国王于 4 月 17 日在杜罗河畔与阿兰达签署了正式确认书，这里位于巴利亚多利德以东，只有几天的路程，麦哲伦和法莱罗曾在这里接受王室的召见。同时，查理下达了书面命令，要求他们到塞维利亚"指挥"并开始装备舰队。

在国王那里获得成功之后，两名冒险家及其家人开始享受轻松生活。可能就在那个欢乐的 5 月，麦哲伦和他的妻子比阿特丽斯生下了他们的第一个孩子。也许只有在那份王室"合约"的前提下，他们才能"在肉体上"完成婚姻，并在法律上生效。订婚和结婚可能于年初在城堡的小教堂举行。他们的儿子受洗，叫罗德里戈。据见证者称，麦哲伦于 1519 年夏末离开时，罗德里戈大约 6 个月大，是"一个年幼的孩子"。

但是轻松愉快的气氛并没有持续多久。在塞维利亚的城堡中，雷查理德和马蒂恩佐对麦哲伦表示热烈欢迎。按照王室指示，他们分别向麦哲伦和他的搭档支付了 3 万马拉维迪的维修津贴。但是，只要没有进一步的具体指示，官员们说他们不会为这次探险做任何事情。出发日期设置得太早，在 8 月 25 日之前，没有足够的时间为 5 艘船安放龙骨。特别是如果想以公道的价格购买物料，就不可能在 12 月前出发！

在宫廷，国王很可能听到官员的反对意见。麦哲伦和法莱罗于 5 月底收到国王的信，正式通报他们延迟出发。由于在塞维利亚没有进展，两人不得不在 6 月一起前往位于萨拉戈萨的宫廷觐见说明情况。

6月初，让·勒·索瓦吉因为得瘟疫去世，而生病的丰塞卡正在恢复，如今，在索瓦吉去世后，权力又回到丰塞卡手中。7月20日，他让国王签署了一封信，这封信让塞维利亚官员必须行动起来。在咨询了王室舵手之后，查理写道，他希望看到舰队在航行中比以往任何时候都更快。"如果实现了这一目标，我们的上帝会得到很好的服务，他的圣洁信仰将得到传播，在那些现在不为人知的国家中，我们的基督教信仰将大大扩展，帝国发展得到有力促进，臣民生活水平得以提高，我们的收入将会增加。"国王命令他的官员们，从下一次由美洲运来的黄金中，拨出6000杜卡特投资本次航行。

随信附上了舰队所需物品的备忘录，清单很长，上面没有遗漏任何东西，从5艘船上的大炮以及准备在亚洲交换香料的货物，到两年的口粮储备，一应俱全。丰塞卡已经想到了一切。例如，用于交易的各种颜色和质量的布料、200顶"简单彩色帽子"、"价值上千马拉维迪的梳子"、1万个钓鱼钩、2万个铃铛、"500磅重的各种颜色的玻璃球"以及各种其他东西，例如"420把来自德国的劣质刀"。

现在事情终于缓慢进入程序。8月中旬，"贸易局"的官员们确认已收到麦哲伦亲自下达的指示。官员们虚伪地写信给国王说："我们对他的到来感到高兴。"在信中，这名水手第一次被称为"指挥官"，这表明国王已承认他在萨拉戈萨的新葡萄牙仆人为圣地亚哥骑士团的一员。

这个承认既能增加财富又能提升影响力，不仅为麦哲伦提供了额外的收入，而且提高了他的社会声誉，这在外部着装上也有很明显的体现。从现在开始，他按照骑士的惯例穿着黑色的衣服，胸前饰有与众不同的红色圣地亚哥十字架。这使他作为舰队指挥官的外表更有威慑力。

似乎还不够，查理在他的竞争者、亲戚唐·曼努埃尔那里，亲自为指挥官的两名亲戚求情。葡萄牙君主将这两名男子判处死刑是因为他们被指控谋杀了葡萄牙北部麦哲伦家族所在地蓬蒂-达巴尔的一名法官。查理对此进行了干预，他向里斯本发出信号，表示他将麦哲伦视为他的封臣，并将麦哲伦的家人视为他的保护对象。

这些释放的信号不是没有反响。不出所料，唐·曼努埃尔对卡斯蒂利亚发动的通往亚洲的新探索非常不满。正如历史学家达米奥·德·戈伊斯所言，在葡萄牙辛特拉的宫殿里，这位葡萄牙国王和他的大臣们讨论了如何处理此事。唐·费尔南多·德·梅内塞斯·库蒂尼奥·瓦斯科塞洛斯（王室牧师、拉梅戈主教及后来的里斯本主教）向国王建议："传召麦哲伦并向他表示怜悯，或下令处死他，因为事情由他开始，对国家非常不利，会造成许多灾难和破坏。"据说当时已经是传奇海员的瓦斯科·达·伽马恳求在麦哲伦造成严重危害前就杀死他。

尽管有这些建议，国王在辛特拉仍未做出任何决定。但是，当麦哲伦仍在萨拉戈萨时，葡萄牙使节阿尔瓦罗·达·科斯塔就开始四处游说。为了商议唐·曼努埃尔与查理的妹妹莱昂诺尔的婚礼，科斯塔来到阿拉贡首府，并邀请他的叛逆同胞喝酒，他试图唤起麦哲伦对祖国的热爱，让其感到内疚。之后他当面斥责麦哲伦岳父巴博萨的老板——葡萄牙人唐·豪尔赫。他劝说乌得勒支的皇家理事会红衣主教艾德里安，后来的教皇哈德良六世。当然，他还与纪尧姆进行了交谈，由于他暂时患病，科斯塔最后才被国王查理召见。

在给唐·曼努埃尔的一封信中，科斯塔夸口说自己的说服力能影响查理："我自己都震惊，他的统治被我的话所影响。他用世界上最美好的语句回答了我，他在任何时候都不会做任何损害您的主权的事，还说了许多高尚的话……"但最后，占上风的并不是亲戚间的团结。戈伊斯说："他（科斯塔）的建议与布尔戈斯主教相矛盾，所以国王只能保持自己对费尔南多·麦哲伦和鲁伊·法莱罗的承诺，并不能改变什么。"

像几年前的胡安·迪亚斯·德·索利斯一样，麦哲伦也顶着外交压力，留在卡斯蒂利亚继续从事他的项目，他居心叵测的同胞并没有得逞。见证者拉斯·卡萨斯说："据传言，葡萄牙使者提到他们打算杀死麦哲伦和学者鲁伊·法莱罗，所以他们俩都是秘密行动的，他们把谈判推迟到日落之后，布尔戈斯主教陪伴他们到达住所。"

唐·曼努埃尔有手下在塞维利亚，麦哲伦和法莱罗都必须小心。无论外面谣传什么都没有影响项目进展，两名船长终于可以在8月底开始装备他们的舰队。

可以想象，在经过数月的游说和等待觐见，并在卡斯蒂利亚停留数周之后，麦哲伦很高兴能够开始正常的工作。

首先是要获得船只。在合约中已经确定了船的数量和吨位，丰塞卡在7月20日的备忘录中再次确定了此信息：5艘卡瑞克帆船，其中两艘容纳 120 吨，两艘容纳 90 吨，另外一艘容纳 60 吨。有了这些信息，8 月底，在"贸易局"的准备下，胡安·德·阿兰达来到卡斯蒂利亚繁忙的大西洋港口加的斯，阿兰达显然找到了 5 艘合适的没有问题的船，并购买了它们。

我们从舰队财务报表中了解了它们的吨位和他为它们支付的价格：只有"圣安东尼奥号"是唯一一艘 120 吨的船，符合需要的尺寸，它花费 33 万马拉维迪，也是其中最贵的船；"特立尼达号"（110 吨），花费 27 万马拉维迪；"康塞普西翁号"（90 吨），花费 22.875 万马拉维迪；"维多利亚号"（85 吨）花费 30 万马拉维迪；最便宜和最小的是"圣地亚哥号"（75 吨），价格为 18.75 万马拉维迪，此外还有 2.438 万马拉维迪是将船从加的斯转移到塞维利亚的托运费。所有购买价格均包括索具和小艇。它们必须驶往圣罗卡，并向瓜达尔基维尔河上游划船或被拖曳 120 公里。

长期以来，除了这几个数字之外，人们对这些交易的进行情况一无所知：这些船是从哪里来的？谁是卖家？最近，在塞维利亚的公证人档案中发现了一份销售合同，因此我们有了一些更为清晰的认识。

在该文件中，比斯开地区翁达罗瓦市的一名公民佩德罗·德·阿里斯门迪于 1518 年 9 月 23 日确认，"贸易局"的出纳处向他支付了 800 杜卡特的金币，以换取他的一艘名为"圣玛利亚号"的卡瑞克帆船。该机构已将这艘船指定为"为女王和国王服务"，加入"在费尔南多·麦哲伦船长和鲁伊·法莱罗船长带领下通过海洋发现印度"的舰队。在这种情况下，阿里斯门迪以父亲和所有共同见证人的名义解释说，这艘船被专家单方估价为 800 杜卡特，而且是强行从他们手中夺走的，"我们不想放弃它，因为我们为这艘卡瑞克帆船付出了很多，而且它已经装载好货物，准备去往伦敦并返回卡斯蒂利亚"。该船属于巴斯克地区的船主，它被政府没收征用并给予补偿。虽然不确定它是否是在巴斯克地区建造的，但也不排除这种可能，当时，卡斯蒂利亚北部的森林为造船业提供了充足的木材，而且沿海地区都有造船厂。

800 杜卡特相当于 30 万马拉维迪，通过购买价格，可以很容易地识别"圣玛利亚号"——它就是"维多利亚号"。它在舰队的文书中以"圣玛利亚·德·拉·维多利亚号"的名义出现过几次，但大多数情况下仅以缩写形式来称呼。后来，这艘名叫"Vi(c)toria"或"Victory"的胜利之船闻名世界。

"圣玛利亚·德·拉·维多利亚"也是瓜达尔基维尔河右岸特里亚纳郊区一间教堂和修道院的名字，自 1516 年以来，一群方济各会的"小兄弟"就居住在这里。教堂里被人崇拜的圣母玛利亚形象，使人想起了围攻安达卢西亚城市马拉加和天主教国王击败穆斯林捍卫者的胜利，因此得名。麦哲伦将圣母誉为"我们的胜利女神"，他到达塞维利亚后不久便在该修道院被祝圣。麦哲伦在自己的遗嘱中考虑了这些"小兄弟"，并以圣地亚哥十字勋章骑士的身份每年至少捐赠 1.25 万马拉维迪，这相当于一个普通水手的年薪。作为回报，他期待圣母保护舰队，尤其是"维多利亚号"[1]，

---

[1] 第二艘船"康塞普西翁号"的名字从词根上来自"玛利亚（纯洁的）怀孕"，指的是圣母的保护。

其他船的名字也反映了船长的虔诚。作为骑士，他效仿了"摩尔人杀手"圣地亚哥；作为葡萄牙人，他与里斯本的守护神圣安东尼奥确实有很紧密的联系。

上面提到的三位守护神的名字以及其他守护神的名字也出现在探险的"薪资簿"中，更确切地说，允许他们在返回时申请获得一部分香料。例如，其中写道："'维多利亚号'帆船：分给胜利女神3公担2阿罗巴和23磅①丁香……"这些守护神参与了亚洲香料的大生意，他们保护了海员及其船舶，并从中分得了一部分利润（与尘世的人相同，他们必须纳税）。

可惜，我们对其他船只的了解不如对"维多利亚号"的了解多。我们可以假设它们以前也曾在大西洋被用作商船。在舰队的账簿中，有一张（损坏的）便条，记载了加的斯市警察支付的"扣押款项"。另一个迹象表明，先前的船主没有自愿放弃船只，有一笔720杜卡特的款项是为名为"圣卡塔琳娜·德·锡耶纳"的一艘船的付款。720杜卡特相当于27万马拉维迪，这应该是为"特立尼达号"支付的款项，由来自巴斯克地区的船长、克里斯托瓦尔·德·哈罗的好朋友尼古拉斯·德·阿尔蒂塔充当经纪人或卖方。丰塞卡曾委托阿尔蒂塔在比斯开省为舰队购买比在安达卢西亚便宜的商品——武器。

这5艘船到底是什么样的？在舰队的记录中，每艘都被称为"Nao"（卡瑞克帆船）。在那个时代的地图和书籍中发现的典型的

---

① 在卡斯蒂利亚，1公担的重量略小于50千克，1阿罗巴大约相当于11.5千克，1磅略小于500克。

卡瑞克帆船，带有三个桅杆和一个船首斜桅，前桅杆和主桅杆都由框架装配，并配有支柱（桅杆的延伸部分），每个支柱都由第二个较小的横杆加固。后桅上装有三角形的拉丁帆，这使船更具操纵性，更容易逆风航行，而大型的矩形帆则在顺风条件下提供了强大的推进力。船首斜桅下的另一直角帆（被德国水手称为"船首斜桅帆"）使航行条件更完备。

摩鹿加群岛探险舰队中的 5 艘船，几乎都能选到符合理想的卡瑞克帆船类型的船只，唯独"圣地亚哥号"除外。它在大小和类型上都与姊妹船不同。因此，有的资料将其称为"（小型）轻快帆船"。与卡瑞克大帆船不同，轻快帆船船首通常没有瞭望台，船尾瞭望台就一层，而侧壁较低。轻快帆船吃水浅，航行面积小，这使它成为理想的探索船，这正是麦哲伦想让"圣地亚哥号"扮演的角色。

"圣地亚哥号"吨位 75 吨,是舰队中最小的船,"圣安东尼奥号"吨位 120 吨。人们必须知道当时的吨位表示的是承载能力，而不是船舶的排水量。由于它是重量而不是空间的量度，而测量也因港口而异，所以它只是间接地说明了尺寸。研究人员和爱好者都试图从理论模型和实践来重建麦哲伦的舰队或单只舰船，从小型模型到远洋复制品。在没有其他证据时，他们大多情况下按照这些船只的购买契约重建，所有这些契约在麦哲伦远征之后的半个世纪甚至更晚的年代才被发现，即造船业蓬勃发展的 50 年。由于这些契约中还不包含吨位和船舶尺寸之间的确切关系，因此只能借助复杂的推导来计算。难怪研究人员根据其所基于的变量和度量得出不同的结果。例如最大的船只"圣安东尼奥号"的估计长度在 17 至 31 米之间；自 1991 年以来一直在世界各港口停靠的"维多利亚号"的复制品，从船尾到船首斜桅的距离达到了 25 米，而根据一名海洋考古学家的研究，估计实际尺寸比这个尺寸应该要短 10 米。

根据推算，麦哲伦的舰船高在 20 至 25 米之间，"圣地亚哥号"长度可能短些，"圣安东尼奥号"船要更长。船宽最大值可能为 5 ~ 7 米，吃水深度约为 3 米。从今天的角度来看，麦哲伦时代的卡瑞克帆船似乎很小，但是在那个时代，在船体稳定性、机动性和存储能力的最佳组合方面，还没有任何一款船可以与卡瑞克帆船相提并论。

5 艘船中没有一艘直接来自船厂。塞维利亚的葡萄牙人塞巴斯蒂昂·阿尔瓦雷斯负责观察舰队的部署。他在信中写道，这 5 艘船"非常老旧，需要修补"。阿尔瓦雷斯甚至说不会乘这些船前往加那利群岛，因为"舱壁和船舱板之间是用树枝连接的"。

与事实相比，这个贸易代理人的描述可能更像是葡萄牙人的信口雌黄。阿尔瓦雷斯写下了国王想听的话，希望命运多舛的舰队永远沉入大海深处。但是，即使 5 艘卡瑞克大帆船绝对不是这个贸易代理人描述的样子，在环游世界之前，也必须对它们进行彻底检查。

这项大修的记录可以在王室舰队的账簿中找到。这项工作从秋天一直持续到春天，为包括供应商、工匠和临时工的数百人提供了工资和面包。对于在港口附近进行的海事行业来说，如此庞大的公共合同意味着一项经济刺激计划，王室官员的亲属以及搬运大量货物、挖沟或缝制帆的辅助工人可以从中受益。

除了破烂的帆以外，舰船还更换了绳索的磨损部分以及损坏的框架、支柱和木板，并且提供了新的桨、泵、锚、滑轮组和小艇。木匠修理了船体和上层建筑的受损区域，修补房舱和货舱、门、舱口和橱柜。

麦哲伦在给国王的信中对这项工作发表了深刻的见解。他在书中描述了发生在1518年10月22日清晨的一个戏剧性事件，当时，舰队旗舰"特立尼达号"被拉到塞维利亚阿雷纳尔广场上进行填缝。

要进行填缝，首先需要的是丝束。低质量的韧皮纤维主要来自麻，工人将其在大腿上捻成长股绳，然后用特殊的楔子将其锤入木板之间的缝隙中：这可是漫长的手工活！然后，他们用焦油、沥青和烧热的油调和成一种又臭又黏的混合物，并以此来勾缝，从而形成保护层。

同样的，为了以这种方式密封船底，必须将船从水中拖出。在塞维利亚，水力和人力相结合：工人挖了一条沟渠，并在里面铺设了重梁，然后他们等待着洪水涌来——因为塞维利亚瓜达尔基维尔河的潮差有两米——并用连接在阿雷纳尔的绞盘将船拖入沟渠，洪水来时，他们很容易将船拖入沟渠中，而在退潮时沟渠的海水就干涸了。

由于预计潮汐将在10月22日（星期五）出现，麦哲伦作为一个敬业的老板，于凌晨3点起床监督这项工作。

将"特立尼达号"拉上岸的是4架绞车，按照习俗，麦哲伦的盾形徽章上挂着旗帜，但是，他忘记了要在船上悬挂国王的旗帜和圣经里的"三位一体"旗帜。

尽管天色尚早，围观者仍然非常不高兴。麦哲伦的盾形徽章与葡萄牙王室的盾形徽章非常相似，以至于有些人误解那是他对卡斯蒂利亚统治者的冒犯，并发出喧闹声。

骚乱的人群要求港口当局以卡斯蒂利亚海军上将的名义采取行动。麦哲伦的解释并没使群众平静下来，反而火上浇油，更多的人被鼓动起来，要对侮辱国王者施以惩罚。

一些性子急的人拔出剑来，威胁性地在神职人员马蒂恩佐面前挥舞晃动，后者则急忙保护麦哲伦，却无能为力。麦哲伦的工人已经拿到工钱，都离开了，麦哲伦的随行人员因港口暴乱被解除了武装，王室舵手胡安·罗德里格斯·德·马夫拉受了伤。

这场闹剧是不是有针对性的破坏活动？甚至是否有可能由葡萄牙特工煽动？麦哲伦在信中表示他作为"葡萄牙国王的骑士"对目睹这一事件感到遗憾。

但是，麦哲伦更有可能是受到了敌对当局的迫害。在塞维利亚，有数种势力为这座城市的权力而战，冲突已成定局。在这种情况下，卡斯蒂利亚海军和"贸易局"的权力在港口重叠。另有两名公共权力代表继续示威。麦哲伦感叹塞维利亚的总督与梅迪纳·西多尼亚公爵的官员一样无所作为。当时，塞维利亚没有人能够避开梅迪纳·西多尼亚公爵的影响，时至今日，这个家族仍然是安达卢西亚最富有的家族之一。

麦哲伦在给国王的信中明智地描述了此事，仿佛被冒犯的不是他，而是国王，毕竟麦哲伦是国王的船长和仆人。最后，麦哲伦诚恳地希望国王理解他没有亲自写信，因为"我仍然无法将卡斯蒂利亚语写得像应该的那样完美"。

查理立即回信，他给塞维利亚写了几封责怪的信，并命令他

▲卡斯蒂利亚填缝工人在工作。出自克里斯托夫·魏德兹的《卡斯蒂利亚航海之旅所见传统服装集》（约1530）。

的总督桑乔·马丁内斯·德·莱瓦采取"一切法律手段"对破坏航行的犯罪行为进行严厉的打击，他还以热情洋溢的话语感谢马蒂恩佐牧师的英勇保护，从那以后，财务主管就成了麦哲伦的朋友。

幸运的是，事情的发展并不总是这么戏剧性。"特立尼达号"在 11 月 14 日下水，不久之后下一艘船被拉上岸。当填缝工人将侧壁弄结实时，木匠在船上工作，锯工在河岸上伐木。由于塞维利亚的劳动力稀缺，因此填缝工人来自周围地区，甚至来自比斯开，这些人都是日结工。一个填缝工每天能收到 85 马拉维迪；辅助工人没有固定的工资标准，但根据工作的重要程度和谈判技巧的不同，辅助工人通常实际获得的工资是 34 马拉维迪或更多。许多工匠雇了小工，有些还带了孩子，作为助手赚取较低的工资。

在特殊的日子要给工人提供酒水和食物。因此，当"特立尼达号"被人们拖到水中时，面包、沙丁鱼、石榴、盐、橙子、醋、油、木瓜和萝卜就已经摆在桌子上了。为了工人一天工作后不必在黑暗中吃饭，工头买了一套蜡烛。

即使在圣诞节之后，这项工作仍在继续。"康塞普西翁号"之后是"圣安东尼奥号""维多利亚号"和"圣地亚哥号"。1519 年 4 月，最粗重的工作已经完成，但是木工和木匠直到 7 月仍在船上。同时，数十名小工缝了几周的帆。8 面主帆送去给画家，画家给巨大的圣地亚哥红色十字架涂上油和红色颜料，同时还为舰队特别制作了80 面旗帜和塔夫绸制成的带有彩色流苏的王室旗。

所有这些工作，都需要用拖拉工具将材料运到船或手推车上，打包放在动物背上或靠人工背运——山里的松木、麻袋、无数的钉子、笔和螺栓，各种绳索，从粗绳子到细绳，针、锄头、铁锹、用于煮焦油和沥青的锅，"数百张纸（以便在河岸写下必要的东西）"，以及塞维利亚木桶匠为舰队专门准备的数百个木桶金属箍。在麦哲伦时代，用于海运的标准集装箱就是木桶，它不仅运输液体，而且还运输如火药这样的东西。面包干被存放在亚麻布袋中，而油（也是基本食物）被存放在陶壶中。那些重要的食物都放在桶中或皮革软管中。

1518 年 10 月底，"贸易局"的官员前往赫雷斯购买探险途中携带的葡萄酒，他们的口袋里装着 1500 杜卡特金币。迄今为止，船员们所饮用的优质葡萄酒都是舰队支出账单中最大的单项。如果再算上运输工具费用，它的花费几乎是"维多利亚号"的两倍，并且比整个军备的成本高得多，还不包括木桶的价格。1519 年 2 月上旬，500 多桶来自赫雷斯的葡萄酒被船运到塞维利亚。桶太多了，车夫花了几天时间才将它们搬进"贸易局"的仓库。这些留在阿雷纳尔的东西必须保护好，这是麦哲伦的一名仆人每晚所负责任的一项。

除了酒、面包干和油之外，还订购了各种鱼，熏肉，奶酪，七头活牛和三头猪，豆类（鹰嘴豆、小扁豆），醋，糖，大蒜和洋葱，并订购了少量干果，蜂蜜，芥末，木瓜果酱和其他美食（例如无花果、杏仁和酸豆）。为船长们专门另外采购了一头猪，并煮熟。奶酪储存在油中，培根以及蜡烛储存在麸皮中。口粮的准备是按两年计算的。转换为每日口粮后，船上的每个人每天都有权获得一升优质的葡萄酒，大约 0.75 千克的面包干和 30 多克的油。

为防有人在途中生病，也带了药。譬如蒲公英、琉璃苣、茴香或水飞蓟之类的草药，以及各种糊状药剂、粉状药剂、酊剂和干药糖剂，如松节油、刺山柑油和莳萝油、使徒软膏（之所以这样称呼是因为它有12种不同的成分），檀香、红铅以及舒缓的油膏，甘草糖浆，玫瑰蜜和酸蜂蜜，紫罗兰和玫瑰花朵，清泻山扁豆和其他泻药，苦艾、铜绿、铅白、汞和明矾。好的古老的解毒剂，自古以来就是经过毒蛇咬伤、鼠疫和其他疾病的临床实践检验而有用的灵丹妙药。所有这些药物都被安全地存放在箱子里。

1519年关于舰队的记录是一份引人入胜的资料，因为它们显示了装备这种舰队所需的大规模的团队协作。通过这份记录，我们不仅可以从购买的商品了解船上营养和医疗方面的信息，还可以了解海员的日常生活。几把扫帚、捕鼠器和12个尿壶是保障卫生的物件，储藏室的链条和挂锁以及手铐和脚镣标志着船上的纪律。祭坛布、测量书籍和手鼓的收据提醒我们，海上生活不仅与工作、饮食和睡眠有关，而且与沉思和娱乐也有关。

1519年2月下旬，从毕尔巴鄂运来了除酒以外最昂贵、最重要的设备——武器。只有枪炮才能使当时的欧洲船只所向披靡。没有火器，伊比利亚的君主将永远无法实现其自命不凡的统治世界的梦想。当时，"舰队"的字面意思就是"武装"。

当胡安·德·阿兰达购买5艘战舰时，它们各自拥有自己的大炮。但是，这是不够的，因为会计账簿显示购买了3门"伦巴德"，许多"帕萨穆罗"，7支"猎鹰"和58支"威索斯枪"。各种清单显示了这些兵器是如何在舰船之间分配的。

因此，每一艘卡瑞克大帆船都携带了至少两门"伦巴德"。"伦巴德"是博姆巴尔达炮的另一个名字,这是一种重型炮,可以用来发射重达 30 公斤的石球,射程远至 1000 米。每门"伦巴德"都由药室和炮管两部分组成,主要用于摧毁其他船只或陆地上的防御工事,在前甲板的两侧可能都有这种炮。在某些地方,为"伦巴德"补充了轻巧的"帕萨穆罗",它由青铜制成,能有力地投射铁球,因此得名"碎石机"。每一门炮都装备有两个药室,这些药室被交替装填,从而提高射击频率。

"猎鹰"和"威索斯枪"比"伦巴德"和"帕萨穆罗"小得多。"猎鹰"的子弹直径为 4 ~ 7 厘米,既不能打穿墙壁也不能打穿木板,但是它对较小的船只和人员极具威胁,尤其是击中群体中容易攻击的目标时,可能会对其造成毁灭性的打击。它的弹药是由铅铸成的,以铁块为核心。为了能够在途中铸造铅球,同时准备了必需的材料——铜锅炉、模具、煤、铅、钳子等。

"威索斯枪"相对比较方便,它的长度只有一米半。它可以用长钉固定在侧壁上,并从枪后部装填弹药。每艘船上有一打或更多的这类枪支,多数是用铁锻造的,少数是用青铜铸造的,因此价格会更贵一些,每艘船还有两三支稍大的"猎鹰"。所有枪炮在毕尔巴鄂已调试完毕。

与后来的几十年相比,麦哲伦舰队的枪炮不是那么令人印象深刻,即使与同时代在欧洲水域行动的海军舰队相比,葡萄牙或土耳其的对手并不会被它威慑,但是在巴西和东亚,炮管里喷出弹药和铅可能会给人留下深刻的印象,也有助于对抗海盗。

其余的武器还表明,麦哲伦和他的同事为航行做了精细的准

备：60 具弓弩、360 打螺栓、50 支"卡宾枪"（一种步枪，火绳枪
的雏形）、大约 2500 根投掷标枪和长矛、200 个圆形盾牌、100 件
铠甲和专门为船长设计的特殊款。此外，还有大量的配件，例如
火绒和导火线、清洁棒、刷子、油和金刚砂，以及 50 千克火药，
由今天的比斯开湾的富恩特拉维亚市提供。

　　无论是武器、葡萄酒还是拖车，一切都得花钱，更不用说工
人的工资了。马蒂恩佐牧师和他的同事付了所有账单后，探险的
预算已所剩无几。王室拨给舰队的预算总计 1.6 万杜卡特，多亏了
从美洲运来的财宝，资金又开始充裕起来。但是，在 10 月的信中，
麦哲伦报告了旗帜事件，他不得不要求他的赞助者拨款 5400 杜卡
特，否则这件事无法平息，但这些钱并未从预算总额中扣除。同
时，他提醒国王购买在香料群岛上进行贸易的易货商品，并提醒说，
专为此目的指定的 3000 杜卡特是不够的。麦哲伦建议，由于"空
船航行将是巨大的损失"，王室应允许"这些帝国的商人"投资舰队，
并向他们提供利润中的一部分，"最后利润可能是 20 倍，这会让
我们的主感到喜悦"。关于"这些帝国的商人"，指挥官无疑会想
到布尔戈斯的熟人，尤其是长期以来一直在思考如何从亚洲香料
贸易中获利的克里斯托瓦尔·德·哈罗。

　　麦哲伦和他的合伙人的预算可以撑过冬天。但是在 1519 年春
天，搬到巴塞罗那的政府切断了资金的来源。尽管可以借助财务
报表技巧，漂亮地付清比斯开湾的武器账单，从而完成最艰巨的
工作，但还有一项任务尚待解决——易货商品。麦哲伦被迫再次
前往宫廷，出发之前，他必须首先解决一些私人问题：在 3 月底

出发之前,抓捕一个逃脱的"黑奴",敲定让他妹妹受益的捐赠协议。这段时间,他和他年轻的妻子以及刚刚来到世上的长子罗德里戈待了好几个星期。

为什么王室突然这么小气?探险队赞助者的资金用光了吗?从王室的观点出发,必须在别处寻找原因。首先是阿拉贡的议会,它没有卡斯蒂利亚那样慷慨。众议院的代表在谈判上拖延了很长时间,以至于国王不得不花更多的钱在萨拉戈萨维护宫廷,而不是用在他在税收上的授权:这其实是零和游戏,当查理突然需要比以前更多的钱时,探险的资金情况就变得紧缺了。

此外还有别的事情。

1月12日,神圣罗马帝国的皇帝马克西米利安在奥地利的韦尔斯去世。祖父去世后,勃艮第公爵和卡斯蒂利亚国王查理,对继承帝国皇帝的位置有着合理的名分。但是由于神圣罗马帝国是选帝侯制,因此需要选举人投票,而且这些选票并非白投的,它要求的资金大大超过了以往,最终花费应该超过了80万杜卡特或将近3吨黄金。毫无疑问,正是查理对帝国王冠的执着导致了麦哲伦远征的资金紧缺。

现在是启用克里斯托瓦尔·德·哈罗的时候了,他一直在等待加入公司。王室以前曾将商人拒之门外,因此他不能分享利润,但现在为了国家和王室的利益,他被启用。哈罗获得批准,可以在麦哲伦的探险和后续事业中投资多达2000杜卡特。这似乎还不够,丰塞卡主教亲自将哈罗送到塞维利亚,在那里哈罗采购易货商品并帮助装备了第二支舰队。正如阿隆索·德·祖阿佐所建议的那样，这支舰队将从中美洲西海岸前往亚洲，并在那里协助麦哲伦。

政府期望哈罗在5月完成工作，然后舰队将离港出海。但是由于未知原因，这名商人直到7月才到达塞维利亚。从毛巾到鱼钩、玻璃球再到德国的劣质刀，获得这么多零碎的东西比想象的要困难。也许哈罗需要更长的时间才能找到足够的流动资金。根据最后的结算，他在易货商品上的投资超过了4300杜卡特，这是计划资金的两倍多。他还贡献了263345马拉维迪，但是对于舰队的起航仍然不够。最后，这名来自布尔戈斯的商人承担了总成本的五分之一以上，最终总成本为8334335马拉维迪或将近22225杜卡特。

当然，哈罗不仅将自己的钱投入了舰队，还充当了进一步投资的召集人。王室甚至明确授权他这样做。通过这种方式成为这次探险的隐藏合伙人的，可能有哈罗在布尔戈斯的朋友，甚至是丰塞卡自己，有一些外国人可能尚未被允许参加海外贸易，特别是并不确定富格尔家族是否参与其中，因为不久之后他们资助了查理参与竞选成为德国国王和罗马皇帝，后来正式投资他的海外活动，例如投资另一个于1525年起航去往摩鹿加群岛的舰队。此外，自里斯本时代起，他们就与克里斯托瓦尔·德·哈罗建立了业务关系。

多年后的1539年，奥格斯堡商行对卡斯蒂利亚王室提起诉讼，称他们在这个交易中蒙受损失。富格尔家族的律师声称，他们为麦哲伦的探险活动提供了1万杜卡特，但他们无法证明这个说法。这个诉讼被东印度群岛委员会拒绝，奥格斯堡商行参与麦哲伦探险的证据仍在搜寻中。

哈罗的投资有其代价，不仅是在期望利润的占比上，商家还希望在舰队运营上有发言权，即在船离港后也要密切注意舰队的动态。这并不一定意味着他不信任麦哲伦，对于投资超过 188 万马拉维迪的人来说，盲目信任不是一个好的选择。丰塞卡肯定也有类似的看法，1519 年 3 月 30 日，国王任命了他的仆人胡安·德·卡塔赫纳为"督察官"。作为督察官，卡塔赫纳必须确保在旅途中保护投资者的利益。具体来说，这意味着：只允许在他在场的情况下进行交易，麦哲伦和舰队的其他军官要对所投入的资金负责，从船舶到武器、从补给到易货货物。这一点也不荒唐，任命卡塔赫纳背后的顾虑并非不合理：离家数千英里的海员可以自己做生意。

浪漫主义作家经常这样描述，仿佛丰塞卡只是想通过任命卡塔赫纳来奖励他的宠臣，甚至有说法称卡塔赫纳是他的私生子。今天，我们知道卡塔赫纳来自布尔戈斯的贵族家庭。像其他人一样，他从家乡的公职和卡斯蒂利亚皇家宫廷中赚取固定薪水。从那以后，他一直受到丰塞卡的信任。除了"督察官"，卡塔赫纳还担任舰队中第三艘船的船长。在这个职务上，他每年的薪水为 10 万马拉维迪，这是麦哲伦工资的三分之二。

同一天，国王任命路易斯·德·门多萨为舰队财务主管，此后不久，加斯帕·德·克萨达成为第四艘或第五艘船的船长，4 月底还找到了一名会计——安东尼奥·德·古柯。门多萨、古柯与卡塔赫纳一起，实际上组成了对指挥官和其他军官的监督机构。我们对这些人的出身和过去的生活一无所知，他们可能来自和麦哲伦一样的下层贵族。

督察长、财务主管、会计和五个船长中的四个，这些重要的职位已经被填补，但是仅凭这一点还不足以使一支舰队越洋航行。丰塞卡为舰队计划总共提供了235人。要在如此危险的旅程中招募到这么多合适的人并非易事。1519年初夏，由于人员短缺严重，出发再次推迟。想想看，有哪个明智的人会参加这样一支舰队——航行两年并走到世界的另一端，而这条线路只存在于理论中？

上面引用了弗雷德·安东尼奥·德·格瓦拉对出海动机的思考。还有另一名经历过海洋洗礼的作家，16世纪的胡安·德·埃斯卡兰特·德·门多萨在1575年写的《航海学》中将当时的水手分为两类：有一类人向往大海是因为他们找不到更好的生活方式，这是较大的群体；另一类是他们的天性使他们陷入躁动，想要探索航海艺术和进行军事活动。如果第一类人有机会学习另一种职业，他们将永远不会从事水手这一危险而艰苦的工作。第二类人则把一切都抛在身后，以追求自己的爱好。

显然，在1519年的塞维利亚5万名居民中，冒险家只占少数，否则麦哲伦也不会很费力地寻找填写申请表的应聘者。

最早出现在1518年11月的舰队工资单上的成员，包括写了一份探险叙事的吉恩斯·德·马夫拉以及被誉为船上"技艺能手"的舵手埃斯特沃·戈麦斯。舰队后来的警长贡萨洛·戈麦斯·德·埃斯皮诺萨也是秋天招募的近20名士兵之一。

到1519年2月，许多人建议组织者可以为每艘船分配一个由5至10名水手组成的核心团队。但是在3月中旬，有些人又躁动起来，在 4 月，查理不得不召集他的王室舵手履行职责，有些人以各种借口避免在舰队服役，国王下令其官员"以法律的全部力量强迫懈怠者在所属舰队航行和服役"。毕竟，他付钱给舵手带船只去任何必要的地方。

鞭子之后紧接着的是胡萝卜：查理承诺，舰队的所有舵手和船长在返回后都被授予骑士身份。此外，在航行期间，所有航行者的家人都无须接待国王的随行人员，这在卡斯蒂利亚是每个人应尽的义务。

尽管开出这样的条件，到 6 月时，招聘人数仍然不足。塞维利亚的商人习惯了在大教堂附近略高的区域经商，买卖奴隶、土地等一切物品。但在那里公开招募水手并没多大效果。因此，麦哲伦派埃斯皮诺萨和一些船长到安达卢西亚的其他港口，以招募水手。

舵手负责将船只引向目的地，而船主负责经济方面的事务，包括货物和船员。船主最接近我们今天所说的船长的意思。他经常是船只所有者，仅在国王的船只上或需要军事指挥的地方，船只的指挥才增至三人，以船长为首。

现在的情况也是这样：除船长和至少一名舵手外，每艘来自麦哲伦舰队的船只都有自己的船主，船主必须招募合适的船员，但标准不是由他自己决定，而是根据客户的要求。

乔瓦尼·巴蒂斯塔，50 岁的热那亚人，是旗舰"特立尼达号"的船主，为了招募水手，他两次去加的斯。尽管"贸易局"的会计师雷查理德在加的斯遇到麻烦，但乔瓦尼·巴蒂斯塔于 6 月中旬带着7名水手和船上学徒返回塞维利亚。他的同事，"圣地亚哥号"的巴尔塔萨也来自利古里亚，他从马拉加带来5名水手和几桶凤尾鱼。其他几个港口的情况没有明确的记录，但无论如何，雇佣的这些人离目标人数还差得远。

许多人以工资太低为由拒绝了从事这样的冒险工作。一个水手一个月1200马拉维迪（船上学徒的月收入为800马拉维迪）的收入在当时的社会确实并不多，甚至港口的临时工有时一天也能赚40马拉维迪。但是，临时工并不是每天都能找到工作，而水手在航行中会被长期雇用，而且船上提供食宿。不可否认的是，尽管这个城市拥有巨大的财富，饥饿也是很常见的事。但是，水手选择这份工作的经济动机与其说是工资，不如说是特别赏金，即每个航行人员有权获得的回程货物运费抵免额。对于摩鹿加舰队来说，每个普通水手是3公担。那些将3公担丁香带回家并以市场价格出售的人，扣除税收，可使他们的收入增加1倍以上。

特别赏金制度使海员成为探险队的一部分，这也意味着他们有一定的发言权。水手的发言当然不如军官的发言受重视，这也体现在特别赏金上。麦哲伦和法莱罗分别有权获得80公担货物的特别赏金，其他船长可获得40公担货物的特别赏金，船主和舵手可获得14公担货物的特别赏金。

18世纪的北大西洋港口比较普遍的情况是强制招募或征用"犯罪者"，但在当时的卡斯蒂利亚似乎并不常见。虽然也没有证据表明王室用监狱里的罪犯填补空缺，但是一封官方信中提到了舰队上的"流亡者"，他们被用于执行危险任务。但是，如果他们不与麦哲伦共同航行，他们也会一无所有。同时指挥官不得不想其他办法来获得适航人员。

卡斯蒂利亚海员的冷漠也许对麦哲伦来说并不是件特别的事。因为在封建社会中，一个人的力量和安全取决于追随者的人数，也就是通过血缘、宣誓或其他方式效忠于他的一群人。对于像麦哲伦这样的贵族骑士尤其如此，他要与230多名士兵一起进行漫长而危险的旅程，他需要有一些值得托付生命的人在身边，并且他们在紧急情况下能保护他免受来自内部的敌人的伤害。在伊比利亚半岛，一位绅士的追随者被称为"仆人"——侍从。

因此，麦哲伦尽可能多地将他的仆人带上舰船。除了他的奴隶恩里克和侍从克里斯托瓦·雷贝洛之外，他还带了宫廷侍从：三个葡萄牙人，努诺、埃尔南多和弗朗西斯科；两个法国人，小胡安和胡安·科林；来自圣罗卡的迭戈和莫里斯·豪尔赫，豪尔赫可能是安达卢西亚穆斯林少数民族的成员，更有可能是被俘虏的年轻阿拉伯人，因为他在书中被称为麦哲伦的奴隶。也许豪尔赫应该解释一下舰队是否与通晓古兰经的穆斯林接触。安东尼奥·皮加费塔也是麦哲伦的侍从之一。

此外，麦哲伦还带了一些亲戚，例如他的表兄阿尔瓦罗·德·拉·麦斯基塔和麦哲伦妻子的堂兄杜阿尔特·巴博萨①。指挥官的两个知己也是葡萄牙人，是"维多利亚号"和"圣地亚哥号"的食物储备主管，其中一个人娶了一个塞维利亚妇女，她在麦哲伦家做护士，这么做无疑是为了小罗德里戈。探险队的幸存者——希腊水手尼古拉，

---

① 不要与葡萄牙人、《杜阿尔特·巴博萨书》的同名作者混淆。

多年后仍记得，他"经常在离开前被指挥官的儿子小罗德里戈抱住"。这些跟随骑士的侍从们有点像一个大家庭，如果这些侍从有经济方面的需要，可以期望主人的帮助。起航之前，麦哲伦不仅向他的侍从而且还向其他乘客慷慨地提供了贷款，从而将他们与他绑定在一起。

这些侍从在船上通常没有特定的作用。他们被列在工资簿中的"临时雇员"栏目下，也就是可以执行任何任务。一些人是因为他们的语言技能而被带上的，例如奴隶恩里克和豪尔赫以及在果阿受洗的印度人，其他人则为主人烹饪食物并清洁靴子。当处境变得艰难时，每个人都必须举起武器，除了被赋予救赎舰队灵魂任务的两位牧师——他们也属于"临时雇员"类别。其中的大多数人与麦哲伦一起在"特立尼达号"上。还有十个侍从，被督察官兼"圣安东尼奥号"船长胡安·德·卡塔赫纳带走。

国籍不一定代表着忠诚度：来自卡斯蒂利亚的埃斯皮诺萨被证实是麦哲伦的忠实伙伴，而麦哲伦的同胞埃斯特沃·戈麦斯却是他的竞争对手。然而，共同的国籍创造了信任的基础，因此，在工资单上出现大量明显具有葡萄牙国籍的水手和学徒肯定不是偶然的。所以，当一艘船的指挥官是葡萄牙人时，一些卡斯蒂利亚水手宣称他们不想在这艘船上工作。

事实上，塞维利亚有这么多葡萄牙人存在既不新奇也不特殊。来自世界各地的人一直在港口城市忙碌，伊比利亚人和热那亚人一样，以航海而闻名。麦哲伦舰队的 6 名舵手中有 3 名来自葡萄牙——除了埃斯特沃·戈麦斯（在"特立尼达号"上）以外，还有在卡斯蒂利亚服役多年并在"维多利亚号"上担任舵手的瓦斯科·加列戈，还有1519年2月通过麦哲伦的考验被聘用的若昂·洛佩斯·卡瓦略。

麦哲伦对卡瓦略寄予厚望，因为这名舵手早在1511年就已随葡萄牙舰队航行于南大西洋。卡瓦略在"真十字架之地"生活了几年，通过自己的经历了解巴西海岸。麦哲伦可能不知道的是——卡瓦略被指控盗窃，并被留在巴西。索利斯探险队中的一艘船将他接回欧洲。麦哲伦原本想将"圣地亚哥号"的指挥权移交给卡瓦略，但"贸易局"表示反对。

对于赞助者来说，船上的葡萄牙人有点太多了。王室在1519年6月17日至7月26日的信件中指示"贸易局"的官员：每个船长最多携带四到五个葡萄牙人登船，并遣散数名学徒。举报者是雷查理德吗？这是一个公开的秘密，唐·曼努埃尔的使者塞巴斯蒂安·阿尔瓦雷斯也知道，总会计师不能忍受麦哲伦这位来自波尔图的骑士。或者这是胡安·德·卡塔赫纳的倡议？因为他担心作为督察官将无法与麦哲伦及其集团抗衡？也有可能是克里斯托瓦尔·德·哈罗引起了王室的关注。这名投资者可能再次遭受葡萄牙的经济报复，"他的"舰队牢牢地掌握在卡斯蒂利亚手中，尽管他占有五分之一的股份。

无论举报者是谁，"贸易局"都对舰队进行了清理。10名葡萄牙学徒从花名册中被删除，来自其他国家的海员填补了空缺。这次清理的最大受害者是鲁伊·法莱罗。

关于他被排除在外的原因，现在只能猜测。一般的说法是，这位学者失去了心智。在1518年9月，萨拉戈萨的阿尔瓦罗·达·科斯塔就到葡萄牙说法莱罗的头脑"不太正常"。舰队启程后，这位科学家患上了严重的精神疾病，以至于他的兄弟弗朗西斯科不得不照顾他，最早的迹象可能在1519年夏天就出现了。其他人则怀疑，这位研究占星的学者在扮演疯子，这样就不必参加航行了，因为他从星象预见了舰队的不幸结局。

在准备过程中，很明显，鲁伊·法莱罗未能扮演他应该扮演的角色。我们总是在行动中发现麦哲伦的身影，无论是将船拉上岸、检查食品箱，还是在宫廷争取资金……而鲁伊·法莱罗在现场消失了几个月。他似乎主要处理舰队的航海方面工作，为此他制作了航海图和其他技术辅助工具。

在这项工作中，这位天文学家得到了一个专家团队的支持，其中一些专家也曾为葡萄牙服务过。这无疑使唐·曼努埃尔感到恼火，因为迪奥戈·里贝罗、佩德罗·雷纳尔和其儿子豪尔赫是他的帝国中最好的制图师之一。他们以前都曾在"印度之家"工作，并且知道印度洋和东亚的最新航海图，这些航海图当时在欧洲是可获得的。唐·曼努埃尔一定很担心麦哲伦能得到学术权威为其舰队工作。

在塞维利亚，葡萄牙移民与卡斯蒂利亚制图师合作——与努诺·加西亚·德·托雷诺和亚美利哥·韦斯普奇的侄子胡安·韦斯普奇一起工作。他们总共为舰队绘制了25幅航海图，其中包括一幅麦哲伦于1519年春季赠送给赞助者——国王查理——作为礼物的航海图。对于南美海岸，制图师可以借鉴索利斯探险队在

1516 年获得的第一手资料。除了航海图外，法莱罗、加西亚和里贝罗还制作了用于航行的测量仪器——星盘、象限仪、指南针和沙漏。

因此，尽管法莱罗是一位天文学家，但他没有被允许以这个角色跟随舰队航行。扮演这个角色的是王室舵手安德烈斯·德·圣马丁，他是财务主管桑乔·奥尔蒂斯·德·马蒂恩佐的门徒。

麦哲伦本人似乎并未因法莱罗的离开而感到惊讶或受到影响。他只是在航行之前，坚持要法莱罗交出确定经度的指南。不过，他也不愿这么轻易地接受随行人员的减少。

在这场保卫舰队的战斗中，麦哲伦再次发现自己被唐·曼努埃尔的使者的间谍活动所困扰。这名使者一直在注视着他，并不断地伤害他，有时让他感到道德压力，有时会提供一些讨他喜欢的待遇，以使他放弃计划。7 月，葡萄牙人塞巴斯蒂昂·阿尔瓦雷斯出现在麦哲伦的公寓里，他随后就双方的会晤写信给葡萄牙国王。阿尔瓦雷斯发现了指挥官在整理食物箱，知道麦哲伦在"贸易局"中一定正面临冲突，阿尔瓦雷斯希望借此机会将冲突变得更大。葡萄牙特工发送到里斯本的报告是一种说服艺术的典范。

首先，阿尔瓦雷斯试图夺取他同胞的荣誉，这份荣誉由于麦哲伦投入卡斯蒂利亚的怀抱而受损。甚至连卡斯蒂利亚人都鄙视麦哲伦为"可耻的不光彩的人"，这在当时是严厉的指责。麦哲伦用尽职尽责来回应，但是他感到很愧疚，他不能再回葡萄牙了。与唐·曼努埃尔相反，查理国王向他展示了如此多的恩惠，以至于如果他放弃和投降，这将进一步损害他的荣誉。唐·曼努埃尔应该对是麦哲伦，而不是其他人指挥舰队感到高兴，因为作为葡萄牙人，麦哲伦将尊重其祖国在东亚的权利。麦哲伦遵循的是"教皇子午线"的理论，根据该理论，舰队仅在划分给卡斯蒂利亚的一半世界范围内活动，不会损害葡萄牙的利益。

特工看到麦哲伦被困在荣誉之路上，于是打出了第二张王牌——阿尔瓦雷斯知道舰队收到的新指示与麦哲伦和国王之间的合约背道而驰，此外他还打算剥夺麦哲伦在公海的最高指挥权。阿尔瓦雷斯认为这位指挥官不应该倒在布尔戈斯主教的甜言蜜语之下。

正如这封信所揭示的那样，这名葡萄牙特工确实非常了解舰队，包括内部冲突，包括船舶、船员和军备、易货、航线和船队的融资。阿尔瓦雷斯甚至检查了制作完成了一半的航海图，发现"从巴西的卡波弗里奥到摩鹿加群岛的区域"没有归入任何一个国家，这并不奇怪，因为没有基督世界的船只曾航行到这些地方。他还知道第二支舰队的详细信息，该舰队将前往中美洲，并通过陆路穿越地峡，他们的船舱中装有两艘被拆解的船只，会在地峡另一边重新组装。阿尔瓦雷斯向里斯本报告说，第三支舰队已经在讨论中，该舰队会按照麦哲伦的航海路线航行。

一个了解如此多内幕的人的警告要认真对待。然而，麦哲伦不愿意自己在阿尔瓦雷斯的唆使下向唐·曼努埃尔请求宽大处理。他希望能够自己面对与"贸易局"的冲突。因此，他建议这个葡萄牙王室间谍撤销所有操作。但是，尽管阿尔瓦雷斯无法让麦哲伦走上他设计的轨道，却还是激起了麦哲伦对同伴的不信任。

为解决麻烦的人事问题和冲开阻止其舰队起航的封锁，麦哲伦认为在一个信奉法律神圣性的社会中，最安全的道路是走法律程序。他发表了经过公证的声明，说他已竭尽全力为舰队配备合适的人员，卡斯蒂利亚人的报道不够详尽，他雇佣的不仅是葡萄牙人，还包括热那亚人、希腊人、法国人、德国人和其他地方的人，他们都是有用的、有能力的人。为了证实他的说法，他请警长贡萨洛·戈麦斯·德·埃斯皮诺萨和 4 名船主作证：热那亚人乔瓦尼·巴蒂斯塔（在"特立尼达号"），巴尔塔萨·帕兰（在"圣地亚哥号"），西西里人安东·萨拉蒙（在"维多利亚号"）和巴斯克人胡安·塞巴斯蒂安·德·埃尔卡诺（在"康塞普西翁号"），这些人一步一步向前走，将自己的右手放在十字架上，向上帝、圣母玛利亚和福音发誓说实话。5 个人都证实了麦哲伦的说法，即卡斯蒂利亚国王的大臣根本没有充分真实地报道。

他将这份声明和麦哲伦的公证人伯纳尔·冈萨雷斯·德·瓦莱西洛的第二份声明提交给"贸易局"的官员。他援引了 1518 年 3 月 22 日的合约以及他从国王那里得到的指示，里面没有哪句话说要对雇佣葡萄牙人的数量有所限制，这是法律依据，如果要更改它，则必须协商一份新合约。

麦哲伦愿意妥协：如果有当地人而不是葡萄牙人愿意做水手，只要他们还不错，并且对舰队不会增加任何额外费用，他就会雇用他们。但是那些"临时雇员"和骑士是"他的亲戚，他必须保护好他们"，他绝对不会放弃他们。要么他们一同去航行，要么麦哲伦也将留在家中。航海图、象限仪、航线指南，一切都准备就绪。

他本人为履行这项职责尽了一切本分，上帝和国王殿下将得到非常出色的服务。如果马蒂恩佐和雷查理德现在阻止舰队出海，他们应该为不可避免地造成的损害承担责任。

同时麦哲伦给官员以酬谢，就像一年后他在圣徒海峡对船长和舵手做的那样。威胁并非没有效果，麦哲伦在"贸易局"中的对手胡安·洛佩兹·德·雷查理德屈服了。

第二天是 8 月 10 日，星期三，圣劳伦斯节。那天早上，舰队成员聚集在圣玛利亚·德·拉·维多利亚教堂，卡斯蒂利亚国王代理人桑乔·马丁内斯·德·莱瓦向指挥官授予皇家旗帜。弥撒结束后，所有人都到了瓜达尔基维尔河西岸的港口穆埃拉斯港，5 艘船停泊在那里。它们停泊得整整齐齐，所有的旗帜都举了起来，火炮抹上了油。炮声响彻河对岸，告别致敬。然后，卡瑞克大帆船一艘接一艘地推离岸边，前帆升起，船首转向下游。

麦哲伦当时会想起 1505 年初春第一次去印度的时候吗？他会想起当葡萄牙国王唐·曼努埃尔亲自向总督唐·弗朗西斯科·德·阿尔梅达授予皇家旗帜时，里斯本街道上的节日盛况和大教堂里的人群吗？ 14 年以后，麦哲伦自己指挥着一支舰队，但在另一面旗帜下，在另一位国王的领导下，国王查理远在巴塞罗那，因为他刚刚当选美因河畔法兰克福的神圣罗马帝国皇帝。如果舰队能够找到长期寻求的通往印度的西方路线，那么麦哲伦将为皇帝做出巨大的贡献，他将获得陛下的感谢。

当他看着轮船在河边转弯处渐行渐远的时候，在那一刻，无论总指挥的脑海在想什么，他的神色都庄严肃穆。

船长和舵手不需要在船上进行这大约20里格长的第一段航程。由专业领航员掌舵，他们对瓜达尔基维尔河下游更加熟悉：水流、沙洲、潮汐和其他陷阱，沉船残骸或摩尔人时期坍塌桥梁的残垣隐藏在水中，使得运河像迷宫一般。由于水浅，船只无法满载航行。当然，这绝不是舰队必须面对的漫长旅程中最危险的部分。

在塞维利亚的下方，从普埃布拉的小村庄开始，这条河进入了麦哲伦时代还没有受到人类统治的另一个世界：瓜达尔基维尔河及其沼泽地的三角洲，海洋和陆地在这里展开竞争，这是一片无法逾越的荒野，面积超过14万公顷[①]，只有几个渔笼和锚地，空无一人。

广阔的视野中聚集着成群的鸟：海鸥、苍鹭、鹳和无数其他物种，尤其是水禽，如鸭子、秧鸡、天鹅和火烈鸟。它们在潟湖和水池中筑巢，在芦苇和香蒲之间寻找食物。老鹰在天空中高高盘旋，鹿和兔子在平坦的岛屿上嬉戏，猞猁在柳树之间潜行，变色龙平稳地伏在枝头。半野生的牛、羊和马群穿过茂密的沙丘，跋涉在沼泽的草地。空气中散发出盐味，晚上蚊子成群结队。浑浊、黏稠的洪水泛滥成灾，这是动物的财富，吸引着海豚一再游到河的上游去。

也许是海豚护航着舰队的5艘船，在既不是陆地，也不是海洋的滩涂中，在一种黑漆漆的三角洲野生风景中，在领航员的指挥下慢慢滑向目的地——海洋。

---

① 比今天的多纳纳国家公园大3倍左右。

6. 嘿，在船头上，要保持警惕！

~~~~~~

随着 1519 年 8 月 10 日在塞维利亚阿雷纳尔上空传出的隆隆炮声，麦哲伦的远征开始了。当天，信使前往巴塞罗那，将舰队起航的消息传到宫廷。从那天起，舰队整个团队，从指挥官到学徒，都为国王服务。"特立尼达号"的水手们攒了 750 马拉维迪，从"贸易局"的财务主管那里买了半桶酒，"当轮船驶入河的那一刻，他们打开喝掉，因为从那时开始，他们将用国王的补给粮食吃饭，而那桶酒是他们自己的，因为他们为此付了 4 杜卡特"。这是 8 月 17 日舰队账簿记录下的。此时，舰船已经到达瓜达尔基维尔河口的大西洋港口圣罗卡。

港口和附近的城镇属于麦地那西多尼亚公爵。一支舰队曾经从这里启程远征加那利群岛，那是哥伦布第三次远征美洲。卡斯蒂利亚的第一次远征香料群岛也是从这个港口起航的，但是现在这支舰队还没有完全准备好。

首先，5 艘船的货舱必须完全装满，以使 239 名人员（最终在船员名单上的人数如此之多）在两年内不缺任何东西。为了弥补所缺少的东西，一艘双桅帆船在塞维利亚和圣罗卡之间的瓜达尔基维尔河上下航行——一艘专为舰队建造的轻型平底船，它还带来了克里斯托瓦尔·德·哈罗采购的易货货物。

直到所有东西都交付并收好，整整一个月过去了。在这段时间里，填缝师傅带着麻絮和盆再次离开甲板。从现在开始，麦哲伦要求这样称呼他：舰队总指挥。所有海员每天都到圣罗卡教堂朝圣，做弥撒。安东尼奥·皮加费塔的记录始于这里，据他回忆说，每个人都必须在出发前去忏悔。

麦哲伦和其他队长晚来了一些，舰队总指挥在塞维利亚仍有一些工作要做。8月24日，他在王室宫殿签署了由公证人伯纳尔·冈萨雷斯·德·瓦莱西洛草拟的遗嘱。

麦哲伦将自己的灵魂托付给上帝时，他希望自己尘世的躯体被放在特里亚纳的圣玛利亚·德·拉·维多利亚教堂，但如果他在途中遇难死亡，也可以选择在最近的圣母教堂安放躯体。其次是向宗教机构进行一系列捐款。遗嘱里还提到一些死后留给其他人的钱，麦哲伦将3万马拉维迪赠给了仆人克里斯托瓦·雷贝洛，将1万马拉维迪赠给了他的奴隶恩里克，并允诺在他去世那天给恩里克自由。遗嘱没有提到房地产，这表明这位舰队总指挥没有自己的住宅[1]。他希望将从远征中获得的收入转移给他的继承人。

合约里的权利——成为被发现国家的总督，从那里获得收入——由麦哲伦传给他的长子罗德里戈和他的后代；如果罗德里戈没有后代，则传给多娜·比阿特丽斯已经怀上的第二个孩子的

---

[1] 他已经在1519年春天将波尔图附近的财产继承移交给他的妹妹伊莎贝尔。

后代。但是，如果第二个孩子是女孩并育有一个儿子，则后者将必须继承麦哲伦的名字和佩戴他的盾形徽章。否则，另一个近亲，比如他的兄弟迪奥戈·德·索萨将继承他的海外权利。

令人失望的是，麦哲伦的许多传记都不重视他的相当传统的遗嘱，因为它似乎很少显示麦哲伦的个性。但它反映了这名贵族骑士希望被他的同胞看到：他是一位虔诚的天主教徒，关心自己的灵魂得救，并自称相信"我们光荣的女主人圣母玛利亚"。作为一名负责任的一家之主，他对麦哲伦这个名字的荣誉十分忠诚。

如果麦哲伦说的最后遗嘱是一份正式的公开文件，那么舰队总指挥最后离开之前写的另一份文件，情况却恰恰相反——麦哲伦在一份只供国王和他最亲近的顾问们阅读的简短的备忘录中，解释了为什么他相信摩鹿加群岛不是在葡萄牙的一半世界，而是在卡斯蒂利亚的一半。万一麦哲伦在旅途中发生不测，这些信息有助于他的赞助者查理捍卫自己的权利，免受葡萄牙的责难。

在文件中，舰队总指挥列出了重要的地标，并指出了它们之间的距离。一切始于佛得角最西端的岛屿圣安唐岛，地球从这里一分为二。从这里开始，分界线是 370 里格或西经 22 度。麦哲伦提到的其他地标是非洲最南端的好望角、马六甲港口和摩鹿加群岛。虽然他毫无疑问地将马六甲定为葡萄牙的领土，但他将摩鹿加群岛设置在"第二条分界线即托德西利亚斯的反向子午线"以东至少 2.5 度，因此属于卡斯蒂利亚的一半世界。

因此，在关于划分世界的争端中，葡萄牙的麦哲伦采取了亲卡斯蒂利亚的立场，但显然是温和的。地理学家马丁·费尔南德斯·恩西索于 1519 年在塞维利亚发表的《地理全书》中宣称，卡斯蒂利亚的半球包括恒河以东的整个亚洲。麦哲伦在回答葡萄牙国王代理人阿尔瓦雷斯时可能没有这么大的野心，唐·曼努埃尔应该为不是别人指挥摩鹿加舰队而感到庆幸。

麦哲伦似乎对自己职位的合法性深信不疑。从他的卡斯蒂利亚赞助者的角度来看，他是葡萄牙人，他受到额外重视是基于他在里斯本可以获得的葡萄牙的专业知识。

从今天的角度来看，麦哲伦的说法是错误的。如果从圣安唐岛向西 22 度，然后再向东 180 度，此时在地球上放置一条子午线，摩鹿加群岛位于这条线以西 5～6 度，因此位于葡萄牙所属的一半世界。但是，相差不是很大，相差经度总计为 360 度圆周中的 8 度，仅为 2%。鉴于在麦哲伦时代测量经度十分困难，并且在关于地球的实际周长仍然没有共识的情况下，他准确得令人惊讶。

此外，对备忘录的分析表明，麦哲伦了解球面三角学知识，因此他是航海专家的说法并非没有根据，当然，前提是他确实是备忘录的作者，并且如实记录了他自己的想法[1]。麦哲伦显然同意葡萄牙的普遍观点，即赤道的 1 个经度相当于 17.5 里格的距离。如果按照当时海员的普遍观点，1 里格相当于 4 罗马里或者 5900 米长，那么地球周长约 3.7 万千米。麦哲伦的地球比我们的地球小 7.5%，但仍然比恩西索推测的地球大得多。

这位卡斯蒂利亚地理学家和他的其他同事一样，预计每个经度有 16.67 里格，但地理理论上的微小差异对政治实践有很大影响。

---

① 保存在西印度群岛档案馆中的版本是副本，不是麦哲伦手书或口述的原始副本。

为了维护卡斯蒂利亚的利益，恩西索通过假定较短的经度，减少了葡萄牙的一半土地。即使从今天的角度来看，麦哲伦的假设更为现实，地理被证明是容易被政治裹挟的。

根据恩西索的说法，欧洲人所知的最西端和最东端——巴拿马和摩鹿加群岛之间，仍有 99 个经度或地球周长的四分之一等待被发现。今天，我们要感谢麦哲伦的探险，事实是这部分相当于 150 个经度。但是麦哲伦应该在这一点上也算错了，以每经度 17.5 里格来计算，他显然低估了"大海湾"（今天的太平洋）的范围，在赤道处远远超过 1000 公里。对于使用帆船进行的探险，必须非常仔细地计算补给，这并不是一个小差异。对于与麦哲伦共同航行的人来说，这意味着生与死之间的区别。

但是，当 5 艘船于 1520 年 9 月 20 日早晨从港口起航并驶向大海时，这 239 人仍未有此意识。经过漫长的准备和等待了几个月，当告别的酸甜时刻终于过去时，大多数人一定松了一口气。安达卢西亚的海岸，很快就变成了一片苍白的条纹，然后沉入地平线以下。没有记录提到圣罗卡的大型告别场面，他们中的大多数人可能已经与他们在塞维利亚的亲戚告别，王室旗帜已经移交给了那里。整个舰队在起航之前已按照规定经过"贸易局"官员的检查。

最后的告别是为圣罗卡的领航员们准备的。他们引导这 5 艘船通过瓜达尔基维尔河，自古以来在其河口处沉积着沙洲。现在舵手向前方看去，看向船首斜桅前面看似无尽的水面上。水手们在船长的哨声和指挥下开始在甲板上工作，这是他们第一次尽最大的努力去做接下来几个月要一次又一次地做的同样的事情，直到某个时候这些人血肉模糊，与他们的木船融合在一起……舰队扬帆起航，驶向加那利群岛。

舵手知道航向，但船只应昼夜保持在视野中，并跟随旗舰。国王交给舰队总指挥长达一整页的"书面指示"，要求所有船只每天晚上都必须赶上旗舰，船长们向舰队总指挥致敬。在这时，舵手应该在海况允许的情况下比对其位置，以最大限度地减少测量误差。

夜幕降临时，聚在一起变得越加困难，但"书面指示"中对此也有一段指示。必须在前面的船的尾部装上一个灯笼，其他船必须跟着。为了在船只间进行夜间交流，需要各种光信号，例如准备转弯或其他航行操作。除信号灯和指南针上的一盏小灯外，海员不得点亮任何灯以尽可能降低发生火灾的危险。如果没有月光，他们必须在船上的黑暗中找到路。

炉火熄灭并做了晚祷之后，开始了第一次守夜。每晚三人替换，直到天亮，每次由一名高级船员领导——船长、舵手或船主。其中船长可以和水手长替换。第二班岗在午夜时分，这段时间被卡斯蒂利亚水手们称为"嗜睡时间"，即身体最需要休息的时候，这个时段要求水手注意力高度集中。但是在晴朗的夜晚，当船驶入安全水域远离海岸航行时，由于风的持续吹拂，就可以减少对帆的注意，舵手和他的伙伴们获得了美好的时刻。

第一个驶向的港口是特内里费岛上的圣克鲁斯，对于经验丰富的舵手来说，圣罗卡与圣克鲁斯之间的海，要比瓜达尔基维尔河的下游更少发生问题。一旦船在多变的风向下驶离加的斯湾，加那利河的顺流和顺风将把它们可靠地送到目的地。麦哲伦的舰队历时约 6 天，行驶了 1300 公里，平均航速为 5 节[①]。

在圣克鲁斯港，舰队停泊以装载水、柴火、腌肉和其他东西；之后，继续前往特内里费岛东南部的蒙大拿罗哈半岛上的一个港口，在那里他们等了两天，等待从塞维利亚出发的帆船。加斯帕·科雷亚讲述，这艘轻快帆船为麦哲伦带来了一封信，迪奥戈·巴博萨警告女婿，要小心船长们串谋。不管真相如何，这些谣言和警告无疑都削弱了麦哲伦与船长之间的信任，因此，在探险队的高级船员中出现第一条裂缝就不足为奇了。

10 月 2 日晚上，舰队离开了卡斯蒂利亚的最后一个港口，驶向西南方向。根据历史学家埃雷拉－托德西利亚斯的报告（现在已遗失），到第二天中午，他们估计走了 12 里格，太阳高度的测量结果表明他们是在南纬 27 度。舰队应该按照预定路线保持这个方向，直接驶向巴西海岸的圣阿戈斯蒂纽角，在东北季风作用下，大概可以行驶到赤道正下方的远东。但是，舰队总指挥没有遵循预定的路线，而是让"特立尼达号"向南航行。其他船只被迫跟随旗舰，直到晚上集合。但是，当舰船并排时，督察官兼"圣安东尼奥号"船长胡安·德·卡塔赫纳与麦哲伦和舵手埃斯特沃·戈麦斯发生了争执。

当被要求解释改变路线的原因时，麦哲伦只是命令卡塔赫纳和其他人跟随他，而不说明原因。卡塔赫纳随后抗议麦哲伦无权改变船长、船主、军官和舵手设定的路线。如果他们继续沿南部路线航行，他们将前往布朗角和几内亚海岸——那是那时整个撒

---

① 1 节 =1.852 千米 / 小时。

哈拉以南非洲的统称。

麦哲伦是否计划在荒原之地将他们甩掉？麦哲伦解释说，只有当某艘船离开舰队找不到时，舰队航向才会改变，如果那样，显然在海边会更容易找到它。对舰队总指挥命令的争论结束了。麦哲伦确认了他的命令，并让这些船向南航行。历史学家埃雷拉－托德西利亚斯的描述得到了"贸易局"的档案文件的支持。

舰队在特内里费岛再次壮大。"特立尼达号"有一名临时雇员被替换，此外，麦哲伦又招募了3名人员，因此整个船队（没有证据表明船上有偷渡者）现在有242人。"特立尼达号"上人最多，有62人，"圣安东尼奥号"有57人，"维多利亚号"和"康塞普西翁号"各有45人，"圣地亚哥号"有33人。

即使这5艘船组成了一支舰队，并且应该始终保持在一起，但它们本身就是一个独自运转的有机体。卡斯蒂利亚法官尤金尼奥·德·萨拉查于1573年出于职业原因不得不穿越大西洋，他将当时的远洋船比作一座没有教堂、没有法庭的城市。"在这个城市里，在船头和船尾有船楼。有水井，被称为水泵，但它流出的水人们不愿用舌头舔，不愿意用鼻子闻，甚至不想用眼睛看。甚至还有'树木'，但是它们分泌的不是芳香的树脂，而是沥青和油脂。下雨时木质甲板是光滑的，但是在阳光的照射下却是如此柔软，以至于脚底粘在了木板上。这座城市是悲伤而阴郁的，外面是黑色的，里面甚至也是黑色的，地板和墙壁是黑色的，船上的居民面目狰狞。"

在这个陌生的城市里有很多小动物，例如大量的蟑螂、老鼠和虱子。萨拉查夸张地说："有些虱子晕船甚至喷出大块船上学徒的肉。"船上缠结着侧支索、桅杆、床单和类似亚麻布的东西，就像一个漂浮的鸡笼。对于陆地上的人来说，船上的人感觉就像被带往市场的家禽。在船首和船尾瞭望台之间水平拉伸的网加强了这种印象，这种网使水手更容易在船首和船尾上层结构之间快速移动。当舵手从船尾瞭望台的座位下命令时，船员必须迅速跑动。萨拉查写道，就像"被施了魔法"一样，水手会迅速跳到甲板上并上下翻动侧支索，这取决于舵手在哪里。根据舵手不同的命令，水手匆忙吊起前帆，爬到架子上，或紧紧地提起中帆的帆绞索。水手上下操纵索具的动作引起了萨拉查的联想："树上的黑长尾猴从天上掉下来并像个幽灵一样卡在空中。"

在诸多需要大量人力的工作中，例如扬帆，水手开始使用祷告，这些祷告的内容通常具有宗教色彩，有时包含拟声词。开始时牧师领祷，唱道："让我们开始！"其他人跟着合唱，把力量集结在一起。领祷接着唱："噢，上帝哪！"其余人也随声合唱，并伸手去抓绳子。领祷再次唱："帮帮我们！"横杆拉起。还有其他活动，例如转动绞盘、绞车，需要不同的唱诵节奏。

与任何地方、任何时候一样，麦哲伦时代安达卢西亚的水手有自己的语言，其中包括无数技术术语，这与陆地上的卡斯蒂利亚语有所不同。因此，罗马民族国家的水手语言（例如葡萄牙语和热那亚语）相通，虽然船上人员国籍大不相同，但是船上人员交流很通畅。在麦哲伦的"特立尼达号"上，尤其是在重要岗位中，有大量葡萄牙人，而加斯帕·德·克萨达船长领导的"康塞普西翁号"团队则由巴斯克人主导。

来自同一国家（有时来自同一村庄）的相同血统的水手喜欢组成小团体，在日常生活中互相帮助，并在紧急情况下相互支持。其中一个例子是"康塞普西翁号"的船主胡安·塞巴斯蒂安·德·埃尔卡诺、水手长胡安·德·阿库里奥和木匠多明戈·德·伊拉尔卡。出发前，三个巴斯克人进行了公证，以收取对方的工资或香料贸易的利润——可能是为了防止他们中的任何一个发生什么意外。

在一艘船上，50人或更多的人在一个密闭的空间中生活几个月，空间冲突几乎是无法避免的，加入一个群体对于生存至关重要。骑士和军官有仆人围着自己，而普通的水手则组成了"同伴"：一群人在甲板上或船头共享一个区域，被箱子隔开，称为"牧场"，德语叫"烘焙区"，引申意为"就餐区域"。每个"就餐区域"的团体都像护卫一样守护着自己的小王国，并用拳头和牙齿（有时用刀子）防御，以防外界攻击。

船上没有专门的厨师，在"就餐区域"中吃饭，每个小团体负责准备自己的食物，食物通常由食物储备主管每两天提供一次，人们在前甲板的一两个炉子上做饭。争夺火炉经常是冲突的来源，因为人们为了谁被允许在何时何地放锅而争吵。偷吃或者抢夺并不少见，尤其是当火上煎着比声名狼藉的"面糊"更鲜美的东西时。面糊是由碎面包干和水制成的粥，可能在上面放了油和其他成分，如芸豆、鹰嘴豆、大蒜或培根。"面糊"之所以臭名昭著，是因为干面包在经历热带气候的漫长旅程中开始腐烂，在锅里发现它已变成蠕虫和蟑螂的家。但在麦哲伦的舰队沿着非洲海岸向南航行的最初几周，这个问题还没显露。

这些食物的质量令人怀疑，这可能是由于在船上准备和烹饪食物的工作相对不值得尊敬，因此被分配给了较低等级的人。军官和骑士由他们自己的仆人做饭，而水手和学徒们则通过"掷骰子"决定谁做这些事情。

水手们通常 20 多岁，学徒们年龄在 15 至 20 岁之间，而且在薪资上也有差异[①]。经验丰富的水手通常不会受到上级的殴打，但学徒却屡屡遭受暴力袭击，有时甚至遭到性侵犯。而且由于学徒们的身体还很年轻，没有被过度使用，所以例如在暴风雨中操作或者划小艇这样的繁重的工作就落在了他们的肩膀上。

在船上的等级制度中，最底层的是侍应生，他们通常还不到 10 岁。他们不得不打扫和擦洗甲板、准备食物并洗碗。由于人们认为侍应生幼稚和天真，其声音最有可能被上帝听到，因此侍应生们不得不在晚饭后做夜间祈祷："阿门，感谢上帝给我们带来了一个美好的夜晚、一段美好的旅程和尊敬的船长、船主！"紧随其后的是主祷文、圣母颂、信条和圣母经。另外，侍应生是船上时间的守护者，因为他们有责任每半小时转动一次沙漏，再说一句："美好的时光会过去，美好的时光会来临；过去是一，一分为二，二生多，这是上帝的意愿，并确保我们旅途愉快；嘿，在船头上，要保持警惕，注意观察！"在"特立尼达号"和"圣安东尼奥号"上有牧师，他们给侍应生做了指导。

受尊敬的侍应生是那些父亲在船上的人，例如弗朗西斯科，

---

① 在麦哲伦的舰队中，一个水手一个月 1200 马拉维迪，一个学徒一个月 800 马拉维迪。

他的继父是"圣地亚哥号"的船长胡安·塞拉诺；瓦斯基多，他的父亲瓦斯科·加列戈在"维多利亚号"上掌舵。在军官、水手中，有许多父亲和孩子或者兄长和弟弟同时在船上的情况。出发时每艘船有 19 到 27 个这样的水手（"圣地亚哥号"有 19 个，"特立尼达号"有 27 个）。

伦巴德炮手并不是真正的水手，每艘船有 3 名（"圣地亚哥号"只有 2 名），他们无人来自伊比利亚半岛，大多数是法国人或佛拉芒人，三四个来自德国，其中包括"维多利亚号"上来自亚琛的一个叫汉斯的人，以及"康塞普西翁号"上的伦巴德炮手长汉斯·巴格。作为专业人才，伦巴德炮手赚的比水手多。

每艘船都有 1 名水手长、1 名文书、1 名食物储备主管以及一些工匠（通常是 1 名木匠和一两个填缝工）。3 艘大船上各有 1 个理发师和 1 个木桶匠，"特立尼达号"有 1 个外科医生以及舰队的警长贡萨洛·戈麦斯·德·埃斯皮诺萨。船长、军官和骑士住在后甲板上，水手和"下层人"住在前甲板上。

与麦哲伦交换意见后，卡塔赫纳和其他船长遵从了规定，并跟随"特立尼达号"的船尾灯进入夜色。在接下来的几天里，旗舰并没有完全向南航行，而是不断从南向西修正航向，以便舰队最终得以在佛得角和佛德岛之间航行。

两个星期后，当水手们到达塞拉利昂的纬度时，信风就消散了。曾经日夜飘扬的风帆无力地垂落下来，船只静静地漂在光滑的海面上。一个礼拜过去了，时间似乎停滞不前。舰队被困在无风带，即今天的气象学家称之为"热带辐合带"的地方。在赤道的阳光作用下，温暖的空气在这里升起，并在全球范围内形成永久的低压通道。

麦哲伦和他的乘客对气象情况一无所知，但是他们受到了气压的影响。除了热带潮湿的热气导致船只填缝隙的沥青融化外，被迫停顿还压抑了心情。如果不是因为鲨鱼在船周围漫游，长着"可怕的牙齿"并"在海中时可能吃掉他们"（皮加费塔语），那么人们可能会跳下去洗个清爽的澡。现在人们偶尔会浇一桶水来冲凉。安达卢西亚的水手穿着连帽外套，大多数人进入热带地区时已经脱下。

低迷持续的时间越长，压力就越大，尤其是当食物库存出现越来越大的缺口时。最终，舰队总指挥被迫采取了一种不受欢迎的措施，这可能是他从唐·弗朗西斯科·德·阿尔梅达那里学到的，麦哲伦在他的指挥下于1505年航行到印度。考虑到他们的漫长旅程，麦哲伦下令对食物进行定量配给。

有些人试图"用铁钩"钓鲨鱼来对抗饥饿和无聊。"尽管它们不好吃，"皮加费塔指出，"即使是小鲨鱼也不怎么好吃。但是，如果水手想用骰子或扑克牌消除肚子里的咕咕声，就必须秘密进行，因为船上禁止赌博，这是王室对舰队的指示。"

即使船只几乎没有改变位置，舰队总指挥仍坚持要求其他船长每天晚上向他致敬，或者船长们让高级船员乘小艇到旗舰问候。一天晚上，"圣安东尼奥号"的船长胡安·德·卡塔赫纳或船主、舵手都没有出现在"特立尼达号"甲板前面，而是一个普通的水手过来："向您致敬，船长！"

被问候的人根本不喜欢这种流于表面的礼貌问候，因为这在他眼中缺少至关重要的称呼。水手并没有称他为"舰队总指挥"，而只是称其为"船长"，这隐晦地质疑了他作为舰队指挥官的地位。为了弄清这种违反礼节的原因，麦哲伦立即派出舵手戈麦斯前往"圣安东尼奥号"，通知其船主胡安·德·埃洛里亚加转达卡塔赫纳船长，希望他继续称麦哲伦为"舰队总指挥"。卡塔赫纳回答，说他已经请船上最好的水手来致敬，下一次他可能会让侍应生来致敬。这再一次冒犯了麦哲伦。好像这还不够，这位督察官拒绝接下来3天的问候。

长达一周的反抗无疑使每个人都感到紧张。但如果不是舰队总指挥随意改变航向并操纵舰队进入无风带，谁该为卡塔赫纳眼中现在的遭遇负责呢？当然，最有经验和最受欢迎的船长也可能会遇到这种困境，但这是可以被原谅的，而不是一个自以为是地无视航海的成文和不成文的规则的人。

确实，船上有一种等级制度，即使在公海之上，在不同船员之间也存在等级差异。但是，使所有乘客成为合作伙伴的方法已在商船运输中证明了其作用，特别是对于共同面临风险的船队。从经济方面来讲，当大家在同一条船上时，不能再各自为政。大家一致认为，领导者不能在团队决策的基础上擅自做出重要决定。封建法律加强了这种合作思想，在这种法律中，忠诚总是建立在对等的基础上的，盲目服从是不行的。

麦哲伦的舰队也是按照这些原则组织的。有了"特别赏金制度"，每个乘客都参与了这场利润分配。王室舰队的"书面指示"

还多次强调了每个人的重要性，甚至船长也要在团队同意下采取行动。卡塔赫纳已收到单独的指示，其中也强调了这一点。督察官不仅应确保投资者的利益并遵守指示，而且还应努力维护船长与军官之间的"团结与盟约"。后来一些证人表示：卡塔赫纳显然完成了他的工作。他要求舰队总指挥让他参与决策，就好像两人都是"普通人"一样。

麦哲伦拒绝向其他船长说明航线的变化，明确表示对他而言，与其他船长建立合作关系是不可能的。他想利用权力贯彻自己的意志，而冷落了卡塔赫纳。作为回应，卡塔赫纳拒绝向他致敬，他的雄心壮志遭遇滑铁卢。

我们不知道麦哲伦为什么对督察官的工作如此过敏，因为他没有做出任何解释。在起航之前，他和卡塔赫纳之间是否有个人仇恨？葡萄牙特工的阴谋起作用了吗？还是他在葡萄牙舰队中的经验教会了他专制的领导风格？从目前收到的少量线索来看，这些因素都不能排除。但不管是谁点燃了导火索，爆炸很快就会到来。

在无风带炎热的气候中，舰队总指挥与督察官之间的冲突爆发了。一天，"维多利亚号"的船主安东·萨拉蒙与一名学徒发生性关系被抓，文件中未提及这名学徒的姓名，消息来源几乎没有透露有关事件的其他细节。

麦哲伦听到风声，召集所有船长开会。本来是讨论如何处理"维多利亚号"的"同性恋行为"船主，但是很快就变成了一场大范围争执，过去几周所有争论的问题都浮出水面：正确的路线、正确的致敬和督察官的角色。麦哲伦再次拒绝了让卡塔赫纳参与舰队决策。但是他的对手并没有让步，目击者报告说，一场激烈的言语冲突发生了，麦哲伦甚至要动手，据说他用手抓住卡塔赫纳的衣领并大叫："你被捕了！"

卡塔赫纳向其他船长求助，但没人敢抗拒舰队总指挥。督察官的脚被铁链束缚，船长和舵手向总指挥求情将卡塔赫纳交给其中一名船长看管。麦哲伦同意了这一要求，并将督察官交给了舰队的财务主管和"维多利亚号"的船长路易斯·德·门多萨看管，但门多萨必须宣誓保证随时将囚犯交出。麦哲伦将卡塔赫纳担任的"圣安东尼奥号"船长的职位移交给了会计安东尼奥·德·古柯。

安东·萨拉蒙也被免去了"维多利亚号"船主的职务，并被逮捕。麦哲伦任命了"特立尼达号"水手、来自韦尔瓦的迭戈·马丁接替安东·萨拉蒙。在起航之前，这个马丁显然在塞维利亚就已经得到了麦哲伦的信任，他是在大西洋港口为舰队招募海员的工作人员之一。麦哲伦将他安插进"维多利亚号"，从长远看，这被证明是明智的选择。关于舰队的书中有一条记录：迭戈·马丁是一个可怜的水手，但也是一个告密者，他向舰队总指挥通报了"维多利亚号"的情况。

麦哲伦按照自己的意愿安排了一切之后，风终于回来了，但并不是与南大西洋的洋流相结合，能把船只带到"大池塘"另一边，能让舰船借力的东南风。低迷的阶段，被一次又一次不断变化方向的狂风和阵风打断，并经常伴有雷电和大暴雨。对于船员而言，这是复杂的天气，不仅是因为多变的风要求不断调整船帆，而且还因为无法阻止各个方向来的潮气渗入整艘船的船舱。

　　在这漫长的日子里，根据埃雷拉－托德西利亚斯的说法，恶劣的天气持续了一个多月，"圣艾尔摩之火"多次出现在桅杆的顶部。圣艾尔摩之火是由空气中的电荷引起的，早期的基督教水手在面对苦难时常常将这种现象解释为被神怜悯。皮加费塔写道："圣艾尔摩之火出现在漆黑的夜晚，非常亮，就像高大的主桅顶部的火把在燃烧，并在那里驻留两个小时或更长时间，在我们哭泣时为我们提供了安慰。当这种祝福的光要离开我们时，它巨大的光芒使我们双眼昏花，以至于半刻钟失明。我们恳求怜悯，并真的相信我们已经死了，然后大海突然平静下来。"

7. 真十字架之地

~~~~~~~~~~~~~~~~~~~~

　　人们争论，在船上究竟谁说了算。正如尤金尼奥·德·萨拉查所认识的那样，船上真正的"指挥官和船长"是风，舵手只是它的代理人，这个反复无常的主人眼睁睁地看着因它受虐的对象。恶劣的天气、阵风和雷电给了舰队短暂的假期，很快，愉悦感重新出现在航行者中间。皮加费塔再次找到了闲暇时光，惊叹于他周围的世界，他看着海燕和飞鱼，看到极星沉没，这支小型舰队经过了赤道。

　　1519 年 11 月 29 日，舰队到达了南纬 7 度，距离今天的巴西伯南布哥州海岸的圣阿古斯丁角仍有 27 里格的距离。在这一天，"特立尼达号"水手长弗朗西斯科·阿尔博开始测量太阳的正午高度，并用它来计算纬度。阿尔博在笔记本上写下了他的计算结果，在未来的几年里，这是麦哲伦舰队唯一可查的日志。多亏了它，我们才能沿着这 5 艘船的路线前进。这 5 艘船在西南方向航行了几天，于 12 月 7 日向西转。一天后，在"圣母无染原罪节"，航行者们首次看到了南美大陆。

　　舰队现在位于阿布罗柳斯群岛的南部，仅此名称就暗示了其对航海的危险。葡萄牙语"阿布罗柳斯"，意思是：睁开你的眼睛！由于若昂·洛佩斯·卡瓦略最了解这些水域，因此麦哲伦现在让卡瓦略的船带领舰队。但是，这个舵手的经验显然不足以让他兑现自己的承诺，因为"船只沿着海岸向西南航行，他只来过这个地方一两次，以至于如果当时没有埃斯特沃·戈麦斯在现场的话，他们就会搁浅"。5 艘船绕过卡布弗里乌，并在 12 月 13 日在南纬 23 度发现海湾，卡瓦略曾在那度过了 4 年。

杂草丛生的岛屿前有两个高耸如柱的圆锥形花岗岩，守卫着海湾的入口。海湾入口只有一箭射程那样宽，卡斯蒂利亚人为其取名圣卢西亚湾。葡萄牙人于 1502 年的第一天到达这里，并认为这是河口，因此给它起了"一月河"的名字——里约热内卢。但是当地人了解得更多，他们称其为瓜纳巴拉，在他们的语言中意为"类似大海的海湾"。

240 双眼睛中看到的景象一定令人叹为观止，在过去 500 年中来到里约热内卢的每个欧洲人都深深被这个地方的魅力所折服。斯蒂芬·茨威格说："地球上再没有更美丽的城市。"麦哲伦和他的同僚乘舰船进入海湾时，高层建筑、杂乱的交通和垃圾并没有扰乱海洋与周围景观之间的相互作用，热带自然景观的惊人之美几乎原封不动地在他们面前呈现。所有的山丘上都覆盖着茂密的雨林，河岸上到处都是红树林。今天只有在海湾的东北部，在瓜皮米林地区才有这样的景象。耶稣会士费尔诺·卡迪姆，在 16 世纪 80 年代访问了里约热内卢，他热情地说："在入口后面有一个海湾，看上去像是世界上最伟大的画家和建筑师创造的海湾。

上帝，我们的主啊，这是整个巴西最美丽、最宜人的地方！"耶稣会士指出，在卡迪姆的时代，里约热内卢已经有一个葡萄牙小殖民地，"那里有大量本地奴隶"，这些是在先前的征服战争中部分没有被杀的战士或流离失所的前居民。

1519 年 12 月，麦哲伦和他的船员在这里停留时，巴西土著的屈服和灭绝尚未开始。欧洲人已经发现包括瓜纳巴拉湾在内的沿海地区有十多年了，但是葡萄牙王室没有《托德西利亚斯条约》所规定的"真十字架之地"的所有权，因为他们既没有对于利益的迫切需求，也没有能力立即执行要求。葡萄牙的军队被束缚在印度洋和北非，从欧洲人的角度来看，巴西的土著简直太穷了，无法从他们身上迅速赚取大笔利润。除木料和鹦鹉外，他们没有重要的出口商品，既没有香料，也没有黄金或宝石。直到后来，在剥削非洲奴隶的同时，人们才意识到"真十字架之地"能够满足欧洲人对糖的日益增长的渴望。

从那时开始，大约一代人的时间，当地人和零星的访客彼此见面。在关于第一次见面的报告中，仍可以感受到双方之间的吸引力，除了大型船只以外，当地人对陌生人的铁制工具和武器尤其印象深刻。他们不懂金属加工，因此，刀子、剪刀甚至钉子对他们来说是个奇迹，这些物品很快变成了他们想要的。为了获得它们，他们迅速学会了使冒险家和商人满意。无论有没有得到葡萄牙王室的许可，冒险家和商人还是年复一年地来到这里，他们用铁制工具换取巴西木料，然后将其拖到船上。互利互惠的贸易很快蓬勃发展。

新来者感兴趣的不仅是这种原料，一定程度上也包括鹦鹉和猴子，它们可以作为奇特的玩具出售给欧洲的贵族家庭。正如亚美利哥·韦斯普奇在信中最初描述的那样，当地人和他们完全不同的生活方式，也对欧洲观众产生了魔力。这名佛罗伦萨舵手在16世纪初曾多次前往巴西海岸。以他的名义发表的所有报道是否都是他自己写的，以及他的描述在各个方面是否符合事实，这些都无关紧要，但他说的话确实引起了读者的想象。

在这个"新世界"中，韦斯普奇遇到了许多"温柔而随和的人"，他们赤裸裸地跑来跑去，好像"他们刚从母亲的肚子里出来"，他们个子很高，"身形良好，肤色近绯红"。他们有一头乌黑的头发，敏捷且熟练地玩耍；"有着优雅的面容"，脸颊、嘴唇、鼻子和耳朵上都有孔。在这些"李子大小的孔"中，他们放置了各种类型的抛光石头、小骨头或"其他经过艺术加工的东西"，这对韦斯普奇来说似乎很奇怪。但这些人的习俗"令人难以置信"："当妻子性冲动时，她们会使丈夫的生殖器膨胀到如此之大，以至于它们显得畸形和丑陋，这是利用了某些有毒动物的叮咬的结果。"但是，许多男人为增大阴茎付出了高昂的代价："生殖器脱落，最终变成阉人。这里的人据说可以活到150岁，他们的妻子虽然赤身裸体，身体却很健康，非常性感。"

但是，所谓的自然天堂也有夜晚或阴暗的一面，这同样也为其异国风情增添了色彩。韦斯普奇的信中也提到了这一点。巴西人不断发动战争，"没有艺术，没有秩序"，"他们残酷地互相残杀，胜利者分食被打败的人。是的，这些美丽、容易接触、自由的人是食人族。受害者的被腌制或熏制的肢体悬挂在房屋的天花板横梁上，晃来晃去好像火腿肉"。

众所周知，韦斯普奇描述了来自图皮族的土著，他们于16世纪定居在亚马孙河以南巴西海岸的大部分地区。图皮族人使用一种与瓜拉尼语有关的语言，在文化上也有其他相似之处，但被分为许多独立的、有时是敌对的部落。韦斯普奇关于土著自相残杀的故事被后来的航行者——如德裔荷兰船员汉斯·斯塔登——继续散播，皮加费塔则深入了解了这个问题。

1519年圣卢西亚节（12月13日）那天，5艘卡斯蒂利亚舰船驶入瓜纳巴拉湾时，船上240人的目光中肯定充满了好奇和兴奋。一些受过良好教育的人，包括皮加费塔本人大概也阅读了韦斯普奇的书信，其他人则听了周围海员的转述，他们曾经去过巴西或听过有关他们的故事。最后但并非最不重要的一点是，在穿越大西洋的漫漫长途中，若昂·洛佩斯·卡瓦略一定曾讲述过他的巴西逸事。

舵手回到了他生活了4年的地方，这一定是一个令人不安的时刻。尤其是一些当地人划着大型独木舟来向这个访客打招呼，因为他们认出了这位以前的客人。他们还带上了当时与卡瓦略住在一起的那个女人以及他现在已经7岁的儿子。

卡瓦略可能曾住在特米米诺人（印第安部落族人）之间。当时，这群人住在海湾上最大的岛屿戈韦纳多岛上，该岛现已被里约热内卢国际机场占据。在那个年代，它被称为"猫岛"，名字源于当地的一种豹子。岛上山林茂密，泉水和溪流丰富。耶稣会士费尔诺·卡迪姆写的关于里约热内卢及其周围地区的事情在该岛上尤为真实：

该地区"非常健康，空气和水都很好。夏天很热，冬天凉爽，但通常是温和的，冬天让人想起葡萄牙的春天美好的日子，令人愉悦和治愈，似乎在孕育新的生命。这是一片非常富饶的土地"。

卡瓦略最有可能了解特米米诺语，因此他可以轻松地向他们解释他和其他航行者来这里不是为了交换巴西木材，而是要补充他们船上的食物储备。在穿越大西洋的漫长旅程之后，人们不仅缺乏饮用水，而且缺少柴火，新鲜食物也短缺。另外，男人们在长期的艰辛后都希望得到一些放松，其中一些人也希望得到女性的陪伴。

无论水手的心愿是什么，都能在物产丰富的猫岛得到满足，至少我们可以相信皮加费塔。"我们获得了很多家禽、地瓜以及菠萝，确实是那里最美味的水果，还有貘肉——类似于牛肉，以及甘蔗和无数其他东西，"作者兴奋地说道，并自豪地列出了他和特米米诺人进行交易时占的便宜，"1 个鱼钩换 5～6 只鸡；1 把德国产的劣质刀或 1 把梳子换 1 只鹅；1 把剪刀换的鱼太多了，可以让 10 个人吃饱；如果是铃铛或细绳，可以得到满满一篮子地瓜。"皮加费塔解释说："这些地瓜的味道像栗子，像萝卜一样长。"他补充道，"1 张纸牌换来了 6 只母鸡，但他们仍然相信他们把我敲诈了。"

如果想要一个女人，则必须往口袋里掏深点了。皮加费塔写道："为了换来斧头或大刀，他们给了我们一个或两个年幼的女儿做奴隶，但无论如何都不肯拿他们的妻子来交换。"相反，这些男人会"嫉妒般"地保护自己的女人，他们从不羞辱自己的配偶。像韦斯普奇说的一样，皮加费塔看到这些男人刺穿脸颊和嘴唇，皮加费塔还描述了他们的羽毛头饰和用火制作成的"奇妙的"红色画作，男女双方都以此来装饰他们的脸和身体。

毫不奇怪，从皮加费塔的故事中可以看出其所拥有的好奇心，但他没有反思特米米诺人是如何看待上述交易的。在皮加费塔描述中最严重的是贩运妇女现象，可能在另一方看来是好客行为：特米米诺人借此与客人建立联系。年轻妇女献身给陌生人时，部落成员眼中不一定只有货物。目前还不清楚特米米诺人两性之间的关系是否像皮加费塔所描述的那样是父权制的，或者这种印象是不是由于观察者无法想象没有所有制和支配权的男女关系而产生的。后来到巴西的航行者的报告表明，许多土著年轻男女享有性自由，但是一旦成为父母，他们就遵循一夫一妻制。对于早期的现代欧洲男人而言，未婚妇女的荣誉与她的贞操联系在一起，所以土著的这些习俗如此令人不安，又令人着迷。

皮加费塔讲述的以下逸事说明了在当时相遇的两个世界的人眼中，彼此是多么神秘和令人向往："有一天，一个漂亮的女孩来到我所在的旗舰逗留，为了和我们交朋友。当她站在那儿等待时，她瞥了一眼船主的舱房，看见那里的一个比手指长的钉子。她以高贵和优雅的态度拿起它，把它推到生殖器官里，钉子变得很小，甚至消失了。舰队总指挥和我都看到这一幕。"

麦哲伦反对他的船员想让他们的"女奴隶"登船的愿望。他不想要更多的食客，也不需要女性。最重要的是，他不想让葡萄牙国王有任何抱怨的理由。在 12 月 17 日凌晨，安德烈斯·德·圣马丁观测到了月球与木星的交会点，他试图用它们计算出自己所处的经度，不幸的是，没有任何成果。但是麦哲伦和他的乘客们并不怀疑他们身处葡萄牙的一半世界。他们之所以敢出现在这个地点，是因为葡萄牙人在该地区非常稀少。各种迹象表明，葡萄牙人可能曾经在戈韦纳多岛上建立了一个临时商业分支机构，但它后来被废弃了，因此麦哲伦和他的水手们才可以自由支配在这里的时光。

虽然圣马丁无法从月球和木星的会合中获得任何有用的知识，但他们在瓜纳巴拉湾的驻留受到了另一个天体的庇护——那时太阳正处于顶峰。海湾就在南回归线的下方，皮加费塔写道，这里的太阳比赤道的烈火更热。舰队抵达前，两个月没有下雨，来访者带来了久盼的雨水。"因此，他们说我们来自天堂，带来了大雨。"作者总结道："这些人很容易就转变信仰，信仰耶稣基督。"在一些特米米诺人在场的情况下，牧师上岸做过两次弥撒。"他们如此痛苦后悔地跪在地上，双手合十，看着他们是一种极大的荣幸。"

皮加费塔对另一个并不怎么有趣的景象保持沉默：12月20日，对"维多利亚号"的前船主安东·萨拉蒙进行了审判，在几内亚沿岸，他被发现与一名学徒发生性关系。法庭的组成没有记录，但毫无疑问，麦哲伦的主持基于以下事实：他被国王任命为舰队总指挥，便是将从侍应生到船主的所有船员的司法权委托给他。国王明确授予他"全部权力，以执行代表国王对有关人员及其财物施加的任何惩罚"。

按照当时的标准，同性恋是"违背自然的罪恶"，是一种可以判死刑的罪行。但是，是否受到惩罚取决于各自的社会环境和当权者是否对执行标准感兴趣。正如我所说，麦哲伦利用几内亚沿海的局势罢黜了"维多利亚号"船主的职位，将值得信任的人，即水手马丁安置在"维多利亚号"上。现在，他将安东·萨拉蒙判处死刑。

麦哲伦这样做表明，作为舰队总指挥，他拥有决定生死的权力，并且不惧怕使用它。他证明自己是一个负责任的领导人。从敬畏上帝的早期现代基督徒的角度来看，这是个人的罪恶给周围的人带来困扰。这种信念还体现在麦哲伦收到的"书面指示"中，例如要求不要亵渎他人。但是，如果亵渎会引起上帝的愤怒，那么像萨拉蒙这样犯下"违背自然罪"的人会多大程度冒犯造物主呢？上帝的咒语不会打击整个舰队，但也不会让这种罪恶逍遥法外，舰队总指挥认为只有一条出路：由刑事法庭代表上帝来处置他。从他的角度来看，残酷的判决不仅是正当的，而且似乎是绝对必要的。

应当指出，法院只谴责安东·萨拉蒙，而不谴责那名学徒，这表明那名学徒不是被视为船长的同谋，而是被视为受害者。判决是在同一天执行的，通过谁以及以哪种方式，没有记录。从圣罗卡出发三个月后，舰队不得不哀悼首个死者（除了出发前在瓜达尔基维尔河溺水的一名水手）。这个不幸的"维多利亚号"船主没有被大浪吞噬，没有被毒蛇咬伤，没有被致命的箭射中，也没有发烧，而是被他的同伴献给了他们心中的神灵形象。

麦哲伦显然想放逐在巴西的第二名囚犯胡安·德·卡塔赫纳，但其他船长似乎想为这位同事尽最大努力，所以卡塔赫纳能一直待在船上，但没有在之前的同一艘船。"康塞普西翁号"的船长加斯帕·德·克萨达代替了路易斯·德·门多萨照顾被罢免的上司。

麦哲伦在瓜纳巴拉湾期间做出了另一个人事决定：剥夺了安

东尼奥·德·古柯对"圣安东尼奥号"的指挥权——他曾经在几内亚沿岸接管了卡塔赫纳的职位——并交给了麦哲伦的表兄阿尔瓦罗·德·拉·麦斯基塔，麦哲伦显然对他的表兄更加信任。

但是，亲属关系并不总是可靠的。他妻子的堂兄杜阿尔特·巴博萨在"特立尼达号"上作为"临时雇员"，麦哲伦不得不给他锁上铁链，因为他非常喜欢"真十字架之地"，所以他宁愿"和印第安人在一起"，而不愿跟随麦哲伦踏上去印度的旅途。

像巴博萨一样，许多人都希望在热带天堂般的海湾里待更长的时间，而如果欧洲人留下来，特米米诺人不会介意。皮加费塔告诉我们，印第安人已经开始为客人建造一栋具有当地特色的长屋。但是在补给完物资和他的士兵们康复之后，舰队总指挥敦促他们离开，夏天已经过去了，到摩鹿加群岛的路还很长，还没有找到通往西部的通道。

他们与特米米诺人一起庆祝圣诞节，特米米诺人送出了一份宝贵的送别礼物：一堆已经切好的巴西木料。但是，麦哲伦和他的同伴没有带走这些巴西木料，他们希望用更珍贵的香料装满船舱。但据一名水手说，他们拿了一些树干当作纪念品。若昂·卡瓦略被允许带他的小儿子作为侍应生登船，显然还有一个来自瓜纳巴拉湾的人也跟着航行，这可以在皮加费塔后来的记录中得到印证。

12月26日，风向有利，于是他们划回帆船，一两只独木舟伴随着护送他们。他们收回小艇。皮加费塔有点骄傲地说，印第安人起初认为"这些小艇是船的孩子，当他们按照惯例将小艇并排时，他们认为船在给它们哺乳"。

在将小艇吊回船上之后，水手将锚吊起，船驶出海湾，这听起来很简单，但是对于没有引擎的帆船来说，这是一项复杂的操作，需要细心和技巧。直到最后一艘船离开出口，一天快要结束了。第二天早上，即福音传教士约翰的纪念日，舰队起航并驶向西南偏西。

在巴利亚多利德时，巴托洛梅·德·拉斯·卡萨斯可以证明，当麦哲伦试图用地球仪向国王展示他的计划时，他明智地将巴西南部的地区留白。所以我们不知道，哪里是他认为的通往西方或者绕行的通道。但是它一定在南纬35度以南，圣玛利亚角坐落在这条纬线上，标志着这条大河的入口，1516年，胡安·迪亚斯·德·索利斯在这条河的河岸去世。葡萄牙作家声称，据《巴西见闻》报道，早在1514年就有一名舵手目睹了圣玛利亚角[1]。这名舵手可能是若昂·德·里斯本，当时这个行业中最受尊敬的代表之一，并且也可能是克里斯托瓦尔·德·哈罗的探险队首领。无论是否是这样，海角都是麦哲伦计划航行时的著名地标，因为他在给查理的备忘录中列出了它。

但是麦哲伦本人和舰队成员中的其他人都不了解海角以南的地方，无非就是假设必须在某个地方找到通往西方的通道。在圣玛利亚角之后，这次新世界的探险才真正开始。海员进入了未知的水域，每多走1英里，他们的紧张感必定会加剧。

"特立尼达号"记录日志的水手长弗朗西斯科·阿尔博并没有这种紧张感。他以简洁的方式记录了"1月10日（星期二），南

---

① 参见上文第3章。当时的航海手册（可能于1516年在里斯本印刷）将南纬35度巴西最南端命名为"圣玛利亚"，这是已知的巴西海岸最南端地点。

纬 35 度"，并补充说："我们在圣玛利亚角前，那里的海岸从东向西一直延伸，土壤是沙质的，在海角的方向有一座看起来像草帽的小山，我们将其命名为'蒙特维迪'。"从这里开始，水手们沿着海岸航行，先向北，再向西北方向，穿过淡水，深度先是 5 英寻 ①，然后 4 英寻，最后 3 英寻，这对于卡瑞克帆船来说是一个临界深度，船的龙骨下几乎没有水。

阿尔博将海岸描述为"沙地"，这一事实表明他们并没有过分靠近海岸。正如 19 世纪的导航手册所述："从几英里远的地方，海岸几乎总是像这样，好像是由沙子组成的，但其实是由岩石构造的。"阿尔博简洁的笔记显示了海员在旅途中必须面对的挑战。埃雷拉－托德西利亚斯显然也可以看到圣马丁的编年史部分的记录，圣马丁在那里有进一步的详细描述。这些水域是他们完全不知道的，尽管圣马丁的描述与阿尔博的描述并不完全一致，并且也给人带来了一些困惑，但也说明了探险家在这些水域中工作的谨慎程度，以及他们面临的危险。

测深锤是必不可少的辅助工具，它不仅可以提供有关水深的信息，还可以提供有关海床性质的信息。在铅垂稍微向内弯曲的下侧涂上油脂，这样将其拔起时，土壤颗粒会粘在上面。显然，舵手记录了他们的发现，因为埃雷拉－托德西利亚斯报告："当月10 日，日落前 1 小时，他们向旗舰致敬，当舵手向埃斯特沃·戈麦斯询问纬度时，他说他们处于南纬 34 度，并且当天测得的深度为 15 英寻到 18 英寻，沙子底部为白色，上面有小贝壳，其他地

---

① 1 英寻＝ 6 英尺，合 1.828 米。

方为红沙，还有地方为暗沙、白沙和小贝壳。"

从这样的观察中，一个知识渊博的舵手能够得出关于洋流和他所航行的水域的类型的结论，是海湾、河口，还是海峡，是否能在那儿抛锚。如果遇到暴风雨，所有这些问题就显得至关重要，就像埃雷拉－托德西利亚斯所说的那样。

他们走近这片土地，在大致平坦的海岸上看到了三座小山，看起来像是岛屿。若昂·卡瓦略认为这是他正在寻找的圣玛利亚角，但这不是他亲自观察到的，而是从他的同胞和同行若昂·德·里斯本的描述中知道的。第二天，他们驱船向北"进入一个海湾"，在那里他们降下帆并抛锚，因为风暴是从东方来的，"它是如此之强，甚至连海底的淤泥都固定不住锚，让船被风拖动，所以有必要抛出第二个锚。由于风暴越来越大，舰队财务主管兼"维多利亚号"船长路易斯·德·门多萨认为他必须征求舵手和海员的意见。安德烈斯·德·圣马丁认为，只要暴风雨不停，只要锚还固定得住，他们就不应做任何改变，因为夜晚非常黑暗和恐怖，所以他强烈警告不要割锚，因为"他们的生命取决于锚"。此外，占星家让惴惴不安的船长放心，月亮在午夜升起，按照自然规律，由于星星的运行，预期天气会好转。事实的确如此："上帝希望天气在1个半小时后好转，这样他们可以收起一个锚。"

船长的顾虑与舵手的谨慎不是毫无道理的，因为他们是在未知且危险的水域中操纵船只。流过的淡水表明，他们位于河流入海口，胡安·迪亚斯·德·索利斯以圣母的名字命名这条河，后来为了纪念他，他的继任者命名这条河为"胡安·迪亚斯·德·索利斯河"，再后来才叫拉普拉塔河，就是我们今天见到的巴拉那河和乌拉圭河的这片巨大河口。

麦哲伦和他的部下最初探索的是拉普拉塔河北部，这片区域在 19 世纪被舵手们称为"海员地狱"。原因除了近海岛屿和不安全的锚地之外，还有巴拉那河和乌拉圭河在河口中淤积的大量沉积物，估计每年 8000 万吨。这些沉积物不仅让水的颜色变成了褐色，而且还使得拉普拉塔河的内部河道非常浅，并且被宽阔的沙洲所穿插，这使得吃水更深的船舶几乎很难操纵。它们中的大多数位于北部的蒙得维的亚与南岸的彼德拉斯角之间的直线以西，但在海上也潜伏着隐患，例如"英国河岸"——蒙得维的亚西南部的一块大片珊瑚礁，据说它的名字来自英国海盗约翰·德雷克。1584 年，著名的弗朗西斯·德雷克的这个侄子在拉普拉塔河被卡斯蒂利亚人俘虏时，记录里说他在"不祥的河岸"上遭遇海难。从那时起，那片区域就被称为"英国河岸"。

麦哲伦在拉普拉塔河的船队幸免于沉船事故，要么是因为他很幸运，要么是由于舵手技艺高超，正如埃雷拉－托德西利亚斯所描述的那样，他对这条陌生的河流感到很不舒服。卡斯蒂利亚历史学家同意阿尔博和其他见证者的观点，认为这 5 艘船沿着河流北部进入了河口内部。舵手不断地抛铅锤，直到河水对于帆船而言显得太浅，只有"圣地亚哥号"的龙骨下有足够的水，因此，这艘轻帆船被单独派往上游进行侦察。

同时，麦哲伦带着两艘船向南航行，探索河口的另一边。几天后，麦哲伦的船到达距离陆地 20 里格的地方，但是并没有找到一直寻找的通道。在等待"圣地亚哥号"回来的时间，水手们将拉普拉塔河的水倒入桶中。埃雷拉－托德西利亚斯指出，这里的水"与塞维利亚河的水一样好"，这意味着它是淡水，船队位于河口内部，那里的河流和海洋尚未混合。关于水的质量的谈论很少，但在 16 世纪，拉普拉塔河受到的污染肯定不像今天这样严重。

人们花了几天的时间取水。在这段时间里，陆地上的人乘独木舟接近船只，但他们保持了谨慎的距离：这些人是沿海地区的居民，他们显然想知道谁进入了他们的栖息地。

皮加费塔回忆说，当地人很害羞。埃雷拉－托德西利亚斯将他们描述成相当恐怖的角色。但是，如果更仔细地阅读报告，可以感受到欧洲人对印第安人的恐惧。这并非没有理由，他们可能面对的是几年前杀害和分食索利斯的人。

"在淡水河中，我们遇到了自称食人族并吃人肉的人。"皮加费塔写道，"来访的人曾经因为过于信任这条河里的食人族，让食人族吃了一个叫约翰·德·索利斯的卡斯蒂利亚船长和 60 名像我们一样去寻找土地的人。"皮加费塔说"食人族"吃掉了 60 名基督徒，这无疑是夸大了。但是毫无疑问的是必须小心他们。

最终，一位沿海居民鼓起勇气，登上旗舰，他的身高给皮加费塔留下了深刻的印象："几乎像个巨人。"而且他的声音像公牛一样响亮。皮加费塔表示，这名巨人前来"是为了保护他的亲戚"。同时，正如皮加费塔所说，"出于对我们的恐惧"，这些人已经开始在岸上带走自己的财物。然后，百名船员（几乎占船员的一半）一起上岸，试图找到"或者抓到"一名可以与之交谈的口译员。

但是他们已经跑了很远，"我们跑不过他们，欧洲人只能用装甲和武器阻止他们逃跑"。

皮加费塔没有透露这个敢于上船的巨人的身世。在后来的报道中，据说水手把长袍送给这个只穿着山羊皮的男人，并给他看金制和银制的杯子，以了解他是否认识这些。他把杯子放在胸前按压，用他的手势表示有很多这些东西。第二天早上，那人就不见了。然而，皮加费塔所描述的内容是否真实，或者有没有将后来以某种方式发生的场景投射到麦哲伦的时代，是值得怀疑的。无论如何，从皮加费塔的故事中可以明显看出，双方都怀着极大的猜疑，与瓜纳巴拉湾不同，双方之间没有进行任何有利可图的交易，也没有人在彼此接触中受伤。

然而，在拉普拉塔河逗留期间，麦哲伦的舰队有两名船员丧生。

在保存在塞维利亚的西印度群岛档案馆的一份文件中，标题为"舰队死亡人员名录——我们的国王派人去寻找香料群岛，指挥官是费尔南多·麦哲伦"。显然，这份涵盖整个行程的死亡登记簿一直得到保存。每个条目都以日期开头，然后给出死于该日期的人的名字，其次是死亡地点，在大多数情况下有死亡原因，它从"维多利亚号"被处决的船主安东·萨拉蒙开始。

第二个条目的日期为1520年1月25日。那天，吉列尔莫（"康塞普西翁号"的学徒）在巴西海岸胡安·德·索利斯河跌落溺水而亡，这名来自爱尔兰戈尔韦的学徒掉进了河中的泥泞水域，失去了年轻的生命，原因未知；2月3日，星期五，接下来是"圣安东尼奥号"的来自毕尔巴鄂的水手塞巴斯蒂安·德·奥拉特，"据说他是因被另一名水手不小心地用刀划伤而死"。

男人们在狭窄的空间里挤在一起，暴力冲突变得非常普遍，这通常不会记录下来。在这样的极端情况下，冲突变成谋杀和杀人，也不知道是否会被调查或对肇事者进行惩罚。船长们显然接受了这种行为，以及许多喜怒无常的人习惯使用暴力来解决彼此之间的冲突这一事实。

在奥拉特死亡的前一天，即玛利亚圣烛节（2月2日）那天，整个舰队再次聚集在"蒙特维迪"——可能是今天的蒙得维的亚。同时，"圣地亚哥号"也从探险之旅中回来了。这艘船由胡安·塞拉诺指挥，15天里它航行了相当长的一段距离。根据阿尔博的说法，它沿着河流航行到南纬33度30分。在今天巴拉那-乌拉圭三角洲以北数公里，侦察员发现了许多有人居住的岛屿，但是，没有迹象表明有一条通往西方的通道。

阿尔博指出："在上述（上月）的3日，我们起航并向南转。"现在，5艘船都越过了拉普拉塔河口，并在随后的几天里探索了东南海岸，并再次取水测量，直到2月7日，他们在圣安东尼奥角附近，南纬36度，蒙特维迪以南27里格、水深度9英寻。

由于进一步探索拉普拉塔河的前景似乎渺茫，因此第二天，麦哲伦让舰队继续向南航行，一直沿着海岸航行，该海岸沿南北向延伸，然后转向西南，他希望最终找到东西路线。阿尔博认为该海岸"非常好航行……这是非常适合抛锚停泊的海岸，拥有许多绿色的山脉和平坦的土地"。

确实，沿海地区的发现令人感到乐观。但当河流在今天的巴伊亚布兰卡突然再次向南流时，他们的失望之情又越加明显。舰队不得不与能见度较低和陷入浅滩的情况做斗争，"维多利亚号"搁浅了几次，阿尔博几天内无法测量太阳的位置，埃雷拉－托德西利亚斯甚至报告说有另一场伴随着雷电、阵雨和圣艾尔摩之火的风暴。

为了安全起见，这5艘船必须尽快出海。他们向南行驶，几天没看见陆地，直到经过南纬43度。然后他们转向西北，在2月24日，圣马蒂亚斯节那天，他们再次遇到了向西延伸的海岸。这就是他们在寻找的通往印度的通道？或者是另一个海湾？

而且，其他船长可能会对舰队总指挥的计划和目标产生怀疑和沮丧。他们浪费了4周时间探索拉普拉塔河，现在已经把南纬40度远远甩在后面了。纬度向南越来越高，天气变得越来越冷，天气明显变差，夏天快要结束了，仍然没有迹象表明有希望向西通过的迹象。他们应该向南航行多远？去越来越冷和更荒凉的地区？最后，那些认为没有通往另一侧新世界的航海路线的学者是正确的吗？这个固执的葡萄牙人知不知道他在做什么？有些人可能会回想起在瓜纳巴拉湾度过的快乐时光，那里什么都不缺少，有些人甚至还回想起塞维利亚、比斯开、利古里亚或其他地方，那里有他们的家以及他们所爱的人。

在圣马蒂亚斯节那天，麦哲伦的舰队进入南纬42度海岸宽阔的开口时，希望中夹杂着绝望。如果成功的路途遥遥无期，那么整个团队可能很快就会陷入困境。

8.哗 变

风暴在船上留下了印记。破烂的帆、破损的绳索、丢失的锚和破烂的船上建筑证明了风暴向它们释放的愤怒。在航行数百英里后，在南纬 49 度以南，他们在陡峭的海岸线遇到一个天然港口，他们毫不犹豫地驶过狭窄的入口，并在离一些平坦岛屿不远的地方抛锚。这是 1520 年 3 月的最后一天，星期六。

船锚固定好后，水手们就放下小艇，派人观察这个小岛，并在满是石块和鸟粪的沙滩上堆了个祭坛。因为第二天是基督受难主日（圣周开始的标志），总指挥希望在圣周开始时与所有舰队的船长、官兵和舵手一起庆祝，做弥撒。之后，请先生们在"特立尼达号"上用餐。

第二天早上，佩德罗·德·瓦尔德拉马第一个下船登陆，在前一天摆好的桌子上放了一块神圣的祭坛石，作为真正的祭坛。他将祭坛布铺在上面，并在上面放一个十字架、一个银色的酒杯和其他用于庆祝的礼仪物品。即使弥撒是在远离礼拜场所的露天场所进行的，而且必须用矮矮的灌木丛（河岸上唯一的植被）取代棕榈叶，来自卡斯蒂利亚埃西哈的牧师将利用他的工具和行动，在这个貌似被神抛弃的荒原上与至高无上者建立联系，愿上帝显灵，并给他的信徒们安慰。信徒们脱下帽子，虔诚地聚集在祭坛前。

牧师感谢上帝在严酷的季节为他们提供避风港，并回顾了万王之王基督是如何骑着驴进入耶路撒冷的，他的苦难之路是一场战胜死亡的凯旋游行。最后，牧师将葡萄酒和圣饼分发给在场的人，首先给"圣安东尼奥号"的法国牧师伯纳德·卡尔梅特，然后给麦哲伦，最后分发给其他船长和军官。

根据教会的教导，圣餐不仅使信徒与上帝联系在一起，而且使信徒相互联系。但令人震惊的是，此时有两个重要的人缺席："康塞普西翁号"的船长加斯帕·德·克萨达和被克萨达照看的督察官胡安·德·卡塔赫纳没有参加这次弥撒。当麦哲伦询问他们在哪里时，"维多利亚号"的船长路易斯·德·门多萨说，他的两个同事因身体不适不能前来，并很抱歉地补充说，他也无法与总指挥共进晚餐。

在麦哲伦的眼中，拒绝和他在祭坛做弥撒和餐桌聚餐，不仅是粗鲁的举动，而且是一个警报。在船员和军官之间弥漫的不满情绪，终于在舰队总指挥这里爆发，他最近决定寻找一个地方度过冬天并增加配给食物，这并没有改变人们的情绪。他必须保持警惕，下属不是第一次不顾法律和法官而反抗他们的主人。

克萨达、卡塔赫纳和门多萨认为他们有充分的理由不满意舰队总指挥。这位总指挥不听从他们的任何建议，而且他是一个出了名的守秘者，他从不对他们透露自己的计划，这是其他船长已经习惯的作风。他们还咬牙切齿，因为这个葡萄牙人像对待家族企业一样经营卡斯蒂利亚的这支舰队，他的表亲和同胞为这一切定下了基调。麦哲伦甚至将督察官的职务罢黜，现在他们的忍耐到极限了。

舰队已经在路上行驶了6个多月，并花费了将近一半的时间探索贫瘠、几乎见不到树木的海岸。这样做的过程中，他们进入了越来越寒冷的地区，几乎达到了南纬50度，却没有发现麦哲伦曾对外宣称的西行通道的痕迹。西行通道可能只是幻想，仅存在于学者及这位推行暴政的总指挥的脑海中。在这个过程中，浪费了时间和物资，损坏了船只，船员身心俱疲。麦哲伦并不能通过摧毁卡斯蒂利亚的舰队重新获得葡萄牙国王的青睐，他对此是无能为力的。不可以！他们再也不能忍受这种疯狂的行动！他们把这怪罪于国王和他们的赞助者布尔戈斯主教和克里斯托瓦尔·德·哈罗。

因此，克萨达、卡塔赫纳和门多萨决定向舰队总指挥出示正式的"书面要求"，未来航行应遵循王室的指示。舰队总指挥必须以明确和准确的方式告知他们计划航行的路线，如果他不能令人信服地向他们保证即将向西突破，船队就应撤退并再次探索索利斯河；或者向东转，穿过好望角和圣劳伦斯岛①前往摩鹿加群岛。无论如何，他们不能在这个充满敌意的国度过冬天，因为那将意味着不可避免的毁灭。

只有一个问题：三位船长惧怕舰队总指挥。麦哲伦已经在很

---

① 今天的马达加斯加。

多场合证明：不要和他开玩笑。任何不服从他的人都会被冷落。为了表达诉求，他们必须使用强制手段。

复活节前的周日结束，夜幕降临在舰队避难的港口，一艘小艇从"康塞普西翁号"分离出来，划桨接近"圣安东尼奥号"。尽管月亮几乎圆了，但是这艘满是水手的船却无人知觉地靠近另一艘船。并且在守卫者发现之前，已有超过20名武装人员登上甲板。胡安·德·卡塔赫纳和加斯帕·德·克萨达是率领者，后者手持剑，有目的地和其他人一起攀登船尾瞭望台。这一小群人没有敲门就进入了船长阿尔瓦罗·德·拉·麦斯基塔的船舱，他已经躺下睡觉了。麦哲伦的这个表兄被吓坏了，以至于他毫无抵抗地被带走，被绑起来并锁在文书的舱房里。

舱门用挂锁固定，门前有人守护。然后"特立尼达号"的牧师佩德罗·德·瓦尔德拉马突然出现了，为方便有人向他忏悔，他在"圣安东尼奥号"过夜。他走到克萨达面前，面对面地用拉丁语说："您对圣徒是圣洁的，但对犯错的人的处理方式是错误的！"克萨达问："谁说的？"牧师回答："先知大卫。"但是克萨达向他解释说："神父，我们现在不认识先知大卫。"

"圣安东尼奥号"上越来越多的人醒来。有人惊动了船主胡安·德·埃洛里亚加，他要求克萨达立即释放船长，并和他手下的人离开。当克萨达拒绝时，埃洛里亚加召唤船员，他要武装团队，结束这场骚乱。克萨达拔出匕首，埃洛里亚加几乎没有说话。克萨达说道："你如果这么做，我们的整个计划都会失败！"所以他向埃洛里亚加连刺数刀，埃洛里亚加当场倒下。

看到躺在甲板上的船主，大家都惊呆了。到目前为止，一切都发生在月光下。现在有人拿起灯笼，"圣安东尼奥号"的牧师和理发师弯腰靠近埃洛里亚加，他身受重伤，但还活着。

既然已经让人流了血，密谋者就再也没有回头路了。克萨达将胡安·罗德里格斯·德·马夫拉从他的小屋中带出，并邀请他加入队伍。但是舵手不希望与此事有任何关系，所以他也被关起来。

在与卡塔赫纳进行短暂协商后，克萨达还逮捕了"圣安东尼奥号"的水手长。卡塔赫纳要把水手长带去"康塞普西翁号"，在那里指挥叛乱，并将他们的船主胡安·塞巴斯蒂安·德·埃尔卡诺送到"圣安东尼奥号"，在那里向团队发出必要的命令。这些人被克萨达和支持哗变者的会计师古柯解除了武装，这些人虽不情愿但也没有抵抗，他们交出了武器，没有人愿意和船主的命运一样，但是除了两三个人之外，没有人积极支持这些密谋者。埃尔卡诺登船并命令只留一个锚，其他的锚都被抬起，舰炮进入待命状态。这些人没有武器，不得不服从，少数拒绝这样做的人陷入了困境。

为了让哗变赢得水手们的支持，克萨达开放了食品储藏室，并慷慨地向所有人分发食物和葡萄酒。大多数人由于口粮减少和天气寒冷而胃部不适，无法抗拒这种诱人的提议。越来越多的人伸出双手，转变态度，喝了酒，吃了面包干。

早晨黎明时分，"圣安东尼奥号"又恢复平静。武装分子控制着3艘船，其中包括舰队最大的船，而麦哲伦只能依靠他的旗舰和最小的"圣地亚哥号"。武装分子凭借自己的优势，敢于与舰队总指挥对峙。埃尔卡诺准备好了向麦哲伦提出他们的要求。

当"圣安东尼奥号"的小艇出现在船的侧壁下，而埃尔卡诺递给总指挥"书面要求"时，麦哲伦并不感到惊讶。"康塞普西翁号"船主向麦哲伦保证，其他船长想通过相互协商解决冲突。如果麦哲伦答应了他们的要求，将来他们不仅会听从麦哲伦的指令，还会对他表示最崇高的敬意。这意味着他们将服从总指挥的管理。

麦哲伦看出这是个陷阱。因为他不至于愚蠢到进入狮子的巢穴，所以他拒绝了去"圣安东尼奥号"的邀请。相反，他让埃尔卡诺告诉其他人，他想和他们一起在"特立尼达号"会面。他既不打算进行谈判，也不希望哗变分子出现。这个小冲突在给他时间为即将来临的战斗做准备。

埃尔卡诺离开后，麦哲伦马上召集了他的船员。他告诉他们有关船长背叛的消息，这种做法是在背叛国王，他担任舰队总指挥是代表着国王。他谈到叛徒不可避免地要被惩罚，以及那些做出正确选择的人将得到报酬。每个人都必须发誓他们会为他而战，接下来，他发放武器并将人们分为两组。

其中一组用"特立尼达号"和"圣地亚哥号"来堵住港口的出口。对于麦哲伦而言，幸运的是，所有5艘船中，旗舰离公海最近。他们只需要把火炮放置好，剩下的事是要夺回叛乱船只中最小的"维多利亚号"。

过了一会儿，警长埃斯皮诺萨和一些人乘坐总指挥的小艇停靠在"维多利亚号"旁。埃斯皮诺萨说，他有一封舰队总指挥转交的信，门多萨请警长和他的同伴到船上。门多萨打开信，内容是邀请他登上"特立尼达号"，这似乎使他感到有趣，他不禁笑起

来，好像在说："我才不会轻易上当呢。"他还没有读完，警长的
匕首已经深深刺进他的喉咙，另一名水手的匕首刺中他的头。路
易斯·德·门多萨摔倒在地，身受重伤。与此同时，埃斯皮诺萨
的同伴拔出武器，但并没有攻击周围的人，因为大多数船员并没
有真正支持哗变。此后不久，在麦哲伦送出第一艘小船后，载有
十多名武装人员的第二艘小船停泊在"维多利亚号"旁，并携带
总指挥的旗帜，将旗帜悬挂在船头，这样海湾中的每个人都可以
看到局势已经转变。

当新的夜晚降临时，"维多利亚号"已经在"特立尼达号"
旁边，并和"圣地亚哥号"一起堵住了港口出口。与前一天的
克萨达一样，麦哲伦命令打开储藏室，并向船员提供葡萄酒。每
个人都应该庆祝。埃斯皮诺萨和他的助手们收到了杜卡特金币作
为奖励，以表彰他们的勇气。赢得人心是很重要的，因为战斗还
没有结束。麦哲伦命令守卫士兵整夜监视哗变者所在的两艘船。

数小时过去了，月亮慢慢绕过北方的天空，先是在云层后消
失了一会儿，然后又出现了，这样人们可以仔细监视两艘哗变的船，
它们在月光闪亮的水面上留下两个静止的轮廓。

突然，"圣安东尼奥号"开始行动，直奔"特立尼达号"。哗
变者显然想在黑夜的保护下逃脱。危急时刻，手持投矛的水手爬
上桅顶，炮手装填他们的火炮，越来越多的人聚集在瞭望台中，
大家都在专心地注视着那一艘船，仿佛是在幽灵的指引下，船漂
移得越来越近了。奇怪的是，没有帆升起。好像船上没有人的灵魂，
"圣安东尼奥号"静静地漂荡在冷清的海湾上。

距离那艘船终于不到百步之遥，当它的正面转向"特立尼达号"时，麦哲伦下令开火。炮声撕裂了夜间的寂静，发射了很多"威索斯枪"和"猎鹰"的子弹。当炮弹的烟雾散去时，"圣安东尼奥号"靠得非常近，近到甚至可以用钩子和绳索远远钩到。对方的人都逃到了甲板下面，只剩一名男子加斯帕·德·克萨达独自站在船尾瞭望台上，全副武装，手持盾牌和剑。在那里，他成为"特立尼达号"桅杆上一些投矛的目标，但没有被命中。麦哲伦的手下大喊："你们听命于谁？"对方队伍一致回答："听命于国王，听命于（麦哲伦）阁下！"克萨达被船员们遗弃，他举手投降而没有抵抗。

在拂晓来临之前，胡安·德·卡塔赫纳知道哗变已经失败，并且与"康塞普西翁号"一起投降了。哗变结束，被囚禁的人被释放，舰队总指挥赢得胜利。

周二早上，麦哲伦的几名仆人将路易斯·德·门多萨的尸体带到了海滩。死者被宣布为叛徒，在所有人面前分成四块。阿尔瓦罗·德·拉·麦斯基塔接管他的职位，然后审讯开始。审讯持续了4天，直到复活节前的星期六才结束，最后有40多人被判犯有叛国罪。人太多，以至于无法惩罚这些人，因为以后还要靠他们操纵船只。正如麦哲伦在哗变期间保持冷血状态一样，他即使在胜利时刻也不受愤怒的驱使。他宽恕了几乎所有有罪的人，但前提是他们能通过无条件的服从和辛勤工作赢得宽恕，只有一个人例外——加斯帕·德·克萨达。

作为哗变者的首领之一，"康塞普西翁号"的船长克萨达占领了"圣安东尼奥号"，他刺伤"圣安东尼奥号"船主的双手沾满鲜血。因此，舰队总指挥判处他剑刑，至少使他享有像贵族一样死亡的特权。但是，因为没有人愿意做刽子手的血腥工作，麦哲伦用绞刑威胁在暴动中非常活跃的那个人，即克萨达的仆人路易斯·德尔·莫利诺。如果这个仆人想把自己的头从绞索中拉出来，他就必须用剑将主人的头与躯干分开。

死刑在 1520 年 4 月 7 日的复活节前的星期六执行，在一个不太远的小岛的河岸上，岛上灌木丛生，到处都是各种各样的鸟类。路易斯·德尔·莫利诺对加斯帕·德·克萨达处以死刑时，海鸥、苍鹭和鸬鹚在空中盘旋呼叫，整个团队的人都必须观看尸体如何被砍成四块，死者被宣布为叛徒。在接下来的复活节之夜，基督徒纪念他们的主复活，一些人为被处决者的灵魂祈祷。

1520 年复活节的前一周在南纬 49 度的那个港口发生的重大事件的重建，很大程度上是借鉴卡斯蒂利亚西印度档案馆中保存的少数目击者的叙述。麦哲伦的表兄阿尔瓦罗·德·拉·麦斯基塔在克萨达被处决两周后的 1520 年 4 月，从书写员那里得到了一系列目击者的证词。这些证词描述了哗变分子如何控制了"圣安东尼奥号"，并且似乎使船长免于任何批评，特别是关于他饿死船员并用木棍殴打船员的指控。顺便提一下，这份证词是最早有记录的文件，该文件标明了发生哗变的港口的名称——圣胡利安港。

胡安·塞巴斯蒂安·德·埃尔卡诺后来也对事件发表了评论。这个"康塞普西翁号"的船主代表武装人员在"圣安东尼奥号"做了必要的安排，以使这艘船准备航行并参加战斗。卡斯蒂利亚法官在埃尔卡诺于 1522 年 10 月返回时对其进行了讯问。在供词中，埃尔卡诺显然试图掩饰自己在哗变中所扮演的角色，并使麦哲伦处于不利境地。他说，哗变的起因是卡斯蒂利亚人与葡萄牙人之间的仇恨，麦哲伦的裙带关系进一步助长了这种仇恨。这一解释在许多同时代的人看来是合理的，并在19世纪被民族主义思想的历史学家所接受。

但是，许多卡斯蒂利亚人和巴斯克人仍然忠于他们的葡萄牙舰队总指挥，从警长贡萨洛·戈麦斯·德·埃斯皮诺萨到"圣安东尼奥号"的军官，再到在哗变初期由麦哲伦领导的"圣地亚哥号"的时任船长胡安·塞拉诺。许多其他卡斯蒂利亚人（他们的名字从未被提及）仍然忠诚，否则麦哲伦不可能这么快地平息这场叛乱。

民族的怨恨可能起了作用，但哗变分子的主要动机是他们认为麦哲伦使远征行动陷入僵局。海员沿着南部海岸航行了数千公里，而不是向西走，因此发现了一大片荒凉之地，即使是像达尔文这样的自然爱好者也应该感到"极其无趣"。这位英国学者说："很难想象世界上任何其他地方有如此大面积的砾石覆盖。贫瘠诅咒着这片土地。"

这个巨大的砾石平原，稀疏地长着带刺的灌木丛，砾石平原在陡峭的悬崖上被折断，直通大海。在下面的海滩和岩石岛上，水手偶尔会得到一些可食用的东西：海豹、贻贝和企鹅。企鹅对于麦哲伦及其同伴来说是新奇的，因此很难归类。皮加费塔向读者描述这些奇怪的"鹅"："它们不会飞，以鱼为生，它们很胖，很难拔毛，只能剥皮。"

随着舰队不断驶入更高的纬度，而且还直接进入南极的秋天，天气变得越来越冷。寒冷困扰着人们，其中大多数人习惯了温暖的气候。他们的工作服、皮裤和连帽羊毛外套不能充分保护海员，特别是这些衣服如果被打湿的话。船只也有磨损的迹象，汹涌的海浪和日益猛烈的风暴逐渐来临。一些编年史家认为，舰队遭受了至少一次严重的海难，通过圣徒的祈祷和上帝的怜悯，才从严峻的形势中被解救出来。因此，船上有些人开始追问自己航行的意义就不足为奇了。毫无疑问，是舰队中的王室官员——被剥夺权力的督察官、财务主管、会计和一名船长提出了这个问题。毕竟，他们对这次探险的成功负有官方责任，即使总指挥几乎没给他们任何责任。

关于麦哲伦的领导作风的争议，文化上的差异很可能是其中的一个原因，这种争端在加那利群岛之后迅速爆发。但是，这与国家之间的竞争无关，而与如何领导这种远征的不同经验和观点有关。麦哲伦在从好望角到印度、马六甲和回程的长途航行中，像无数葡萄牙人一样，经过艰苦的学习，从中学到了教训，例如在长途航行中削减口粮。他的卡斯蒂利亚同事很少有这种经历。还必须知道，麦哲伦曾在唐·曼努埃尔和阿方索·德·阿尔伯克基的领导下在印度任职，他们是当时在卡斯蒂利亚罕见的独裁统治的先驱。所以，他在印度的岁月教给他许多东西，这些东西影响了他担任舰队总指挥的行事风格。这可能包括他与团队打交道的技巧以及强迫船员服从的强硬手段。

幸存者的证词证明了麦哲伦恐吓他的下属这一事实，这些证词保存在西印度档案馆中，他们不是这场哗变的主要人物，他们说的关于武装分子担心会被他虐待的说法令人难以置信，麦哲伦镇压叛乱的冷血和严酷证明了这个人的谨慎。在其他的方面，目击者对武装分子表示同情。这为1520年圣周在圣胡利安港发生的事情提供了连贯的画面。

弗朗西斯科·阿尔博和马丁·德·阿亚蒙特的表述也适用于这些画面。阿亚蒙特在"维多利亚号"当过学徒，后来逃到印度尼西亚，在那里他被葡萄牙人俘虏并审问。他直截了当的陈述对事情的重建特别有帮助，这个滞留在东南亚的学徒没有理由不告诉葡萄牙审问者事实。

倾向麦哲伦的法庭报告员，对哗变几乎完全只字不提。安东尼奥·皮加费塔仅用几句话就讲述了这些激烈的事情，这与所有其他报道相矛盾，以至于人们只能怀疑他的健忘症。16世纪的其他作家更擅长描述，他们有时带有修饰性的描述使圣胡利安港的事件引起了整个欧洲感兴趣的观众的注意。弗朗西斯·德雷克在1578年6月随舰队到达该港口时知道了58年前那里发生了什么。这个英国私掠者受到那个场所的启发，做了与麦哲伦一样的事情，并在加斯帕·德·克萨达身首分离的地方将与德雷克长期相处的伙伴托马斯·多迪进行处决。

德雷克的随船编年史家卡普兰·弗莱彻说，他们在圣胡利安港发现了保存完好的云杉"绞刑架"，麦哲伦在上面还处决了几名"叛徒"。由于没有证据表明麦哲伦下令处决，因此绞刑架可能只是被竖起以作为威慑。也许在这里，博学的牧师只是运用了想象力，木结构实际上没有那么恐怖的作用。麦哲伦竖立十字架可能是为了证明基督教上帝在该国的统治地位。这也可以解释为什么留下了云杉木头——这种木头是没有树的环境里的宝贵原材料。

麦哲伦的水手们在确定他们不会在春季之前离开港口后，他们在岛上建造了一个营地和一个车间，后来踏上这个岛的英国人可以看到他们留下的建筑。皮加费塔说舰队总指挥要建造一个用石墙筑起的锻造车间。另外，木匠特别需要修补因风和天气受损的船体，还有很多工作要做，这在冬季低温环境下是很辛苦的。埃雷拉－托德西利亚斯写道："由于积雪带来的困扰，三名男子的手被割伤。这条河处于南纬49度多一点，白天时间很短。"但是漫长的夜晚，给了天文学家安德烈斯·德·圣马丁一个充分的机会去看南方的星空。有时这位研究人员会发现白天天气状况良好，因此他打开象限仪，用柔软的手指测量太阳的高度。在多次观察过程中，他能够更精确地确定船队"冬眠"的港口的纬度：49度18分，这与今天的阿根廷圣胡利安港的位置几乎完全对应。

相反，确定经度要困难得多。麦哲伦在离开前已收到鲁伊·法莱罗的指南以确定经度。在圣胡利安港，麦哲伦将指南交给了圣马丁，并请他测试法莱罗的设想。根据巴罗斯和埃雷拉－托德西利亚斯持续几天的实验报告，测试并不是很成功。

看来，法莱罗的设想依赖于几种方法。其中之一试图利用罗盘针的偏差，他们发现罗盘针极少精确指向地理极点，主要指向东北或西北，这种偏差在某些地方显得更明显，而在其他地方则不那么明显。这种现象今天被称为"磁偏角"，早已被海员所知。

通过观察极星或太阳可以非常精确地确定地理北极或南极的方向。如果将其与指南针进行比较，则可以知道某个位置的偏角，并且能够在导航时将它们考虑在内。

1500 年左右，包括法莱罗在内的一些学者提出了一个令人兴奋的假设：他们怀疑磁偏角和经度之间存在某种关系，因此，从位于大西洋东部某个地方的磁子午线向东或向西移动时，磁偏角会增加。如果可以用数学公式来表达这种关系，那么可以假设不难从偏角中计算出经度。

不幸的是，这种大胆的假设最终被证实是行不通的，因为地球的磁场是不规律的，并且还会不断发生变化。磁子午线和经度之间没有规律的稳定关系。因此，圣马丁使用法莱罗的方法进行的实验没有得到满意的结果。

但是，经验丰富的天文学家可以使用其他方法确定所在位置的经度。人们可以测量出月食或月亮与另一个天体相合或相冲，然后，将结果与地球上另一位置的同一事件的预测进行比较。由该位置的测量值与参考点的预测值的时间差得出地理经度，1 小时对应 15 个经度。第三种方法则更复杂一些，它利用了月球轨道的可预测性。

在公海航行时，每个舵手携带的年鉴中都包含天文事件表以及特定位置（如塞维利亚）的月球图表。尽管圣马丁由于表中的错误而在使用这些方法时遇到了困难，但他最终还是以当时非同寻常的精确度确定了圣胡利安港的经度，尤其是当人们意识到当时的天文学家没有望远镜，象限仪由木头制成，并且用沙漏测量时间。他定位港口经度在塞维利亚以西60度（根据另一证据为61度）。实际上，经度差略低于62度，因此仅稍多一点。

如果一个人手臂已脱臼，是否可以进行此类研究？后来的探险队返回者在塞维利亚声称麦哲伦对圣马丁使用了酷刑，因为圣马丁绘制了一张航海图，并出于恐惧而将其扔入海中。麦哲伦给了这位学者被称为"吊坠刑"的折磨，折磨者将受害者的手臂绑在背后，用绳子将其拉起，然后突然下垂，这非常痛苦，通常会导致肩膀脱臼。如果还把重物绑在受害人的脚上，例如上面提到的伦巴德炮膛，那么髋关节会脱臼，腿部肌腱通常也会严重撕裂。

在16世纪的司法中，为了逼供，"吊坠刑"是一种久经考验的方法。它被反复使用在舰船上以压制抗命。不能排除麦哲伦曾使用过这种酷刑。自从他在印度生活以来，暴力甚至是极端形式的暴力已经成为他日常生活的一部分。当他认为有必要时，他会毫不顾忌地实施。而且，他粉碎哗变的方法表明他明智地使用了暴力手段。

但对他的这个指控值得怀疑，为什么舰队总指挥会让一位在远征中担任天文学家和占星师的人，遭受可能永久性致残的虐待？而且绘制航海图并不是冒犯，因为绘制地图毕竟是圣马丁职责的一部分啊？

无论是否遭受酷刑，毫无疑问，哗变后船员的情绪没有明显改变。不满情绪继续在表面下发酵，因为这些人又冷又饿。那些经常被冻僵的人很烦躁，对能量的需求更高。但是，舰队总指挥已经对粮食进行了定量配给，在寒冷的季节里，这片贫瘠的土地没有任何生气。

人们时不时会在山丘上看到南美骆驼。但是，这些动物像风一样非常害羞和迅捷，与人们在平原上偶尔看到大步穿过的鸵鸟无异，猎人的技艺在这里无法发挥。夏天，在圣胡利安港附近岛上成千上万只繁殖的企鹅足够聪明，在舰队抵达后迅速向北移动，在巴西温暖的沿海水域度过冬天，远离饥饿的海员。58 年后，英国人紧随麦哲伦之后而来，他们的生活并不比麦哲伦舰队的人们好，牧师弗莱彻这么讲述他们的困境："在这个地方……我们吃光了食物，小贻贝被认为是上等的好肉，甚至海藻也是一道精美的菜；这就是我们在污泥中搜索食物的原因，但是我们能找到的经常不是贻贝肉而是空壳。"

不是每个人，也不是每个心灵都能经受住困苦。1520 年 6 月 18 日，"康塞普西翁号"的木桶匠佩德罗·佩雷斯因病去世。7 月 12 日，"特立尼达号"的填缝师费利佩因患同样的疾病去世。3 天后，胡安·德·埃洛里亚加因为被加斯帕·德·克萨达刺伤而死。6 月初，"圣安东尼奥号"炮手罗杰尔·杜普雷溺水身亡。特别奇怪的死亡于 4 月 27 日发生：那天，"维多利亚号"的学徒热那亚人安东尼奥从船上掉入海中，于同年 5 月 21 日尸体浮出水面。调查发现他因为被指控同性恋行为而从"维多利亚号"跳入大海。

这个安东尼奥，是在 1519 年 8 月替代一名被开除的葡萄牙人登船的，大概来自今天的拉斯佩齐亚。一些人认为他是"维多利亚号"的前船主安东·萨拉蒙的性伴侣，他不得不用生命为在里约热内卢犯的"违背自然罪"付出代价。不再可能验证这是否属实，"指控"的真实性不是决定性的，在这种环境下，显然有人将学徒贴上同性恋标签，这足以使他处于弱势。一个被欺负的局外人，无法指望同伴的帮助，在1520年冬天圣胡利安港的严酷条件下，生存的机会很小。

4月底，麦哲伦派遣胡安·塞拉诺领导下的"圣地亚哥号"进一步探索南部海岸。这个决定可能是基于这样的意图：把用来等待的时间做一些有意义的事情，打破令人沮丧的沉默并将人们的精力转移到有用的地方。

"圣地亚哥号"出发后一个多月，港口突然出现了两个衣衫褴褛且瘦弱不堪的人。其他人艰难地辨认出他们是塞拉诺团队的两名成员，他们两个是信使。

5月3日（圣十字节）那天，塞拉诺发现了一条向南延伸约20里格的宽阔河口。他和"圣地亚哥号"进入河口，为了捕鱼和猎杀海豹在那里停留了几天。当塞拉诺和他的船员离开宽阔的河口继续沿着海岸航行时，他们向南走了大约3里格，陷入一片平静无风的海域，迫使他们在海滩附近停泊。在那之后发生的事情在费尔南多·奥利维拉的描述中被很好地说明，他关于世界第一次航行的小册子在20世纪被发现①："不久之后，一阵强风从海中升起，狂风猛烈，锚索断裂，当他们试图升帆起航时，帆被撕裂了。现在他们无能为力了，船搁浅了，舵坏了。但是他们运气很好，因为暴风雨而涨潮，水面升高，海滩上没有障碍物，所以船首斜桅完全靠岸，几乎所有人都获救了。37名船员中只有一人死亡——

① 关于奥利维拉，请参阅第87页注释②。

胡安·塞拉诺的非洲奴隶，他在甲板下淹死了。"

　　船在海浪的冲击下破损了，流动的潮水将大部分东西带走，只有少数较重的物品留在沙滩上，大部分是枪炮和一些物品，但不幸的是几乎没有任何补给品留下。在接下来的几周内，滞留者主要靠他们从河岸的岩石中收集的蜗牛或者扇贝肉果腹。

　　最终，两名信使起身向北行进，直到河流阻挡了路。在用一些冲上岸的船上木板做成临时舢板之后，两个人得以越过河流。11 天后，两个信使终于进入舰队的冬季营地，筋疲力尽。

　　埃雷拉－托德西利亚斯报告说："麦哲伦为失去这艘船感到遗憾，他失去了很多补给品，但他为这些人挽救了自己的性命感到非常高兴。"麦哲伦将一支 20 人的救援队召集起来，将酒、面包干和其他食物运到遇难的船上。在穿越贫瘠土地的全天候行进中，救援人员也遭受了巨大的苦难，"必要时用火将冰柱融化才能喝到水"。

　　最后，除溺水的奴隶外，其他人都活着回到了冬季营地。"圣地亚哥号"的船员被派往其余船只，胡安·塞拉诺去了"康塞普西翁号"，自克萨达被处决以来该船船长职位一直空着。麦哲伦任命了他妻子的堂兄杜阿尔特·巴博萨为"维多利亚号"的船长。现在所有的船都在指挥官亲信的指挥下。他们中的大多数人——4 个船长中的 3 个和 6 个舵手中的 3 个——都是葡萄牙人。为卡斯蒂利亚占领香料群岛的船队的指挥权，大部分掌握在葡萄牙人手中。

　　几个月来，水手们一直以为他们独自处在荒原上，但是皮加费塔说，"有一天，我们突然看到一个身材魁梧的人，赤裸地在港口的岸上跳舞、唱歌，并向身上撒土。舰队总指挥派我们中的一个人去做同样的行为，作为和平的象征，然后将其带到舰队总指挥前面的一个小岛上"。

那个当地人面对这些陌生人时，向上指了指，在皮加费塔的眼中，这个行为只能被理解为"那个人相信我们来自天堂"。"他很高，"皮加费塔继续说道，"我们只及他的腰部，而且他身体健壮。他有一张大脸，四周涂成红色，眼睛周围涂成黄色，脸颊中间涂着两颗红色的心。他的几根头发是白色的。"

显然，巨人很快就明白了，高贵的绅士尊敬他，因为他一开始是赤裸裸的，现在他穿上缝制得非常精致的动物皮，他的脚也穿着这种皮制成的鞋子。他手里拿着一张短而沉重的弓，其弓弦比琵琶的弦稍粗，带着一包相当短的藤杆箭，就像我们的一样，有羽毛，箭头是用白色或黑色燧石做的，类似于土耳其箭。

这个皮加费塔描述的跳舞的巨人，进入了历史舞台，在接下来的 250 年中，是欧洲人心中无可或缺的，并且仍然是文化学家最喜欢的形象：巴塔哥尼亚巨人。他出现在数十个航行故事中，绘声绘色地出现在书本和地图上，肩膀上披着皮毛，手里拿着弓箭，就那样低头看着欧洲人。大约 16 世纪的作者将皮加费塔描述的巨人的高度削减到正常人类的高度。麦哲伦舰队的一个匿名热那亚人报告说，巴塔哥尼亚的居民"9 到 10 拃高"，即大约两米高。费尔南多·奥利维拉说："这个国度的人民与德意志人和北方其他民族的人一样高。"但是直到 18 世纪末，才对巴塔哥尼亚人有了更为真实的描述。在现代早期，他们的身高超过 1.8 米，这在当时是很高的，特别是从南欧人的角度来看，当时南欧人的平均身高并未超过 1.6 米。

尽管有关巨人的传说现在认为是不真实的，但这里仍然沿用麦哲伦或皮加费塔给这个种族起的名字："舰队总指挥称这些人为巴塔哥尼亚人。"作者并没有透露起名者的想法。长期以来人们以为这个名字是对那些巨人的大脚的一种语言暗示（卡斯蒂利亚语和葡萄牙语"pata"，表示爪子）。这个名字很可能是受当时流行的某本骑士小说的启发，在 1512 年首次印刷的小说《普里马隆》（*Primaleón*）中，出现了一个名为"巨脚人"（Patagón）的生物。"巨脚人"是半人半兽的混合体，生活在一个岛上的山间那成群的野人中间，"因为它们像动物一样生活，非常勇敢，并且追捕山上的野兽，吃生肉。他们就像野蛮人，除了穿被他们杀死的动物的皮制成的衣服外，什么也没穿，看上去很丑陋，也很少被看见。由于他们是如此野蛮，这些人被称为'巨脚人'"。

这种解释的重点很明确：麦哲伦或皮加费塔，或曾读过《普里马隆》的人，受其启发，为荒原的"巴塔哥尼亚"的居民施洗，将他们与处在文明之外甚至可能类似于动物的野人相提并论。海员们通过听到或读过的神话故事和圣经故事，塑造了当时欧洲人对世界的看法，为巴塔哥尼亚人命名是其中一个很好的例子。为了领会新事物，他们别无选择，只能使用他们自己的文化所熟悉的形象和名称。在皮加费塔那里可以很好地看到这种熟悉的可理解的做法：例如，他将弓弦的粗细与琵琶弦的粗细比较，将巴塔哥尼亚人箭头的粗细与土耳其人箭头的粗细进行比较。也许正是将一路上遇到的陌生事物翻译成人们熟悉的术语的才华使皮加费塔的航海叙事取得了巨大成功。

相比他们所描述的，刚才所说的话意味着皮加费塔和其他目击者的记录更多地显示了航行者对世界的看法。他们的描述仅用于有限地记录 16 世纪的"巴塔哥尼亚人"及其世界，特别是因为他们的报告在细节上有很大不同。在皮加费塔突然发现一个人在海滩上赤身裸体跳舞后，吉恩斯·德·马夫拉报道了内陆夜间有火光的情况，这促使船长派遣侦察员寻找可食用的新鲜的肉类。

消息灵通的巴罗斯写道：麦哲伦派出一支部队向内陆走了 20里格，在西侧寻找大海，不久之后，部队在当地人的帮助下返回。继埃雷拉 – 托德西利亚斯之后，许多武装人员去探索了那片土地并竖立了十字架。然而，他们回来时却没有看到人类，只看到水面。仅仅几天或几周后，"6 个印第安人"就出现在海港中。

所有报告都表明，"巴塔哥尼亚人"属于一群在草原上觅食的猎人和采集者。除了鱼类、浆果、草本植物和根茎以外，他们的主要食物来源还包括美洲鸵鸟，以及最重要的用弓箭猎获的美洲野生骆驼，有时甚至是活捉，它的皮毛被用来充当衣物，遮盖帐篷。巴塔哥尼亚人尽可能地适应贫瘠的环境，一言以蔽之：他们是迅捷、执着的奔跑者和优秀的猎人，是严酷生存环境下的幸存者。

多亏了皮加费塔后来在闲暇时间编纂的小词典，我们现在知道可以将当地人的语言划分到琼语系，而琼语系在整个巴塔哥尼亚曾经广泛使用。但是，皮加费塔的信息提供者的词汇表与该语系最近记录的任何变体都不匹配，后来发现琼语系与当时南部的特维尔切人的语言相似。不过距今很久以前，说这种语言的特维尔切人就已灭绝。

在当地人和海员之间建立联系之后，通常的易货贸易很快出现。来自北部的航行商人拿出了自己的玻璃珠、铃铛和梳子，作为回报，他们希望从当地猎人那里获取骆驼肉。

在过去的两个星期中，两边的人之间似乎有多次交集。因此，海员们邀请一些巴塔哥尼亚人到他们的大锅里吃面糊和面包干，并对客人的胃口大为惊讶。海员拿起镜子，当巴塔哥尼亚人看到自己时，他们非常惊愕，海员们给他们看圣像并以此获得欢乐，对方则以舞蹈、歌唱和马戏团般的表演作为报答，例如，将箭插入喉咙并再次将其拉出。海员们将多才多艺的巴塔哥尼亚人视为他们灰色日常生活的调剂。

但是到了某个时候，麦哲伦想要更多，他制订了计划，抓捕其中几个树一样高的家伙，以便在他们返回时向卡斯蒂利亚宫廷展示。因为他担心他们力大无穷，所以设计了一个骗局，对此皮加费塔不无钦佩地讲述：舰队总指挥选择了两名身形比例匀称的年轻巴塔哥尼亚人作为受害者，"他给了他们许多刀、剪刀、镜子、钟表和玻璃球，当他们两只手都拿满了上述东西时，舰队总指挥把两个铁链镣铐分别套在他们的脚上，并表示他想把它们送给他们。由于铁链镣铐是铁制的，他们非常高兴，但不知道如何将它们随身携带，并不得不为要丢下它们而感到遗憾。舰队总指挥表示，他会把它们放在他们的脚上，并且他们可以把它们带走。他们点头同意。很快，他们俩都戴上铁链镣铐。当螺栓咔嗒一声固定到位时，他们被吓了一跳，但是当舰队总指挥让他们平静时，他们停止了慌张。当看到自己被绑起来时，他们像公牛一样咆哮，大声喊道："赛特博斯！"希望他来帮助他们。

皮加费塔在其他地方解释说，"赛特博斯"是巴塔哥尼亚人的传说中的"大恶魔"，有角和长而蓬松的头发，从嘴和臀部吐出火。不过这种恶魔对舰队总指挥的奸诈也束手无策。

实际上，麦哲伦从国王那里收到指示，被发现的那些国度的居民应受到友善的对待，不能从他们身上夺走任何东西，不应该施加任何暴力，也不能在言语上冒犯他们，因为这是引导他们走向"圣洁天主教信仰"的唯一途径。在任何情况下都不应触碰他们的妻子，因为"这些地区的人们比其他任何人更可能造成破坏和动荡，很难在陆地上维持和平与贸易"。

绑架成功后，和平与贸易就结束了。紧接着，由若昂·卡瓦略率领的一个小队试图绑架一些巴塔哥尼亚妇女，皮加费塔表示，其借口是不让两个已经被绑架的人感到孤独。当地人抛下一切，逃跑了，并射出了石制的箭。其中一人射中了迭戈·桑切斯·巴拉萨腹股沟处，结果这个"特立尼达号"的"临时雇员"当场死亡。

追踪逃跑的人实在是毫无意义的。麦哲伦的人的速度和对当地的了解比不上他们。为了替死去的同伴报仇，麦哲伦的人偷走了这些人的肉食并烧毁了他们的帐篷。

这件事发生在 1520 年 7 月底，对此我们也只有不准确且相互矛盾的记录。特别是对于皮加费塔，人们永远都不知道他所想的是什么，最重要的是，他遗漏了什么。但是，他为巴塔哥尼亚人写的许多书及其习性表明，他能够长期安静地研究他们，并且与他们进行长期的和平交往。敌对行动是在两名男子被绑架后才爆发，迭戈·桑切斯·巴拉萨的死亡就是事实证明。皮加费塔所描述的费尽心机的绑架无疑是麦哲伦的错，因为正如匿名的热那亚人在他的回忆中所描绘的那样，让"非常敏捷和毫无戒心的"巴塔哥尼亚人接受绑架其人民，那怎么可能？随后冲突的升级不可避免。顺便说一句，根据皮加费塔的说法，领导袭击者的若昂·卡瓦略，似乎也是一名罪犯。这名舵手于1512年因盗窃罪而被留在巴西，当他后来接管了麦哲伦的东南亚舰队时，很快因滥用职权而被撤职。

巴塔哥尼亚人和欧洲人第一次相遇的悲惨结局并不令人惊讶。这些海员在许多方面都处在类似于被监禁的境地：在狭窄的空间内挤在一起，营养不良和性压抑。他们受到严厉的纪律束缚，压制了他们生命中最重要的需求。此外，他们中大多数人都经历过暴力的对待，不仅是因为他们的舰队总指挥，并且这种暴力随时可能爆发。

在将近60年后，弗朗西斯·德雷克的随船编年史家卡普兰·弗莱彻，将巴塔哥尼亚人的敌意归因于他们与在麦哲伦领导下的卡斯蒂利亚人打交道的经历，这种解释并非没有道理。而且，弗莱彻致力于研究"黑色传奇"这一神话，这个神话一直到今天还有影响。该神话将殖民主义罪行的责任归咎于信仰天主教的卡斯蒂利亚人，而英国人和新教徒一般都履行了文明使命。"探索时代"的阴暗面于1520年冬天在圣胡利安港暴露无遗，这是不可否认的。

就像越冬之初因哗变及血腥镇压蒙上阴影一样，暴力行为在最后也发生了。探险队的死亡记录写道："在那年的8月11日，星期六，在圣胡利安港逗留期间，胡安·德·卡塔赫纳和神职人员佩罗·桑切斯被舰队总指挥费尔南多·麦哲伦流放。"两名男子带着一袋口粮和一些武器被扔到陆地上，自生自灭。在生存严酷的荒原上，流放相当于死刑。

由于工资单上找不到佩罗·桑切斯的名字，这名牧师与"圣安东尼奥号"的牧师伯纳德·卡尔梅特（也是该探险队的第二个牧师）被视为同一个人。目前尚不清楚这个法国人为什么取个卡斯蒂利亚的名字。据说卡塔赫纳在卡尔梅特的支持下，甚至在兵变之后还公开批评麦哲伦的领导，所以舰队总指挥想摆脱他们。1520年8月24日，圣巴托罗缪节，船只起锚时，两个孤独的人留在巴塔哥尼亚的广袤地区，此后人们再也没有听说过他们。

为了猎杀海豹并抢救塞拉诺的船沉后残留在岸上的货物和武器，舰队停泊在圣克鲁斯河上。在此期间，"维多利亚号"的木匠淹死了，另外两名男子"死于疾病"。舰队于10月18日再次起航，继续向南行驶。他们不得不逆风航行了两天，第三天转变方向。轻风吹拂，他们向西南偏南行驶，直到看到在南部52度的海岸上张开了一条海湾，被长长的沙舌和一个被命名为"一万一千贞女角"的海角所包围。

在沿着南美海岸的漫长旅程中，水手们已经探索了许多海湾和河流。舰队每次都是朝一个方向进去，再出来。海湾的景象使舰队总指挥情绪起起伏伏，时而亢奋，时而沉思。

9. 只有天空和海水

~~~~~~~~~~~~

　　在看到"一万一千贞女角"的一个月零一周后，事情终于有了转机。海员们几乎绝望地寻找的海峡就躺在他们身后！向西就是地理学家马格努斯·西努斯所说的"大海湾"，巴尔博亚命名的"南海"。在 1520 年 11 月 26 日至 28 日，在南纬约 52 度 35 分处，海面上只剩下 3 艘船——"特立尼达号""康塞普西翁号"和"维多利亚号"。"圣安东尼奥号"失踪了。在占星家的判断中，它回到了卡斯蒂利亚。

　　剩下的 175 名船员中没有一个人知道会发生什么，但是每个人都希望在辽阔的水面背后是亚洲东海岸和传说中的岛屿，最珍贵的香料生长在这些岛屿上，那里有所罗门王都无法拥有的财富。在这段时间里，"特立尼达号"上弥漫着令人陶醉的胜利的感觉，如同吉恩斯·德·马夫拉的描述："每个人都认为自己很幸运，因为他们身处一个没有人比他们更早到达的地方。他们非常感谢上帝给他们的礼物，同时，舰队总指挥高兴地命令朝西北方向前进。"

　　麦哲伦和他的手下认为自己是幸运的。为了乘坐帆船从东向西穿过后来以他的名字命名的海峡，抵抗这些纬度中刮的风，仅仅依靠丰富的经验还不够，还要靠运气。英国作家布鲁斯·查特文在他的经典著作《巴塔哥尼亚高原上》中讲述的一个故事表明，这片水域很危险。1898 年初，一艘蒸汽船的船长查理·米尔沃德，从新西兰绕着霍恩角到英格兰，在南美以西的"世界上最恶劣的背风海岸"，船只出现了故障。在试图将受损的船驶入麦哲伦海峡的过程中，查理和他的船员在入口处以南的岩石和峡湾所环绕的一个小岛上遇难。他们无力抵御南纬 50 度的咆哮西风。

1520 年 11 月下旬，麦哲伦的舰队驶向太平洋时，对它和平的一面的印象并不多：埃雷拉－托德西利亚斯用简洁的语言写道，"大海是黑暗而狂野的"。因此，麦哲伦建议船只立即向北转，并始终和南美海岸保持一定距离。运气再一次帮助了他们，或者说是强大的洪堡洋流，将这些船驱赶到海岸向北航行，直到 12 月 22 日，帮助他们在约南纬 30 度，距当时无人居住的胡安·费尔南德斯群岛不远的地方，进入东南信风带。

到达信风带之后，水手们只需要微微调整帆，这样船就可以保持西北偏西的航向，其余的工作都是由风完成的。这种友好而稳定的气流有助于航行，这就是麦哲伦和他的同伴最终称呼这片海洋为"和平的海洋"的原因。这是世界历史上第一次有记载的太平洋穿越之旅。

一路西行，海员们已经 3 周没见过任何土地了，可能还要过些天才能看到。日复一日，他们什么都没看见，只有雄伟的大海和广阔无垠的蓝天。当一天结束，太阳在船头前的金色海洋中发光时，南部的星空及其奇特的星座出现在天空中——他们曾有时间在巴塔哥尼亚观看——在这不冷不热的时节、在公海不受干扰的夜晚显得更加灿烂。皮加费塔的叙述给我们留下了印象："南极不像北极那样繁星点点，人们可以看到许多小恒星聚集在一起，形成两团略微遥远而暗黑的星云。在星云中间有两颗非常大且不是很明亮、很少移动的星星，它们就是南极星。"当海员身处"大海湾"中间时，也就是在公海时，他们看到"在西边有5颗星星组成的十字架，它们彼此相邻"。皮加费塔可能不是唯一对此感到惊讶的人。

在这个描述中，我们不由自主地想到了"南十字星"，它是南部天空中最小但最著名的星座。皮加费塔和他的航行者们在南纬30度开始穿越太平洋，只向北走。在这些纬度中，南十字星不可能在西方出现，而只能在南方出现。另外，皮加费塔同时代的人对这个星座并不熟悉。托勒密知道它由4颗星组成，但近古的天文学家将它们分配给半人马星座。后来，4颗星由于地轴进动（地轴方向周期性变化）而消失了，4颗星在欧洲的视野中消失了千年，直到那些按照葡萄牙王室的要求向南航行的基督徒水手再次发现了这个引人注目的星座。一些人认为这个十字星座是他们信仰的象征，这可以从里斯本的若昂撰写的论文（1514）和佛罗伦萨海员安德里亚·科萨里给朱利亚诺·德·美第奇的信（1515）中得到证明，他们都用十字架来描述它并以此命名。但是，直到17世纪初，它才被纳入官方的星座目录。

南十字星除了可以唤起基督徒观看者的崇高情感外，它很快也变得具有实际意义。正如皮加费塔指出的那样，南极天极附近的恒星并不像北极那样丰富，也没有肉眼可见的恒星像小熊座中的极星那样标志着极点。从舵手的角度来看，这是一个缺点，因为如果能够利用北极星等明显的标志来定位，那么在南半球的夜晚航行将变得相当容易。因此，许多学者决心确定南极的位置。皮加费塔为此提出了一个建议，尽管我们不知道是他的推测还是他听自船上舵手的想法。他提到了两团星云，它们之间有两颗恒星，它们几乎不动，因此被认为是南极天极。

两团星云可能是银河系附近的两个星系，如今以皮加费塔的舰队总指挥名字命名，分别叫"大麦哲伦星云"和"小麦哲伦星云"，因为麦哲伦是第一个精确描述它们的人。但是它们不像人们经常读到的那样以他的名字命名，较大的云团由波斯天文学家阿卜杜勒·拉赫曼·苏菲在10世纪中叶记录下来，也许甚至参考了更早的作者的记录。在他的《恒星之书》中，它们的名称是"白牛"。在15世纪和16世纪初绕过非洲的好望角和印度的葡萄牙航行者称这两个天体为"海角云"。在1515年写给朱利亚诺·德·美第奇的信中，安德里亚·科萨里提到绕南天极旋转的"两朵大小适中的云"。皮加费塔之前的其他作家也提到过它们，它们自远古时代就被南半球居民所熟知，从南非科伊桑人到毛利人。

麦哲伦星云环绕南天极，但南天极并非如皮加费塔所说的那样位于它们之间，而是在大约20度之外。尽管南极十字架位于更北的地方，但它更适合于定位极点，因为十字架的长轴始终指向南极，距离是标志着长轴的两颗星之间的距离的4.5倍。因此，航行到南半球的葡萄牙水手们利用天上的十字架来确定自己的方向，后来其他人也做了效仿。

有一阵子，南部的星空可能帮助了水手们，因为没有发生太多其他事情。日复一日，他们的船在海洋中航行，帆在信风中摇晃，因此水手们几乎不必把手放在帆绞索和操帆索上，掌舵的人可以放任自己做个好梦，而不必担心。

但是，穿越无尽蓝色海洋的旅程越长，气氛变得越奇怪和不

▲观测天空的不同仪器。左边第二个是象限仪，中间是直角器标杆，右边是星钟。出自1533年彼得·阿皮安在因戈尔施塔特撰写的《工具书》。

愉快。1521年1月开始，舰队经过了南回归线。他们现在在阳光下航行，炎热加剧了口渴。舰队的饮用水储备不够，粮食储备也没有太多改善。"圣地亚哥号"的船难、"圣安东尼奥号"的失踪

以及在巴塔哥尼亚的长期逗留耗尽了补给。定量配给只能延缓库存的消耗，并不能阻止其耗尽。皮加费塔抱怨说，在热带的炎热中，剩下的东西也都变质了："我们与其说是吃面包干，不如说是吃面包屑中散布的已经吃得很饱的蠕虫。"他从中闻到一股可怕的老鼠尿味。"然后，我们喝了已经腐烂了很多天的黄水，并吃了一些覆盖横桁以保护索具的牛皮，这些索具不受日晒、雨淋和风的侵蚀而保持坚硬。我们把牛皮在海水中浸泡四五天，然后将它们放在火上烤，就这样就把它们吃掉了。我们还经常吃锯木屑。"一只老鼠可以换半个杜卡特，即便出这样的价钱还不一定能得到呢。

在船进入海峡时，埃雷拉－托德西利亚斯对舰队总指挥所说的话被证明是一种正在实现的预言：水手们吃横桁上的皮革。

随着时间流逝，苦难加剧，美好的天气越来越成为一种诅咒。如果偶尔有暴雨，则还能收集雨水。这些人别无选择，只能用海水煮腐烂的面包屑，这只会使口渴变得更严重。在桅楼瞭望的守卫一直在寻找土地。1521 年 1 月 25 日，海上航行 8 周后，根据阿尔博的记录，在南纬 16 度 15 分，他们终于看到了一个树木茂密的小岛，令人失望的是，他们发现无法登陆。因为根据吉恩斯·德·马夫拉的说法，"该岛被礁石所包围，似乎大自然强化了它，以保护它免受海洋的侵害"。根据阿尔博的说法，大海是如此之深，以至于探头找不到海床，因此也无法抛锚停船。

过了 10 天，西北方向 200 里格，他们遇到了第二个岛，这个岛也无人居住，口渴也没有得到改善，但是周围有很多鲨鱼，这是菜单上的一个受欢迎的补充。尽管捕鱼收获不错，但这两个荒岛却以"不幸之岛"的名称进入了日志和纪事。

麦哲伦和他的乘客在太平洋上航行了几个月而没有找到大洋洲许多有人居住的岛屿，这一事实令人难以置信，因为南太平洋几乎散布着人类从公元前 1500 年开始逐渐定居的群岛。在 2500年中，成群的移民航行前往海洋，从一个岛到另一个岛居住，直到有一天，他们到达了北部的夏威夷、远东的复活节岛和西南部的新西兰。以星星、云、洋流、鸟类和其他自然现象为导引，他们乘坐独木舟在公海中航行了数千公里。大洋洲上的人类活动是人类历史上最令人惊奇的一段章节，这些无名的英雄无疑是有史以来最有能力和最勇敢的航行者之一。

麦哲伦和他的舰队几乎横渡整个太平洋而没有遇到任何先驱的后代，通过阿尔博的航海日志，可以粗略地重建他们穿越大洋的路线，尽管阿尔博记录了行进的纬度和方向，但没有记录经度，经度的测量是早期现代海洋运输的主要障碍。舰队在土阿莫土和马克萨斯之间航行，并于 1521 年 2 月 12 日或 13 日越过莱恩群岛与吉尔伯特群岛之间的赤道，而这两个岛屿现已成为基里巴斯这个国家的一部分。凤凰群岛中只有几个环礁，几乎不高于海平面，因此只能近距离看到，成为人们念念不忘的风景。

许多人想知道为什么麦哲伦越过赤道时，并没有借助东南信风向西航行，直接到达摩鹿加群岛。他从朋友弗朗西斯科·塞拉诺的信中知道，香料群岛离赤道很近。在 1520 年 2 月上旬，麦哲伦开始沿西北方向航行并一直保持此方向。3 周后，当舰队到达北半球的北纬 12 度时，才继续向西航行，其间并没有注意到马绍尔群岛已经在身后。

　　匿名的热那亚见证者的陈述中说，麦哲伦知道"摩鹿加群岛上没有食物"，因此下令向北绕行。另一方面，葡萄牙历史学家——特别是巴罗斯——说，麦哲伦"经过数月穿越太平洋广阔地带，失去估计位置的能力"。换句话说，在公海上待了一段时间之后，舰队总指挥和他的舵手不知道他们在哪里。巴罗斯写道，当他们航行了如此遥远的距离，甚至认为早就应该到达摩鹿加群岛时，却看不到任何国家。麦哲伦在遇险时首先求助于占星家，并应他的要求将船驶向北部，希望在那里找到陆地，也许还能找到翻译或其他什么人可以告诉他们所在的位置。如果麦哲伦在海洋上不是真的迷失方向，那么巴罗斯则怀疑麦哲伦和他的同伙故意篡改长度单位测量值，以牺牲葡萄牙为代价，为其卡斯蒂利亚客户提供支持。

　　这位葡萄牙的"提图斯·李维"在这里再次证明了他对叛徒同胞的反感，但这并不能解释麦哲伦的舰队穿越太平洋的路线。如之前讨论的[①]，麦哲伦对地球周长的预测少了7.5%。所以，他可能低估了太平洋的范围在赤道处远远超过了1000公里。对于帆船而言，这可不是一个小错误，尤其是在供应短缺的情况下，船员们的配给必须精确到每一滴水和每一片面包干的消耗速度。但是相对于太平洋实际在赤道上延伸超过1.6万公里，这个错误并不像人们开始想象的那么严重。多亏了船上天文学家圣马丁的测量，麦哲伦大致了解他发现的海峡的经度。

---

① 有关麦哲伦的地理观，请参照第148—149页。

如上面所说，他对摩鹿加群岛的位置也有了几乎正确的认识。即使允许舰队总指挥和他的专家犯下如此重大的测量错误，并且考虑到他们对经度范围的预估太小，麦哲伦进入太平洋时也必须考虑到离目的地的距离会超过 1 万公里。这意味着他和一些船员在 1520 年 11 月那一天，在那令人难忘的日子里兴高采烈地扬帆出海时，应当意识到他们前面并不是短暂的航行旅程。

他们是否与船上的人分享过他们掌握的信息，就无从知晓了。

在经过吉尔伯特群岛和莱恩群岛之间的时候，他们从南半球回到北半球，麦哲伦几乎不担心他已经错过了摩鹿加群岛。如果他在西经 160 度到东经 175 度之间的某个地方经过赤道，即在佛得角的圣安唐岛上的子午线以西 135 度至 160 度的范围内，该点距离摩鹿加群岛至少跨越 40 个经度，超过 4000 公里。麦哲伦和他的顾问们应该算错了，即使丢失了相关记录，毫无疑问，舵手也测量了他们每天行进的距离并保存了测量记录。当时还没有使用原木测量，即将一块木头连在绳子上，然后将其扔到船后的水中，以便用展开的绳子的长度来测量一定时间内的航行距离。但是他们知道如何像皮加费塔一样以不同的方式帮助自己测量：从船头到船尾，测量船在水上通过固定点（例如，被扔进水中的物体）所花费的时间。这样就可以轻松推断出当天的速度，可以从每日路程和行进方向推断出位置。当然，这个被称为"航位推算"的古老算法并不是很精确。但是在穿越太平洋时，舰队在风势均匀的情况下朝同一方向航行了数周，它本应被合理可靠地推算出来。

麦哲伦似乎故意偏离了直接通往北部摩鹿加群岛的路线。这也解释了为什么根据阿尔博的日志，舰队很快通过了赤道，就像在赤道附近寻找一个地方而迷路一样，长时间地来回航行。他们从南纬13度向西北连续行驶，经过赤道之后一直向西北移动，直到到达北纬13度，然后再次将船首向西。

麦哲伦可能想对处于饥饿状态的水手们解释说，在摩鹿加群岛没有什么可吃的，但他也可能是出于别的原因而选择了这条航线。皮加费塔写道，麦哲伦想通过这条路线到达卡蒂加拉角。托勒密在其《地理学》中提到这个地方，没人能确定它的位置。也许这个名字指的是位于湄公河三角洲的一座城市，在现在的越南。但是无论如何，皮加费塔的话暗示麦哲伦像哥伦布一样，瞄准了亚洲的东海岸及其附近的岛屿。

自从马可·波罗在13世纪末向热那亚地牢中的一个囚犯口述他的著名航行报告以来，东亚几乎所有国家和岛屿的响亮名字都在欧洲流传。中世纪后期的学者竭尽全力将它们与《圣经》和托勒密地理学说中的位置联系起来，他们从古老的书中收集了人们想要了解的有关世界这一部分的所有信息，并讲述了最精彩的故事。自1509年起，葡萄牙船只继续向东前进，这些推测有了新的内容支撑。在西印度群岛档案馆的关于麦哲伦的文章中①可以找到对亚洲的描述："在中国的对面，海洋被许多岛屿覆盖，在这些岛屿之外，还有一个大陆以及其他岛屿，每年有3到4艘帆船载着白皮肤的人来到马六甲。这些人是非常重要的商人，非常有钱，他们带来了很多黄金、白银和丝绸，很多优质小麦，上好的瓷器，

---

① 《从好望角到中国的地理描述》。请参阅第3章第89页，《杜阿尔特·巴博萨书》。

然后在船上装载很多胡椒粉以及其他物品运送到'琉球王国'。马六甲的人说，这些人来自一个优秀的民族，是有实力的商人，富有、衣着华丽。到目前为止，我们还没有这些人的信息，因为自从葡萄牙人到马六甲以来，他们就再未来过。"

麦哲伦显然希望在其他航海家踏上远东的土地之前，就实行这一计划。因此，他的船驶向北纬13度，并从那里直接向西航行。

船上的175名士兵，大多数人在某种程度上也在分享舰队总指挥的梦想，他们还希望分享亚洲的财富。但是一周又一周过去，都没有看到希望的海岸，随着船上枯燥的日常生活逐渐变成一场真正的噩梦，他们的梦想能否实现成了越来越可疑的问题。

正如圣马丁在1520年11月23日的报告中所描述的那样，还在圣徒海峡时，船员的身体就不再精力充沛了，身体孱弱。因为，当船上的饮用水和新鲜食物短缺时，他们很难调动身体的能量储备。

12月23日，"维多利亚号"的战士阿隆索·德·莫拉首先死去，3天后，他的船上战友，学徒多明戈跟着他进入了潮湿的坟墓，两人都来自葡萄牙。1521年1月25日，当舰队驶过第一个"不幸之岛"时，仅仅就登记在死亡登记簿中的人数而言，已经有6人死于疾病，到2月9日为止，死亡的人数已增至8人。被绑架的巴塔哥尼亚人和"来自巴西的印第安人"因饥饿而死亡，并没有被记录在案，我们只是通过皮加费塔的手稿才知道。

来自维琴察的贵族还描述了船驶进公海几个星期后身体出现的症状："所有疼痛中最糟糕的情况是：对于某些人来说，上下牙龈上的肉都肿了，即使凭借世界上最坚强的意志，他们也因不能再进食而死亡。19 名男子死于这种疾病……25 至 30 名男子的手臂、腿部或身体其他部位出现病状。很少有人保持健康。"

牙龈肿胀是坏血病（即"维生素 C 缺乏症"）的症状之一，它是早期现代航海的祸害。据估计，到 18 世纪末，这种疾病夺走了数百万人的生命，尤其是那些不幸的人，他们在海上几个月都没有新鲜食物。正如在 20 世纪明确认识到的那样，坏血病是一种营养缺乏病，如果人体长时间缺乏维生素 C，它迟早会发生，结果是结缔组织不再充分更新。患者体内的血管从黏膜开始，从内部器官到骨骼，逐渐恶化，如果他不及时摄取新的维生素 C，他将痛苦地死亡。

口渴、饥饿和缺乏维生素并不是麦哲伦的人遭受的唯一折磨。由于他们的抵抗力正在减弱，众所周知的航海害虫现在更加肆无忌惮。虫子和跳蚤是无关紧要的，甚至在船员中，有虱子几乎是一个好消息。因海水和卫生条件差滋生的皮肤螨虫和湿疹引起的疥癣更令人讨厌。不健康的状况对消化系统具有特别致命的影响，在海上航行中，定期排便以防止便秘是明智的，但变质的食物和坏血病却导致相反的结果。当一个人倒在侧壁上，因为太虚弱而陷入严重的痛苦之中，他的同伴不会觉得意外。正如我所说，在这种灾难下，人们只能从老鼠身上获得好处。人们可以吃掉早期现代轮船的"第一批居民"，因为它们大多定居在船厂。

除了身体不适外，还有精神疾病。坏血病会导致抑郁，就像营养不良会使人沮丧和精神不振一样。"特立尼达号"的外科医生胡安·德·莫拉莱斯和其他船只上的理发师对这种集体的苦难无能为力。药箱中的所有酊剂和粉剂也不太可能有所帮助。松节油、解毒剂和甘草糖浆最适合掩盖无处不在的恶臭，根据当时的医学理论，他们认为问题的根源是"恶劣的空气"，干脆认为它就是病原体。吉恩斯·德·马夫拉报告称，患者"用尿液和海水"冲洗肿胀的牙龈。尽管这种治疗方法可以明显缓解症状，但当然不能治愈维生素缺乏症，因此身体状况继续恶化。如果有人感觉到自己的最后一刻就要来了，他只需赶紧向牧师忏悔自己的罪过，如果他还有财物，则向文书口述遗嘱。

皮加费塔提到死亡人数为 19 人，不包括两个南美人，与死亡登记表相符。大多数人是在公海航行超过 3 个月后返回有人居住的地方才死亡的，他们回到人居住的地方，因此有机会获得新鲜的食物。他们如此消瘦，以致他们的身体无法应付突然摄入的大量不熟悉的食物；而另一些人身体极为虚弱，以致在外来病原体的袭击下其免疫系统崩溃。

但是，死亡并非在所有船只上都达到了同样的程度。"维多利亚号"的船员付出了最高的生命代价，至少有十几人永久离船。在此期间，这艘舰队最小的船的死亡人数是总死亡人数的三分之二，原因可能是其储存空间中携带的补给品减少或补给品管理不善等。自从离开圣胡利安港以来，麦哲伦妻子的堂兄杜阿尔特·巴博萨担任"维多利亚号"的船长。我们了解他不负责任的性格。在巴西，因为他想离开，麦哲伦不得不把这个亲戚拴在铁链上。这并不是巴博萨在文件上留下不当行为的唯一痕迹。

但是，失去生命的不仅是普通海员。2 月 28 日，"维多利亚号"

的舵手瓦斯科·加列戈停止了呼吸；他在"康塞普西翁号"的伙伴胡安·罗德里格斯·德·马夫拉、会计师安东尼奥·德·古柯和原"圣地亚哥号"的船主巴尔塔萨也为航行付出了生命代价。所有在艰辛中幸存下来的人，或者像皮加费塔一样保持健康的人，都可以称赞自己的胜利："我真的认为不会再有这样的航行了！"

皮加费塔错了，麦哲伦的舰队航行开始后，其他人紧随其后。加西亚·乔弗尔·德·洛瓦萨早在1526年就乘着3艘船驶过麦哲伦海峡到达太平洋，仅1个月后，在船员人数骤减的情况下，到达了摩鹿加群岛。在随后的几十年中，来自"新西班牙"（即美国西海岸）的船只继续航行至亚洲，将阿隆索·德·祖阿佐在1518年提出的想法付诸实践。吉恩斯·德·马夫拉也参加了罗伊·洛佩兹·德·维拉洛沃斯领导的一次探险，该探险队于1542年11月1日离开墨西哥，他在麦哲伦探险队的经历显然并没有阻止他第二次大穿越。这次探险中，航行者吃了"狗、猫、老鼠和蜥蜴"，许多人死亡。幸存者记得："我们还以为我们会死于口渴，而且我从未见过更加虔诚和无奢望的人，所有人都忏悔了自己的罪过，已婚者甚至发誓要抛弃妻子，成为僧侣。"

即使是卡斯蒂利亚王室在1565年设立了墨西哥和菲律宾之间的航线之后，乘坐所谓的马尼拉大帆船穿越太平洋仍然是对乘客和船员的一种折磨。从今天的角度来看，船上骇人听闻的条件几乎没有改变。意大利环球航行者乔凡尼·弗朗切斯科·吉梅利·卡内里在17世纪末期经历了一次航行，他报道说："海上航行如此漫长……大帆船的海员遭受的苦难……与以色列人从埃及搬到巴勒斯坦时一样，痛苦不亚于以色列人；除了可怕的海浪带来的颠簸、饥饿、口渴、疾病、寒冷、守夜和其他苦难令人难受非常之外，我可以说，他们遭受了上帝为了改变顽固的法老王而降给他的一切灾祸。"但是卡内里也知道为什么有些人会一次又一次地受这种折磨："对利润的贪婪导致许多人经历2次、4次、6次——有时甚至10次——如此可怕的旅程。"

长期以来，卡斯蒂利亚船只是唯一定期在太平洋上航行的船只，回想起来，这片海洋在当时被命名为"卡斯蒂利亚池塘"，考虑到大海的辽阔和卡斯蒂利亚人整体偏少，这个名字听起来颇具讽刺意味。直到18世纪，约翰·哈里森发明了天文钟，使导航更加可靠，更健康的饮食使坏血病退散，其他航海国家，尤其是英国及其海外后代，成功地在蓝色地球上蔓延，并将太平洋纳入了全球贸易体系，对海洋生态系统及其岛屿居民产生巨大影响。但这是另一个故事，即使它始于麦哲伦的航行。

1521年3月6日上午，瞭望塔上的一声尖叫使人们摆脱了痛苦："天啦！陆地！"吉恩斯·德·马夫拉写道："有了这个意想不到的词，每个人都感到非常高兴，以至于那些最不高兴的人都疯狂了。"根据马夫拉所说，呼叫者是"某个叫纳瓦罗的人"。这个来自"维多利亚号"的水手或来自"康塞普西翁号"的学徒最后获得了王室的奖励，就是因为传递了这个好消息，他获得了价值将近100杜卡特的珠宝。

从高处桅楼可以看到两个岛屿，过了一会儿，甲板上的人也可以看到了。一个岛屿在西北方向，另一个在行驶方向的南边，最初看上去像两个独立的岛屿，在西北方向的那个看起来更高一些，另一个则更宽。由于东北信风，人们更愿意先前往这个南部小岛。在他们接近这个小岛，并且小岛轮廓越来越清晰地出现在地平线上之后，桅楼上的瞭望者再次尖叫着说出他发现的陆地的消息，那里有人、饮用水和食物。难怪根据吉恩斯·德·马夫拉的话：水手们表现得像疯子。毫无疑问，他们大声疾呼，泪流满面地投入彼此的怀抱中，在甲板上跳起舞来庆祝。

三艘船绕着岬角，沿着岛屿的背风面航行，以寻找安全的锚点，最终在海湾找到了锚点。一串浅礁石，海浪在上面拍打，将它们与海岸隔开，海岸上有海滩、棕榈树、小屋，再向后是岩石，部分地形被鲜绿色覆盖。同时，闪现出无数帆船，毫不费力地飞越礁石。它们的形状类似于拉丁帆，它们插在细长的小船上，用皮加费塔的话说："长而尖的木头，横梁使它在水中保持稳定，以便更安全地航行。"它们是马来帆船（一种有舷外桨架的独木舟），它们在东南亚和大洋洲以其他形式出现，至少麦哲伦和他的马来奴隶恩里克一定很熟悉。这样的独木舟很快就蜂拥而至，按皮加费塔的说法是像"海豚在海浪中跳来跳去"。独木舟被古铜色皮肤、不穿衣服的人操纵着，这些人不惧怕外人，大胆地走近，最后成群结队地爬上甲板。

精疲力竭的海员很快就被这些敏捷的访客淹没，当他们无助地看着那些不速之客抓住没被铆钉钉牢的东西时，他们感到惊慌失措，这些人把东西装入独木舟。

此后，没人知道舰队总指挥是不是已经下令，有人开始防御

221

盗贼。吉恩斯·德·马夫拉回忆说："旗舰的水手长（有可能是航海日志的作者弗朗西斯科·阿尔博）将其中一个印第安人打了一耳光，印第安人还手给了他一个耳光，然后愤怒的水手长抽出皮带上的刀，刺伤了他的肩膀，这样足以使整个'愚人部落'跃入水中。他们在船上重新集结，开始用一些长矛来战斗，长矛尖头曾淬火硬化，这是他们仅有的武器。麦哲伦的水手从船上射出了一些箭，有些印第安人受伤。"

在混乱中，吉恩斯·德·马夫拉特别注意到一件事：有些人向他们的船投掷长矛，而另一些人则带着食物从岛上赶来，在独木舟之间航行，给他们的同胞带来食物：椰子和鱼。随着敌人越来越多，麦哲伦意识到战斗是没有希望的。因此，他命令弩手把十字弩放下。结果，当地人停止投掷长矛，立即开始提供鱼和椰子，他们将其换成卡斯蒂利亚的玻璃珠项链。

但是和平不会持续太久。在当天或者第二天，"特立尼达号"的某个人注意到与船尾绑在一起的小艇不见了，一些岛民偷走了它们。小艇是必不可少的东西，何况水手们也不能忍受这样的事情！麦哲伦派了两艘小艇，带着40个人——还有个说法是60个人——划上岸，去取回被盗的小艇，并教训小偷要懂规矩。水手们虽然因穿越太平洋而筋疲力尽，但仍然能惩一儆百，该小队纵火烧毁了半个村庄，并杀死了七八名居民。

在他们放火之前，复仇者观察了周围。这是从皮加费塔的报告中得知的，他显然参加了惩罚性出征。这位来自维琴察的贵族赞赏地描述了当地居民的安定的生活，他们的地板和休息区用精心编织的棕榈垫子覆盖。还有一些用相同材料制成的储存容器以及各种可食用的东西：椰子、红薯（可能是山药）、"长长的无花果"（可能是香蕉）、飞鱼和其他东西。饥饿的水手们首先将食物放在安全地带，然后才点燃小屋。他们还环顾四周寻找饮用水，并装进水壶里。

我们只知道一面的说辞，所以我们只能想象身着盔甲带着武器的战士在村民中间散播的恐怖。皮加费塔描述了那些弩箭刺穿了一个人侧腹的反应："他们惊讶地看着箭，然后把它拔出来，然后就死了。还有些人胸部中箭，他们把箭头拔出来，也死了，我们不禁开始同情这些人。"皮加费塔还报告说，一些留在船上奄奄一息的病人事先要求将被杀死的人的内脏带给他们，无论被杀死的人是男是女，"因为这些器官会让他们康复"。皮加费塔没有说舰队水手们是否满足了这个令人吃惊的请求。在水手们完成破坏并相信村里没有黄金或任何有价值的东西之后，他们拖着被盗的小艇回到大船上。

在驶出海峡超过 14 周后，麦哲伦的舰队终于遇到有人居住的岛屿。几乎可以肯定，这就是所谓的马里亚纳群岛的最南端的关岛。麦哲伦想先将其称为"拉丁帆之岛"，但在与居民的"不愉快经历"之后，他决定选择"盗贼之岛"这个名字。

这个名字并没有特别说明他们是查莫罗人，也就是关岛人。他们大概在基督教时代之前就定居东南亚，在 16 世纪欧洲有关他们的报道中普遍评价不好。在当时的欧洲人看来，任何如此大胆地盗窃他人财产的人都是"野蛮的"，更像是一种动物，而不是人类，因此也不必对他们展示人性。没有人愿意去了解查莫罗人的行为，麦哲伦和他的助手们对礼物的交换一无所知，在太平洋地区的各个团体社会中，这种交换都是礼节性的，并且大家都争着送最多最慷慨的礼物。因此，麦哲伦舰队与查莫罗人的相遇成为跨文化误解以及由此产生的致命后果的典型例证。

对于海员来说，查莫罗人是令人讨厌的贼，由于缺乏有价值的原材料，他们的岛屿不值得探索，最好把这次令人绝望的相遇抛在脑后。因此，在 1521 年 3 月 9 日，舰队再次将帆吊起，继续其西南偏西航线，但受到一百或两百艘独木舟的追逐，这些独木舟中充满了人的尖叫声，有人哭着，有人拉扯着头发。有些人举起鱼来似乎要把它们送给他们，但在他们接近时立即扔石头，然后跑掉。皮加费塔说："他们的小独木舟全速航行，非常熟练地穿梭于大帆船和小艇之间。"

在某个时候，这些追逐者终于放弃了，一艘一艘的独木舟被舰队抛在身后。三角帆逐渐远离并逐渐变小，直到它们与海上薄雾无法区分。最终，"盗贼之岛"消失在地平线，只剩下 3 艘船、天空和大海。

10. 彩绘岛

这些岛屿及其喧闹的居民消失在地平线后，3艘船每天互相追逐着航行，东北信风一直在吹拂，有时狂风阵阵，追赶这些在海上颠簸起伏的船，就像要甩掉骑手的烈马一样。日复一日，日光直射而来，把渴了的人驱逐到甲板下或风帆的影子中。痛苦似乎没有尽头。

经过在海洋上漫长的一周，1521年3月16日的黎明，在关岛以西大约300里格，瞭望塔中的人又发现了陆地。不久，其他人也看到了延伸到北部的海岸上的森林。他们靠近时遇到浅滩，但这可能不是舰队总指挥不想登陆的唯一原因，在"盗贼之岛"的经历可能使他保持了警惕。舰队的状况太糟糕了，不能让他们陷入另一场对抗，水手们需要休息。

因此，麦哲伦让船转向南方，并寻找一个可以提供更多安全性的登陆点。经过右舷的岬角后，他们前往一个小岛，在海岸附近抛锚，小艇被派去探索该岛。当小艇离舰船还不远时，帆船上有水手看到两艘独木舟从岬角后面驶出来。甲板上的人赶紧呼喊小艇上的同伴们回到舰船上，随后船掉头，独木舟也撤了。麦哲伦命令再次吊起锚，他更想尝试在西面可见的另一个岛屿登陆。

　　他们在那里很幸运。岛上似乎无人居住，很快水手们就以在颠簸的船上生活了几个月的特殊步伐跨过海滩。他们发现了两汪清澈的泉水和高大的树木（在其中一棵的树荫下，人们可以伸展开身体），还有许多椰子树。麦哲伦为患者设置了两个帐篷，并宰杀了撞向他们的野猪。皮加费塔写道，从那时起，指挥官每天都上岸，亲自照顾病人，就像他曾经和他的葡萄牙同胞于 1507 年在莫桑比克建立医院时那样。

　　因为有泉水，他们称该岛为"有水的地方"，或如皮加费塔所说的："优质水，是我们在这个岛上发现黄金的第一个迹象。"他们将整个群岛命名为"圣拉撒路群岛"，因为他们是在大斋节的第五个星期日前夕到达那里的。在这一天，人们阅读了《约翰福音》第 11 章，其中涉及拉撒路的复活。《圣经》的文本看起来非常符合海员们的境况，经过漫长的穿越之后，有些人感觉好像他们已经从死里复活了。但对有些人来说，救赎还是不及时，"特立尼达号"上来自阿斯图里亚斯的一个学徒古特雷尔和他来自"维多利亚号"的伙伴奥乔特，在这个"优质的有水之岛"上找到了他们最后的安息之地。

　　水手们在岛上搭起帐篷后的第二天，一些身体涂着彩绘的人来了。一艘船上有 9 个人，全都是古铜色皮肤，黑发，身材偏胖。除了臀部周围有一块布以外，他们没有穿其他衣物，因此可以看到他们身上的画：拇指粗的线条弯弯曲曲地在双腿上延伸，宽阔的菱形或三角形图案使四肢看起来像蛇，其他图案让人想起蔓生植物的卷须和花朵。每个新来的人都用这样的图案装饰他们的腿，有些人的胳膊和胸部也有装饰，一个似乎最老的人是他们的领袖，他甚至画了脸颊，使他的脸看起来像一个可怕的面具。他戴着大金耳环、金手镯和头巾。他们所有人都用匕首、金尖长矛、标枪和盾牌武装。他们的皮肤像刚上过油一样闪闪发亮。

当这群人接近水手营地时，麦哲伦禁止他的水手们未经允许就行动或说一句话。显然他想防止像发生在"盗贼之岛"那样的事情。但是他的担心是多余的，他们的首领走近水手，对这些陌生人的到来看起来似乎非常高兴。总体而言，就像皮加费塔所说的那样，水手们立即看出"他们是有理智的人"，这意味着这些人并不像查莫罗人那样不可预测，而有一定的克制和谨慎。水手们顿时放松了。

当其中4个彩绘男子划船去附近叫钓鱼的伙伴时，麦哲伦又让其他人拿少量食物和饮料招待他们，他给了他们红色的帽子、镜子、梳子、铃铛和其他东西。身上涂彩绘的人用鱼、装满棕榈酒的罐子、"印度无花果"（香蕉）和两个椰子回报他们。他们用肢体动作交流，但彼此沟通顺畅，舰队总指挥终于邀请到了"特立尼达号"的参观者。舰队总指挥带领他们登上船，并向他们展示了丁香、肉桂、胡椒、肉豆蔻、姜、黄金等样品，这是欧洲人最感兴趣的商品。皮加费塔说："他们表示，舰队总指挥向他们展示的东西在他们那里有生长，并可以带我们去看。"麦哲伦还开了几枪，"这使他们非常害怕，以至于他们想从船上跳入海中"。舰队总指挥这样做违反了王室的指示，该指示明确禁止不必要地使用枪炮，"因为印第安人比其他任何人都更害怕它，并且感到非常沮丧"。但这也许正是麦哲伦想要实现的目标。开枪没有任何负面影响，因为客人们"以非常良好的礼貌"告别，并表示他们将在几天后回来并带来更多食物。

彩绘岛的人在 4 天后的中午返回。皮加费塔说，在两艘独木舟上，他们带来了更多的椰子、橙子、棕榈酒和一只公鸡，"目的是让我们知道他们的国家有家禽"。他们给皮加费塔留下了深刻的印象，皮加费塔让他们传授他们的语言并告诉他周围岛屿的名字，包括他们所在的岛屿——胡木努岛。舰队在 3 月 25 日离开彩绘岛（或胡木努岛）后经过了其他岛屿，可以假定当地人乘独木舟护送了舰队一段距离。

出发前不久，发生了一个小插曲，对麦哲伦的舰队本身而言不算什么，但如果造成悲剧性后果，后世 500 年的人对麦哲伦及其航行就很难有这么栩栩如生的印象了。

皮加费塔是船上非官方的编年史家，他想钓鱼，但是在因为雨水而变得光滑的圆木上滑倒，掉入海中却没有人注意。在最后一刻，他抓住了悬在水上的主帆。他紧紧抓住皮带，用力尖叫，直到他的伙伴们用救生小艇来帮助他。皮加费塔说："我得救不是因为自己的功劳，而是因为我的虔诚。"他坚信，是圣母对他有怜悯之心，因为 3 月 25 日是圣母领报节，顺便说一句，在 16 年前的同一天，麦哲伦第一次去印度。如果没有皮加费塔及时掌握主要情况，那么我们对第一次环游世界的很多细节将无从了解，而世界文学的宝库将失去很多色彩。

两天来，这支小型舰队在西南偏西的航线上航行，途中经过多山的丘陵小岛，这些小岛上生长的绿树林一直延伸到海岸，因此很难判断是否有人居住在岛上面。3 月 27 日晚上，水手在一个小岛上看到大火，第二天早上他们就停泊在那里，不久，一艘乘坐着 8 名船员的狭长小船驶向了旗舰。麦哲伦的马来奴隶恩里克用母语说了几句话，天啊，船上的人不仅听懂了恩里克用马来语对他们说的话，还用相同的语言回答！

"特立尼达号"船上的水手们一定非常惊讶，特别是航行者意识到这种交流意味着什么：在向西航行了一年半，航行了数千里格并环游了地球的一半以上之后，遇到了会说恩里克的语言的人，而马来语在东南亚的大部分地区都是通用语言。这清楚地表明：船员在马六甲的辐射区，因此他们的目的地不再遥不可及。

情况还会变得更好，后面的事情给航行者——尤其是麦哲伦本人——带来了令人振奋的感觉，即经过没有尽头和缺水的漫长旅程之后，他们到达了一个邀请他们留下的地方。岛上的使者将他们引进小岛，岛主给予了他们友好的欢迎。吉恩斯·德·马夫拉回忆说："最后，港口的本地人出来了，并以良好的面貌接待了舰队。人们带来了一些黄金，当麦哲伦看到他们时，他对自己的船员说：他终于到了他寻找的地方。"

卡斯蒂利亚国王派遣麦哲伦寻找前往摩鹿加群岛的西部路线。国王还授予他圣地亚哥骑士勋章和世袭头衔，他将在卡斯蒂利亚的一半世界新发现的所有岛屿和国家担任总督，并在这些国家未来的所有税收中占有份额。如果麦哲伦发现 6 个以上的岛屿，他甚至可以将这笔收入中的很大一部分放在自己的口袋里。因为，查理和他在 1518 年 3 月签署了协议。现在，总指挥遇到了一整个大群岛，显然包括 6 个以上的岛屿，这些岛屿上有黄金，居民慷慨大方。岛上的统治者送给麦哲伦一盒金条，以及一盒生姜，但麦哲伦不想接受。

这背后可能不仅仅是谦让。皮加费塔说，此后不久，麦哲伦禁止他的水手进行黄金交易，"为了让这些人从一开始就明白，我们对商品的估价高于其黄金"。最重要的是，这位船长不希望他的水手们为了换几粒金豆而失去最后一件衬衫。一旦岛民意识到基督徒对这种黄色金属的贪婪程度，"这将永远毁掉贸易"。

显然，这位来自波尔图的骑士对贸易和炮舰外交有所了解，他派"康塞普西翁号"的文书桑乔·德·埃雷迪亚和恩里克进行陆地上探索性谈话后（正如吉恩斯·德·马夫拉所说的那样，口译员恩里克在那里喝醉了），麦哲伦在 3 月 29 日的耶稣受难日亲自接待了该岛的酋长。麦哲伦给了酋长大量礼物，同时明确地展示了他所代表的强大力量。他下令开枪，这果然给岛民们留下了深刻的印象。子弹的烟雾一散尽，他的一名士兵就穿上了完整的铠甲，另外 3 名士兵用剑和匕首刺向士兵，而穿铠甲的士兵没有受伤。这对酋长产生了震慑。麦哲伦在翻译的帮助下向他介绍，这样一个全副武装的人相当于 100 名普通士兵，而他的每艘船上有 200 名这样全副武装的人。这当然是虚张声势，因为当时舰队成员最多只有 160 人，而且许多人身体虚弱。

在经过如此出色的表演之后，两位领导人按照当地的习俗，划伤胸膛，将血倒入一杯棕榈酒中，同饮一杯酒，缔结兄弟情。岛上的酋长很高兴地满足了麦哲伦的要求，请其中两名水手作为客人登陆，并向他们展示他的王国。其中之一是皮加费塔，他像往常一样敏锐地观察着这一切，并急切地做笔记。酒量大的主人为他提供了很多棕榈酒和蒸馏酒，"他们首先向天空举起手，然后用右手拿起喝酒的容器，然后将左拳头向其他人伸出来。当国王（皮加费塔这样称呼酋长）对我这样做时，我最初担心他会打我。但是后来我对他做出了同样的手势"。即使这名使者知道自己身处舰船火炮的射程之内，仍需要一些勇气来和这些人见面，尽管他们礼貌微笑，但这些人似乎并不是完全友善。当皮加费塔用手势与酋长交谈时，"他的手下手持剑、匕首、长矛和盾牌站在我们周围"。

皮加费塔看着酋长富丽堂皇的船，长约八米，被称为"巴朗盖"。他爬上梯子进入酋长的宫殿，宫殿仿佛建在高跷上，这使他想起了一个谷仓，上面有棕榈树和香蕉叶。出于礼貌——"因为我无能为力"——皮加费塔在耶稣受难日吃了肉，醉了并睡在草席上。皮加费塔用自己的文字写出当地人的语言，并能朗读出来，这使主人感到惊讶。然后皮加费塔遇到了酋长的兄弟。此人统治了另一个岛屿，来找他的兄弟一起狩猎。

在皮加费塔的眼中，这个人是"这些人中最英俊的人。他的头发很黑，长及肩头，头上系着缎带，还戴着两个大金耳环。他身旁佩带一把匕首，长柄完全是金制的，而护套则是用木头制成的。他的每颗牙齿上都有三个金点，使牙齿看上去像用黄金覆盖着，

超越世界边缘：麦哲伦与大航海时代

在他身上可以闻到香脂和安息香的味道。他的皮肤被晒成古铜色，身体上画满了花纹"。也就是说，他像胡木努岛上的渔民一样文身，而且显然是该岛最受尊敬的人。皮加费塔还了解到，在英俊的酋长的小岛上，金块与地上的鸡蛋一样大。

舰队总指挥也对黄金感兴趣。第二天，麦哲伦邀请了小岛首领的这位兄弟上船，并与他共进晚餐。这当然得到了马来语译员恩里克的协助,恩里克如今不会抱怨工作量太少了。通过这种方式，麦哲伦知道了两位当权者的名字：阿维拉贾和科兰布拉贾。他们停泊的岛屿是马泽瓦岛，英俊的酋长统治着武端岛。武端岛位于一个名为棉兰老岛的大岛的北部，并用当地的黄金财富吸引了来自各地的交易者。

在谈话中，两位酋长咀嚼槟榔——槟榔的碎果实与石灰混合并包裹在槟榔叶中。麦哲伦从他到印度的那一刻起就知道了这种兴奋剂，因此，由于咀嚼槟榔而导致嘴巴变得深红并不会让他感觉陌生。

接下来的那天，由海员向岛民展示他们的习俗。1521 年 3 月 31 日，复活节，就在一年前，舰队进入巴塔哥尼亚的圣胡利安港，他们上岸，在一片贫瘠的卵石海滩上庆祝弥撒，天空覆盖着重云和哗变的阴影。现在，他们的船停泊在蓝绿色的海水中，在一片生长着郁郁葱葱的植被的沙滩前，这片沙滩上满是挂着金饰微笑着的人。

在将神父和翻译带到岸上进行必要的准备后，舰队总指挥和他的 50 名士兵登上了船，他们的装扮都尽可能优美。他们把铠甲丢在身后，但系好了剑，肩上佩带着手枪，在船只靠岸之前，"作为和平的象征"，6门重型的伦巴德大炮轰鸣。当牧师在弥撒中举起圣餐时，舰船再次开炮，此前火枪手在陆地上曾用步枪展示过射击。

皮加费塔激动地指出，阿维拉贾和科兰布拉贾不仅参加了弥撒，而且"像我们一样亲吻了十字架"，"像我们一样跪在地上，双手叠在一起，崇拜我们的救世主"。两位酋长还"享受"了在大规模集会之后麦哲伦的士兵们进行的战斗表演，并在舰队总指挥向他们赠送耶稣受难像时仔细聆听。在翻译的帮助下，麦哲伦进行了解释：他的主人是国王，已指示他在访问过的任何地方竖起这个十字架，因此他希望在拉贾兄弟的国家竖立这个十字架。这是为了他们自己的利益，如果将来有其他舰队从卡斯蒂利亚过来并看到这个十字架，那些人将对当地人友好，不会伤害他们，既不会抢劫他们，也不会绑架他们。这就是为什么他想要将十字架放在山上以便别人清楚地看见。此外，如果他们崇拜十字架，将来雷声、闪电或暴风雨都不会伤害他们。

毕竟，演讲者想从听众的反应中知道他们是穆斯林还是异教徒，或者他们信仰什么。皮加费塔写道："他们举起双手，脸向天空，表示做礼拜的举动，同时称呼他们自己的神为阿巴，他们这样做就是敬拜神，这使船长非常高兴。"麦哲伦询问酋长们是否有敌人，并提议用他的士兵和船去制服他们。其中一位酋长感谢他，称有两个敌对的岛屿，但现在不是攻击他们的合适的时间。对话结束了，马泽瓦岛的酋长向麦哲伦宣誓结为盟友。水手们用枪向天空发射子弹庆祝，他们互相拥抱。午睡后，他们爬上岛上最高的地方——那只不过是一座小山——并将耶稣受难像放在那里。

马泽瓦岛就是今天的利马萨瓦岛，是棉兰老岛东北部莱特岛南端前方的一个狭窄的不到 10 公里的小岛。因此，利马萨瓦岛可以夸耀，在菲律宾这个以天主教为主要宗教的国家，这里是 1521 年复活节星期日第一批基督教徒到达的地方，这是不小的名声。菲律宾政府甚至成立了历史学家委员会，以独特的方式纪念这一难忘的事件，该委员会为利马萨瓦岛明确表示了自己的立场，但委员会的评估并未得到所有历史学家的认可。

实际上，麦哲伦穿越"圣拉撒路群岛"的路线无法完全确定。关于这一点的唯一信息是由船上的编年史家提供的，他们在这一点上既不太精确，也没有连贯性。水手从太平洋看到的第一个岛屿被皮加费塔称为"萨马岛"，这就是今天的萨马尔岛。阿尔博将另一个岛命名为"尤卡坦"，它在某种程度上相当于今天的迪纳加特群岛。根据麦哲伦的舰队首先访问的是这两个岛屿中的哪一个，有不同的路线穿过群岛。

在萨马尔岛南部有一个小岛名为霍蒙洪岛，这一名称是皮加费塔说法的变形，让人联想到海员找到泉水的胡木努岛。他们本可以从霍蒙洪岛出发，经过莱特岛海湾和苏里高海峡，绕过帕纳翁岛，然后从那里航行至利马萨瓦岛——正如吉恩斯·德·马夫拉指出的那样——在防风的西侧抛锚。

但是，今天的地名不能简单地追溯到过去。不能仅仅因为有一个霍蒙洪岛，而皮加费塔提到了一个叫作胡木努的岛，就把它们当作是同一个岛。毫无疑问，这就像将德国北部的低山山脉（如今被称为"条顿堡森林"）等同于历史悠久的瓦卢斯之战的地点，尽管此山脉在 17 世纪才得名。同样，一些岛屿可能直到麦哲伦抵达后才有了现在的名字。以前的书面证据或者地图，都像奥古斯都时代的日耳曼人的数量那么少。因此，尽管利马萨瓦岛声称它是菲律宾第一次弥撒的举办地，但是没有更多的证据。

人们可能会发现关于在菲律宾举行第一次弥撒的地点的争议是多余的，特别是如果人们倾向于不对该事件附加任何历史或民族意义的话。但是探究这个问题，也很好地展现了人们在试图重建欧洲人和菲律宾人之间第一次相遇时所面对的困难。

从 1521 年的角度来看，讲"菲律宾人"是不合时宜的。这个太平洋群岛直到 1543 年才由鲁伊·洛佩斯·德·比利亚洛沃斯取名为"菲律宾群岛"，他想以此纪念王储和后来的卡斯蒂利亚国王菲利普二世。此外，今天属于菲律宾共和国的 7000 多个岛屿当时并未形成一个统一的国家，而是无数个或大或小的酋长国，其中一些通过联盟相互联系，一些彼此敌对。麦哲伦和他的水手们只接触了其中的一小部分岛屿，他们停留的岛屿是米沙鄢群岛的一部分。米沙鄢群岛是菲律宾中部群岛，介于北部的吕宋岛和南部的棉兰老岛之间。

随着舰队在米沙鄢群岛的海滩上登陆，真正意义上的菲律宾历史才开始。尽管卡斯蒂利亚帝国从 1565 年才开始吞并该群岛，直到征服之后才真正传教，但马泽瓦岛的十字架代表着历史的开端，代表着神话的起源。现在回想起来，对于当时的参与者，下面讲述的 1521 年春季的戏剧性事件与那些事情相比具有不同的含义。

我们只知道基督徒水手的看法。米沙鄢群岛的居民拥有文字系统，但就目前所知，他们并未用它来撰写故事和传递历史知识。基于当时一种古老的口头传承，在菲律宾传唱的麦哲伦史诗，在 20 世纪中叶才出现了纸质的版本（即事件发生的许多年后），将此叙事诗用作近代早期的历史资料如同借助《尼伯龙根之歌》写下民族迁徙史。历史事件无疑反映在传奇中，但它们往往被传统重塑，如果有时间层面的问题的话，在这里也根本无法解决。因此，为了重建事件，我们要依靠欧洲人关于麦哲伦探险队的证据，即船上编年史记录者阿尔博、吉恩斯·德·马夫拉、马丁·德·阿亚蒙特，尤其是皮加费塔，他是圣拉撒路群岛最出色的解说员。

皮加费塔的报告是否与历史事实相吻合的问题反复出现，他为后代而写作的说法几乎不能证明是合理的，他当然没有想到对确定历史事实真正感兴趣的是未来的历史学家。他的作品是针对他的祖国及受过良好教育的上层社会，他想娱乐和取悦这些上层社会的人，他将副本赠送给了皇帝和其他杰出人物，例如圣约翰骑士团团长——菲利普·德·维利尔斯·德·艾尔·亚当。归来之后，皮加费塔被授予圣约翰勋章。圣约翰骑士团起源于十字军东征时期，在与土耳其人的战斗中坚定地遵循了"基督教战士"的理想。所以皮加费塔描写他的舰队总指挥出场时遵循习俗穿着黑色衣服，衣服上画有圣地亚哥骑士的血红色十字架，作为基督教史诗的英雄的形象，也就不足为奇了。

皮加费塔的故事不仅是一个令人振奋的骑士故事，而且还讲述了与外国文化的相遇。正如一些作家一贯所做的那样，他毫无羞耻地抄袭其他前往亚洲的航行者的作品，而没有标注内容来源，例如，他在椰子树上讲了几个小时并传授知识，是从意大利探险家卢多维科·德·瓦尔塔马的《航行指南》上抄袭的。但是皮加费塔也结合了他自己的许多观察结果，每一个阅读他的作品的读者看了几页就知道，这个来自维琴察的环球航行者具有敏锐的眼光，知道如何将自己的印象转化为文字。

皮加费塔对米沙鄢群岛文化的描述随着时间的流逝而增加，特别是在卡斯蒂利亚士兵征服了这些岛屿，并且耶稣会士开始使人们信教后。一些传教士学习了当地人的语言，并在他们之中生活了数十年，研究了他们的习俗。当然，他们这样做是基于自己的信念和自己的文化。他们不是追求无价值观察的现代民族学家，而是想用其基督教价值体系取代土著文化。尽管如此，像弗朗西斯科·伊格纳西奥·阿尔西纳这样的作家的记录还是非常有价值的，因为在米沙鄢群岛上没有书面记录传统，而且考古证据很少。这些记录可以用来绘制一张草图，尽管是一张粗略的草图，但可以想象麦哲伦和他的船员于1521年3月16日驶入的这个世界。

麦哲伦来自伊比利亚半岛，那里不存在没有主人的土地。但在米沙鄢群岛是另一回事，这些岛屿人烟稀少，以至于土地所有权的概念不明。如果人们需要空间用于建小屋或种植山药、香蕉、棉花，则只需要砍掉一块其他人没有用过的丛林里的植被。米沙鄢群岛的居民进行了刀耕火种的农业。他们每隔几年就换一次田地，因为从长远来看，热带丛林地带无法维持集约化农业。最大的困难不是找到一块土地，而是将热带森林的一块土地上的植被去除干净。在包围田野的围栏之外，爬山虎和无花果泛滥成灾，还潜伏着鳄鱼、蟒蛇，以及鹿、猪、猴子、麝猫、鬣蜥、鸡和其他猎物，米沙鄢人用网、陷阱和狗对付它们，他们还采集野生蜜蜂的巢穴。

除了打猎外，钓鱼对生计也至关重要，特别是对于沿海居民而言。晚上，渔民将渔网抛入河中或浸入沿海的水中。通常，岛民水性都很好，他们喜欢游泳，孩子们学会抓东西后就能得到他们人生中的第一把桨。桨是每个人装备的一部分，就像他们的长矛、藤棍和弯刀一样，弯刀用来打开椰子、穿越丛林，也可以攻击敌人。他们的船很轻，吃水浅，因为它们是为岛屿交通而设计的。与细长快速的帆船一样，舷外桨架在水中提供了必要的稳定性。有些船在两侧都有这样的舷外桨架，例如传说中的卡拉科阿独木舟。这是一种快如闪电的战舰，每侧最多有 40 个桨手，有 1 ~ 3 面帆，船体中心上方有一个战斗平台。

由于沿海居民的生活主要依靠大海，因此塔加洛语（类似菲律宾语言）中的一个单词将他们的社区、村庄称为"描笼涯"，这个单词会使人联想起皮加费塔所说的"巴朗盖"，因为发音很像。一个小村庄通常由 30 ~ 100 户家庭组成。它由一名叫"拿督"的首领领导，如果他领导一个更大的社区，他也可能拥有"拉贾"的头衔。拿督不是被选出来的，而是继承职位。他们组成了封闭的社会阶层，只接受同等阶级的配偶，通常是邻近的社区。因此，他们的首领经常是亲戚，例如皮加费塔在马泽瓦认识的阿维和科兰布兄弟；或者结拜为兄弟，例如马泽瓦的拉贾和麦哲伦。

拿督也与其他背景的妇女有后代。同时，还招募"提马瓦"。他们是自由人，担任拿督的顾问和战士，并非常尊敬拿督。大多数人属于"奥里朋"，即农奴或奴隶，他们必须将全部或部分劳动成果提供给他人，奥里朋要么出生就是奥里朋，要么是因为无法偿还债务而成为奥里朋。债务束缚在米沙鄢群岛似乎已很普遍。通常这是由于新郎求婚时需要交给宗族礼物，而受欢迎的礼物是在米沙鄢群岛和棉兰老岛上发现的黄金、从中国进口的瓷器，以及来自婆罗洲的声音悠扬的铜锣。

与近代早期的欧洲国王不同，拿督像他的追随者一样也要出海、钓鱼和狩猎，以自己的劳动成果为生。一些拿督还掌握了一门手艺，例如备受赞誉的锻造技术，他们的妻子编织节日期间穿的棉布。拿督往往通过让其他人为他工作并将他们的劳动成果分发给他的追随者而强盛。在人口稀少的岛屿世界中，劳动力一直是稀缺资源[①]。为了增加劳动力数量，雄心勃勃的拿督经常和他的提马瓦在海上发起突袭，目标是航行者，甚至是女人。然后，这些俘虏成为奴隶，除非有人倒霉，正好碰上拿督病重或死亡，需要用人祭来治愈或哀悼他。

这些突袭是史诗歌曲中歌颂的英雄事迹。在战斗中表现出勇敢和技巧并杀死一个或多个敌人的战士，用文身证明自己的胜利。文身是非常痛苦的，并且有感染的危险，但是对于威望至关重要。一个战士身上的花纹越多，他的威望就越大。只有最大胆的人敢

---

① 据估计，当时整个菲律宾群岛生活着 100 万～200 万人，不到其目前人口的 2%。

于在脸上刺上"巴图克"（文身）。由于这些人通常只穿缠腰布，所以他们的文身有很好的展示效果。他们还习惯对牙齿进行抛光和染色——最好是黑色或红色——并用金镶嵌物进行装饰。在米沙鄢群岛，卡斯蒂利亚人被称为"白牙齿的人，因为他们不善待牙齿"，所以在当地人眼中就像野生动物一样。卡斯蒂利亚人则称米沙鄢群岛为彩绘岛。

除了抢劫之外，还有另一种手段可以使拿督增加影响力和财富：成为贸易的赞助人和征收关税。个别的描笼涯发展成跨地区的重要商场，大规模转运国内商品和长途商品。几个世纪以来，中国商人定期来到北部的吕宋岛，除了瓷器和丝绸外，他们主要是带来铸铁，这些铸铁被当地铁匠用作原材料。与米沙鄢群岛居民进行贸易的商人主要是穆斯林，来自越南占婆、婆罗洲和苏拉威西岛。他们装载了精美的织物、宝石和香料，但主要是铁器（其中一些来自遥远的国家，例如爪哇或印度）——刀、矛尖和利剑。例如马来克力士剑，这是典型的火焰状双刃剑，其切削刃像大马士革钢一样，由几层组成。在米沙鄢群岛，一种叫作"卡利斯"的长武器很受欢迎——特别是那些来自著名的孟加锡和桑吉河铁匠铺的。长途贸易商用带来的商品交换珍珠、珊瑚、贝壳、蜡、动物皮、麝猫、麝香和龙涎香、彩色木料，但最主要的还是黄金和奴隶。

显然，15世纪南亚和东亚商业活动的繁荣也影响了米沙鄢群岛。贸易蓬勃发展，主要是食品贸易。盐和大米是稀缺的商品，因此成为交换的物品。稻米主要种植在内陆的干旱地区，是居住在那里的部落最重要的出口商品。

在节日期间，尤其是在拿督家族之间的婚礼上，古老的米沙鄢文化盛行，这不仅使整个村庄兴奋数天，而且还为史诗和歌曲提供了理想的素材。房屋经过装饰，新娘和新郎必须经过各种仪式才被允许称对方为丈夫或妻子，家人交换礼物，人们吃饭、喝酒和跳舞。舞蹈和唱歌也渗透在日常生活中。一个米沙鄢人，如果不是喝醉了或者在睡觉，那么一定在唱歌。社交聚会一定会喝含酒精的饮料，例如棕榈酒或甘蔗酒、发酵蜂蜜或阿剌吉酒（烧酒）。

马泽瓦岛非常宜人，但这个岛屿太小了，无法满足麦哲伦舰队数量众多而又饥饿的水手。因此，两位酋长建议舰队总指挥去"祖布"，这是整个地区最大的港口。他们在那里能通过易货得到足够的食物。马泽瓦岛的王子甚至提出要亲自陪同水手们去那里，麦哲伦很高兴地接受了。但是出发推迟了，首先是因为酋长们在喝了一夜后宿醉没起得来，然后，因为有水稻要收割，麦哲伦为此派了自己的人作为帮手。即使舰队最终出发并沿着莱特海岸向北航行，最终越过卡莫提斯海向西，它也必须等待酋长的狭长划艇，正如皮加费塔自豪地指出的那样，米沙鄢人无法跟上欧洲人的舰船，显然，舰队的卡瑞克大帆船再次利用了东北信风。

4月7日，星期日，舰队驶入祖布港，即今天的宿务市，位于宿务岛东岸，在当时这里是主要定居点。在水手们到达城镇之前，他们经过了村庄。那里的房屋建在树下，好像踩在高跷上，有尖尖的屋顶。在村庄前面的水面上是无数的船只，分为独木舟、马来帆船、巴朗盖。根据吉恩斯·德·马夫拉的说法，宿务是"一个很好的港口"，拥有"非常清新的海滩"和"美丽的椰子林"。当奇怪的船只到达时，居民蜂拥而至，"用马刀和长矛"保护自己。惊吓宿务人的不仅仅是高大的卡瑞克大帆船，皮加费塔说，麦哲伦在入口处挂起了所有旗帜，扬起了帆，"就像在准备战斗一样"，然后发射了火炮，"吓坏了这个地方的人"。

经过这次出色的表演，谈判代表上岸了。皮加费塔和吉恩斯·德·马夫拉说，第一次会议是由克里斯托瓦·雷贝洛、恩里克和马泽瓦岛的酋长参加的，马泽瓦岛的酋长与宿务的酋长是亲戚关系。参会的人努力使宿务的酋长相信新来者的和平意图。宿务的酋长从恐惧中迅速恢复过来，他同意欧洲人在他的港口做生意的要求，但与此同时坚持要他们按惯例纳贡。为了表明这不是刁难，酋长叫来了一名商人，他 4 天前从占婆乘坐中国式帆船来到这里，在宿务"交易黄金和奴隶"并向酋长纳贡。但是雷贝洛让恩里克告诉酋长说，他的主人是"世界上最伟大的国王的舰队总指挥"，因此"不想对世界上的任何其他国王纳贡"。为了表明态度，雷贝洛补充说："如果他想要和平，他将获得和平；如果他想要战争，那将获得战争。"

此时，来自占婆的商人（据皮加费塔所说，他是摩尔人，也就是穆斯林）参与了谈判。他请酋长走到一侧，并警告酋长说："先生，想想您在做什么，因为这些人征服了卡利卡特、马六甲和整个印度。如果您好好对待他们，他们会好好对待您；反之，您的情况会更糟，就像他们在卡利卡特和马六甲所做的那样。"

恩里克听懂了这些话，补充说："他的主人在海上和陆地上比葡萄牙国王更有力量……他就是卡斯蒂利亚国王，并且是全基督教世界的皇帝。"这名翻译警告酋长：如果酋长不想成为这位有权势的国王的朋友并且不善待国王的臣民，那么下次国王将"派遣更多的人过来攻打他的领地，直到将它摧毁"。

这些威胁对宿务的酋长产生了影响。他要求时间思考，并给这些盛气凌人的陌生人提供了大量的肉和酒。

没有资料记录了那天晚上酋长在议会中所说的话，他称呼自己为"胡玛邦拉贾"，显然宿务的酋长决定在这场较量中先展示出友善的态度。第二天早晨，麦哲伦的使者来访，宿务的酋长提出一个顺从性的问题，即他是否应该向皇帝纳贡。使者慷慨地说，没有必要向皇帝纳贡，舰队总指挥只想交易他带来的货物。

在接下来的日子里，外交游戏在宿务港展开，就像在马泽瓦岛发生的一样：来回派出代表团，表达友谊，交换礼物。水手们送出了染色的织物、衣服和镶金的水晶眼镜，并换了肉和米。麦哲伦作为新来者，力图使自己的武器优势得到彰显，例如，通过给士兵穿上特别精良的盔甲，并使胡玛邦的侄子相信他们每个人都会参加战斗。而且，这位舰队总指挥从未错过向米沙鄢人宣扬基督教的好机会。之后不久，总指挥坐在旗舰甲板上的红色皮革椅子上，接待了胡玛邦的使节并达成正式的和平协议，他们为他的大声祈祷感到惊讶。然后，他向他们讲了亚当和夏娃、罪恶、魔鬼和地狱、不朽的灵魂、婚前性行为的危害以及"其他许多影响我们信仰的事情"。

皮加费塔在这里描述麦哲伦向米沙鄢人传道，如同教皇博尼法提乌斯向弗里斯人传道。观众们听得如痴如醉，热情地要求让他们成为基督徒。人们很想知道，在这种通过问答传授教义的互动中喜出望外的人对这位圣地亚哥骑士的讲授能有多少了解。毕竟，麦哲伦不会讲他们的语言，恩里克是唯一可以将教义翻译成马来语的口译员，而这种交流语言并非米沙鄢群岛上的每个人都掌握。舰队总指挥的话是否激发了他们的宗教热情？也许他们心中在想，如果他们成为基督徒，他会给他们留下基督徒使用的武器吗？"

设置基督教象征的另一个机会来自两名船员的死亡。1521 年 4 月 9 日，"临时雇员"马丁·德·巴雷纳因"疾病"死亡，第二天，"维多利亚号"粮食储备主管胡安·德·阿罗什死亡。麦哲伦派遣皮加费塔作为使者，希望胡玛邦拉贾允许将死者埋葬在他的岛上。皮加费塔第一次进入酋长的殿堂，宫殿地面被棕榈叶制成的垫子所铺盖。除了缠着腰带和头上系着缎带外，酋长没有穿任何衣服，他的周围有许多人。他的脖子上戴着一条沉重的金链，耳朵上戴着金耳环，上面镶有宝石。皮加费塔写道："他是个矮胖的人，在脸上画有各种图案。在他的面前是装有乌龟蛋的瓷器碗，几个罐子装满棕榈酒，他用吸管喝了酒。"

在酋长的允许下，水手们"尽可能地把死者安葬在广场中央"。在征用的土地上，十字架被竖起。然后他们把货物带上岸。酋长给他们分配了一间房子，让他们可以存储和展示他们带来的产品。一家小商店很快成立，生意很忙。黄铜和铁尤其受欢迎，14 磅重的铁可以置换 10 块金子，每块金子相当于 1 个半杜卡特金币。

当舰队总指挥得知后，他立即停止交易，并宣布这是死罪，见证者后来做证说"因为他想使金价保持低位"。但是，他允许交易大米、肉类和其他食物，生意井井有条。人们注意到，与查莫罗人不同，米沙鄢群岛的居民长期以来就是大型贸易网络的一部分，该网络从东亚延伸到欧洲，并很快遍布全球。他们的木秤的工作原理与欧洲的类似。皮加费塔认识到："这些人恪守法律，保持体重和体形，他们热爱和平，注意娱乐和休息。"

皮加费塔被允许定期上岸并四处观察。他能够欣赏到由4名年轻的女性用手鼓和锣表演的室内音乐会，并被允许与3个裸女跳舞。他参加了两个老妇人的杀猪仪式，并在几个盛宴上做客，人们吃喝了好几个小时，有很多值得一看的地方。"年轻人和老年人都用一根鹅毛梗粗细的金棒或锡棒刺穿龟头附近。在棒子的每一端都有类似星星的尖尖的东西，让人联想到马车钉。"皮加费塔对这种不寻常的身体饰品着迷，以至于他要求所有年龄的男人都向他展示阴茎。

这种阴茎穿孔，在马来语中称为"帕朗"，当时主要出现在菲律宾和婆罗洲。它们是通过手术改变或装饰男人的多种形式之一，这在马来群岛已很久了。对于这些做法的最初动机，有很多推测。一些人类学家认为这是女性选择的结果。女人会更喜欢有阴茎穿孔的男人作为性伴侣，因为她们在与他们做爱时会得到更多欢乐，或者她们认为经过痛苦而具有威慑力的刺穿程序的男人，才有资格作为伴侣。无论哪种方式，都标志着东南亚社会中的妇女对丈夫施加的性权力。皮加费塔的看法似乎也支持了这一论点："他们告诉我们，他们的妻子想要那样，如果他们不那样，她们将不再与他们在一起。"在皮加费塔看来，这对米沙鄢人的性格来说是一个不好的因素。"这些人之所以这样做，是因为他们的天性软弱。"这个欧洲大男子主义者坚信，"这里的女人们爱我们胜过爱本国的男子"。

但是，基督徒中也有天性软弱者。杜阿尔特·巴博萨对陆地上的娱乐感到非常满意，以至于像在里约热内卢一样，他不希望返回船上。麦哲伦尽管屡次警告仍未见效，杜阿尔特·巴博萨在岛上驻留了3天，麦哲伦不得不解除了妻子的堂兄对"维多利亚号"的指挥权，并将这艘船移交给自己的门徒克里斯托瓦·雷贝洛。

总指挥想表明，像这样不能约束自己的人对当地人不是好榜样。他的和平布道似乎没有失败，胡玛邦拉贾答应与他的同胞一起受洗。

隆重的仪式于4月14日（星期日）举行，距抵达宿务仅一周。枪声再次响起，在广场中间放了一个大十字架，旁边是为此而设的舞台。为了纪念遥远的皇帝，胡玛邦拉贾获得了洗礼的名字"查理"，他的侄子受洗的名字是"费尔南多"（即卡斯蒂利亚国王查理的弟弟，是当时的奥地利大公）。马泽瓦岛的拉贾和来自婆罗洲的穆斯林商人也参加了受洗，下午轮到胡玛邦拉贾的妻子和宫廷中的其他女士。皮加费塔回忆说："王后既年轻又美丽，身上裹着白色和黑色的床单……头上戴着一顶用大棕榈树叶制作的太阳帽。"她的嘴和指甲是深红色的。她受洗的名字来自皇帝的母亲"胡安娜"。据说，牧师当天总共向800名男女老少赠送了圣餐。

一个木制的圣母和婴儿耶稣展示在妇女们面前。宿务的公主非常喜欢小耶稣，以至于麦哲伦在仪式结束时把它作为礼物送给了她。相传该雕像保存下来，与仍在宿务受膜拜的"宿务的耶稣"雕像相同。

几天后，在麦哲伦医治了一个昏迷不醒的病人后，米沙鄢人认可了基督教。舰队总指挥说，如果病人受洗，他就会康复。麦哲伦还声称如果自己说的是谎话，人们可以当场砍下他的头。这是一个大胆的宣言，但麦哲伦的头脑保持着清醒，因为在洗礼之后，病人恢复了意识和语言，并宣称"靠我们上帝的恩典"，他的病好了很多。经过几天的杏仁乳剂、玫瑰精油和果酱治疗，病人甚至能够再次从床上起身。不仅米沙鄢人感到惊讶，而且皮加费塔也说："这在我们的时代是一个真正的奇迹。"

对于胡玛邦拉贾（或"查理"）而言，转变态度能获得另一种方式的回报。因为这位酋长是这里第一个接纳基督教的人，所以舰队总指挥认为他是"该地区最伟大的国王"。为了实现这一主张，麦哲伦承诺从卡斯蒂利亚带来一支庞大的部队，来威胁那些不想屈服于胡玛邦的人屈服并把财产交给胡玛邦。威胁再一次见效，整个岛屿在短短 8 天内就转变为信仰基督教。所有附近的拿督都必须宣誓服从新国王，而新国王又臣服于卡斯蒂利亚国王。似乎还不够，他们不得不运送食物交给拉贾和他的卡斯蒂利亚赞助人，作为贡品。

根据皮加费塔的讲述，麦哲伦给岛上成千上万的居民一个新的信仰体系，并改变了其政治结构。他获得的成功，在多大程度上是凭借其魅力，或者更确切地说，是凭借其舰炮，还有待探究。

更为重要的问题是，他是否知道自己的创新对米沙鄢领导层有多大的影响。欧洲的国王并不认识这里的人。在这里，拿督之间组成"领导联盟"，皮加费塔称之为"主事者"，指的是每个拿督领导着一个小社区。

宿务的酋长是这个圈子里面积最大和最富有的定居点的拿督。他扮演元老的角色，被人尊敬并赠予礼物，他是在发生冲突或其他问题时被人求助的人。但他并不是其他拿督必须臣服的国王，如果要求这些拿督一定要屈服于他们"领导联盟"的某一成员，会让他们感到恼怒。在外国船只带着火炮离开后，他们还会遵守他们服从的诺言吗？

因为邻近的麦克坦岛上的一个村庄公开拒绝服从麦哲伦和新国王，麦哲伦意识到他那武力威胁的影响是多么有限。作为"世界上最伟大的国王的舰队总指挥"，他当然不能接受这样的拒绝，因为这将被解读为一种失败。因此，他与手下水手坐船过去，烧毁了这个村庄。

许多人想知道是哪个魔鬼控制了这个航海者，以至于他以这种方式干涉米沙鄢群岛，而这种行为会使他和他的下属付出沉重的代价。甚至有人怀疑这个原本极为冷静的人在经历了平息哗变、发现海峡、穿越太平洋的漫长旅程之后失去了理智。他变得狂妄自大，甚至陷入了宗教幻想，认为自己是神选之子。

如果要完成像麦哲伦的摩鹿加群岛探险这样的项目，并克服各种困难，一定程度的过度自信当然不会有所妨碍。但是，如果人们想象一下这位骑士的人生经历、他与国王的合约、他在航行中的行为、他可怜的结局，就能隐约看到线索。

如果麦哲伦直接前往摩鹿加群岛，他将被查理任命为这个盛产香料的岛屿的总督，但他将不得不面对已经到达同一岛屿并谋求这一头衔的葡萄牙人。如果他在此过程中偶然发现了其他富裕的国家，那要好得多。米沙鄢族人的黄金储备和热爱贸易的人也在寻找福音，这正是他寻求的。麦哲伦无疑希望他能在亚洲大陆以东找到这样的岛屿，要么是因为如传言所说他在马六甲听说过这些岛屿，要么是因为他读过诸如《从好望角到中国的地理描述》之类的书。

在找到所需的东西之后，麦哲伦的问题是确保他的发现得到证实。毕竟，他的任务还没有结束，他必须去摩鹿加群岛。他在马泽瓦岛和宿务的行为可以理解为他想在继续航行之前先制造不可改变的事实。他试图将自己的发现盖上有他印记的文化印章，直到有一天他带领新的舰队回来。除了传播福音，他还渴望设置基督教符号使他的统治合法化。麦哲伦的举动显然受到他多年前在马拉巴尔海岸和东非的经历的影响：利用地方统治者之间的冲突，利用傀儡统治者，与个人结盟对抗他人。最重要的是，随时随地展示军事优势。当地人应该非常害怕他，这种情况会持续几年，直到他返回。

麦哲伦追求的不可战胜策略非常有效，但也有风险，因为它基于虚张声势。一旦其他人意识到麦哲伦舰队不是不可战胜的，气势宏伟的外墙就有可能像纸牌屋一样倒塌。麦哲伦是才华横溢的演员和导演，上演了令人印象深刻的戏剧：从他在巴利亚多利德的年轻卡斯蒂利亚国王面前露面到为米沙鄢人献上关于耶稣的精彩表演。像他的赞助者克里斯托瓦尔·德·哈罗一样，他可能是个不怕高风险并且有时孤注一掷的赌徒，就像他曾经放弃效忠葡萄牙并转而为卡斯蒂利亚服务一样。

顺便提一句，这并非质疑他的宗教信仰和意图的真诚。在由高耸的中世纪教堂塑造的麦哲伦的世界观中，信仰和权力密不可分。这个世界是一个等级制度的世界，包括从教皇到国王、王子、主教、骑士，再到农民和奴隶的所有人。不管是异教徒、穆斯林，还是异端，谁不愿意服从这一等级，则必须以武力强迫其服从。上帝就是这样想的，于是他将武力手段交到了自己的战士手中，其中一位就是麦哲伦骑士。这位伟大的水手坚定地扎根于中世纪"战斗教会"的传统。他受到十字军精神的鼓舞，几乎就像是神话传说中的虚幻人物真实地出现在麦哲伦的精神和身体里。皮加费塔觉得这一切都是最好的，并全心全意地赞赏他的舰队总指挥。

但是，我们并不十分清楚米沙鄢人采取的策略，他们是否通过顺从屈服于外国领导人并乐于接受他的宗教教义而表演了一场戏剧？他们是否对麦哲伦的出现感到不知所措？是不是先参与了他的戏剧，然后希望能在某个时候扭转局面？还是他们的热情是真实的？不管怎样，有一件事是毫无疑问的：像胡玛邦拉贾这样的酋长一定和麦哲伦一样，做事会深思熟虑。鉴于大型船只的到来造成动荡的局势，他肯定会仔细考虑自己的选择。而且不仅是他一个人，该地区的其他拿督都会沉思，如何在这变幻的局势下，掌握这一地区的权力。

米沙鄢群岛的战士认为，诡计和埋伏是公认的胜利之道。这反映在巨人普松的传说中，他是备受恐惧的强盗，屡受侵害的人在身材和力量方面不如他的情况下，在河上为普松设下了陷阱，他一旦踏入，他们可以合力杀死他。另一个传说，小乌龟和大猴子为了一棵香蕉树争斗。为了分散猴子的注意力，小乌龟为自己摘下了叶子，尽管它想要香蕉树的根，因为它知道根能长出一棵新香蕉树。猴子中计了，它拿走叶子，把根留给小乌龟。因此，米沙鄢人说一个计谋多的人，就像长着乌龟的肠子，因为他的心思有很多弯弯绕绕，就像乌龟虽然小，却足够聪明地欺骗了猴子。

1521年4月26日，星期五，一个来自麦克坦岛的名叫祖拉的使节出现在麦哲伦面前，送来两只山羊。他抱怨说他想进献他所有的贡品，但在同一个岛上的另外一个王子拉普拉普不想向卡斯蒂利亚国王屈服且不提供任何贡品。因此，第二天晚上，麦哲伦要求船长派遣一艘载满人的小船，与对抗者作战。

根据皮加费塔的报告，有了这一请求，戏剧的最后一幕就开始了。其他见证者还说，麦克坦岛的一个王子拒绝进献所需的贡品——1只山羊和100公斤大米，并拒绝"亲吻宿务国王之手"。结果，麦哲伦立即决定予以惩罚并亲自前往，尽管他的手下请求他不要去，因为在前几天晚上，一只乌鸦出现了好几次，并尖叫了几个小时，这是一个不好的兆头。根据吉恩斯·德·马夫拉的说法，胡玛邦拉贾也试图劝阻麦哲伦攻击叛逆的拿督，这位拿督显然也是胡玛邦拉贾的亲戚。但是，麦哲伦公开宣称，他的荣誉被冒犯，他想报仇。水手马夫拉怀疑还有另外一个动机："麦哲伦说，他曾被许诺以一些岛屿作为永恒的奖励。人们怀疑他想要宿务岛，因为他本人已经说了很多遍了，而且他想要很多臣民，或许还有其他不为人知的原因，他决定去麦克坦岛。"

　　无论如何，麦哲伦看起来似乎是在等待机会在米沙鄢人面前树立形象，因此他拒绝了宿务的酋长提出的与他共同作战的提议。但是他邀请拉贾到战场观看"卡斯蒂利亚的狮子是如何战斗的"。皮加费塔说，如果他们的对手屈服，舰队总指挥将给予他的对手和平。由于遭到拒绝，麦哲伦当晚与40至60名战士（乘坐2艘或3艘船）一起参加了战斗。埃雷拉－托德西利亚斯在他的《卡斯蒂利亚人在大洋岛屿和大陆的功勋史——西印度群岛》中写道，麦哲伦没有带领规模更大的部队，因为他的许多水手因穿越太平洋而体力不支。也可以想象有些人假托生病，因为他们不想在一个不会给他们带来太多个人收入的地方投入精力。除了舰队总指挥以外，没有人在口袋里装着合约，被赋予权力和税收，并非所有人都像皮加费塔一样，拥有与总指挥一样的布道野心。

　　麦哲伦显然认为没有必要把船只都带去，这可能是因为战场不远，或者夜间在浅水区操纵船只风险太大。他命令士兵带上手枪和十字弩，并用胸甲和头盔武装自己。事后士兵报告脸上留下伤痕，这可能是由于头盔过于简陋没有防护到位，这种头盔类似于夏雷尔头盔（一种中世纪头盔）或卡斯蒂利亚高顶盔。

　　皮加费塔和吉恩斯·德·马夫拉关于战斗过程的报道大相径庭。1521年4月27日上午，可以确定麦哲伦和他的战士从麦克坦岛附近某处的船上下来，留下大约10个人作为警卫。因为海滩前有礁石，所以他们在离海岸只有两支箭射程的距离停了下来，战斗人员不得不在水中游最后 300 米左右。

这种作战策略可能是久经考验的：肆无忌惮的骑士通过全力进攻征服村庄，烧毁它，必要时杀死一些居民并撤离——就像水手们在关岛以及不久之前在麦克坦岛另外一个村庄所做的一样——自己不会遭受损失。但是这次情况有所不同，这可能有几个原因。

第一，守卫者有明显的优势，人数在皮加费塔说的 1500 人到那个匿名热那亚人所说的 4000 人之间，虽然这个人数在那种情况下显得有些夸张。第二，守卫者可能伏击了进攻者。据马丁·德·阿亚蒙特称，战斗前，麦哲伦的人偶然发现了有陷阱，并警告麦哲伦。吉恩斯·德·马夫拉还报告说，守卫者躲在房屋中，当麦哲伦的人试图在村庄放火时，他们突然从多个方向发起进攻。第三，麦克坦人是无畏的战士，他们懂得如何使用武器——棍棒、剑、矛，投掷石块和长矛，矛尖淬火并根据古法用毒药浸泡，因此杀伤力倍增。

起关键作用的是：守卫者的力量比进攻者预期的更强大。进攻者设法在村庄或其部分地区放火，但在射出箭和发射火药后，他们很快看到自己处于防御状态，被三面包围，因此他们不得不从海滩撤退到浅水区。大量石头密集地落到头盔上，而他们的腿上没有铁甲，暴露在守卫者的长矛下。这样的袭击奏效了，大多数人都受伤了，有些丧失了战斗能力。舰队总指挥的脸上和腿部也有几处伤口，并且流血过多。当他被长矛刺穿喉咙，倒在地上时，他手下的人都逃跑了。

皮加费塔报告说，麦哲伦经受住了对手长时间的猛烈攻击，直到他知道他的手下已经安全回到船上。皮加费塔接下来写道，手下们在看到他们的领袖倒下后才逃到船上。记录的矛盾显示了撤退时的混乱情况，以及皮加费塔在看到麦克坦战士杀死他的偶像时记忆的混乱。

实际上，如果不是宿务的拉贾的手下前来救援，不会有任何进攻者能活着上船，而宿务的拉贾的手下按照麦哲伦的明确要求不能参与战斗，直到最后才急忙介入战斗并奋力救出这些进攻者。胡玛邦的战士将拉普拉普的部队挡回去，以便大多数战败者可以捡回自己的性命，但他们没有抢回河岸上的舰队总指挥的尸体。"他们破坏了镜子、光芒、安慰……一切美好的事物，杀死了我们真正的领袖。"皮加费塔抱怨道。尽管皮加费塔的脸被一枚有毒的飞镖打伤，但总算获救了。战斗结束时，战舰出现了——也许是因为计划是这么安排的，也许是因为有人在呼救——发射火炮并杀死了一些米沙鄢人，不知道是拉普拉普的人还是胡玛邦的人。皮加费塔报告的不同版本相互矛盾。

麦哲伦在星期六倒下，对他来说星期六是特别神圣的一天，所以他选择在这天发起战斗。1511 年乔万尼·达·恩波利在随部队征服马六甲后宣布上帝"奇迹般地总是让基督徒击败异教徒"，但这一次上帝拒绝提供帮助。

麦哲伦的一生，足迹几乎遍布世界各地，而这次，他的伟大人生旅程终于落幕了。

11. 苏禄海的海盗

〜〜〜〜〜〜〜

除了麦哲伦，还有 6 名男子留在麦克坦海滩上，其中包括刚被任命为"维多利亚号"船长的克里斯托瓦·雷贝洛。由于胡玛邦的勇敢干涉，大多数水手得以幸存，但许多水手伤口发炎，守卫者涂毒的长矛对他们造成了伤害。除了皮加费塔，幸存者还包括奴隶恩里克、水手长阿尔博和水兵尼古拉·德·拿破仑。我们不知道其他人的名字，他们中的大多数人，例如恩里克和尼古拉，可能是舰队总指挥的追随者。幸存者中的两名男子后来因为受伤死去。皮加费塔说，守卫者有 15 人，胡玛邦有 4 个人，可能是由于舰炮发射的火炮而死。

灾难发生后，水手们所做的第一件事就是关闭宿务的商店，并将货物装上船。然后他们必须选出新的领导人，大家选举了"康塞普西翁号"的资深舵手兼船长胡安·塞拉诺；曾由于纪律原因而被降级的杜阿尔特·巴博萨现在升任旗舰"特立尼达号"指挥官。据匿名的热那亚人称，两人接到命令上岸，并要求胡玛邦拉贾派人领航，前往婆罗洲。皮加费塔还说，他们试图赎买麦哲伦的遗体以及其他的人的遗体。但是拉普拉普的人挥了挥手，说他们不会像我们所想的那样交出这个人的遗体，他们也不会为了世界上最大的财富而交出他的遗体，而是想保留他的遗体作为纪念。

胡玛邦拉贾欣然同意提供舰队要求的领航员，但他坚持要召开临别纪念宴会。他还想给查理送礼物。他曾经把这件礼物——用黄金和宝石制作成的贵重珠宝饰品——展示给舰队总指挥和其他一些人看。

显然，并不是每个人都赞成接受馈赠。有些人并不愿意相信米沙鄢人，并希望尽快起航。皮加费塔在忍受伤痛的折磨，无法下船。巴博萨贪恋珍宝，犹豫不决，大多数人最终接受邀请显然是因为被巴博萨说服，要么他们不想让指控落在他们身上，要么就是黄金对他们太有诱惑力，在1521年5月1日，船上所有还有力气的海员划船上岸。

拉贾和他的随从以一贯的热情接待了客人。但是，当麦哲伦治愈的那个米沙鄢人带领神父进入屋子时，舵手若昂·卡瓦略和警长贡萨洛·戈麦斯·德·埃斯皮诺萨预感到背叛而返回船上。

此后不久，从棕榈树林传来大声的呼喊和哀号。那些留在船上的人，立即惊慌失措地收起船锚，使船处于待命状态，并向定居点发射子弹。当他们看到当地人将胡安·塞拉诺绑在岸上时，他们立即停火了。

"康塞普西翁号"的船长向他的同伴喊道，胡玛邦拉贾的人在宴会上袭击了他们，并杀死了除口译员恩里克外的所有人。如果船员不停火，胡玛邦拉贾的人也会杀了塞拉诺。吉恩斯·德·马夫拉回忆说："塞拉诺以言语和眼泪恳求我们，考虑到他年事已高，他不想在这种野蛮人的残酷暴力中结束自己的生命。"他恳求我们拿一些商品赎回他。据说米沙鄢人交换胡安·塞拉诺的价格是两颗炮弹、几根铜棒和几条织物。

吉恩斯·德·马夫拉等人说，船上的人员尽了最大的努力来满足要求。但是，米沙鄢人拖延谈判并一次次地提高价格，当越来越多的当地武装人员聚集在岸上，将独木舟推入水中时，担心被袭击的恐惧终于蔓延到了船上。船员们急忙吊起帆，把绝望的塞拉诺抛在后面。皮加费塔目睹了这一场面，诅咒舵手若昂·卡瓦略应该向上帝祈祷，因为"在审判之日，上帝定会审问他的灵魂"。

一些人对这个令人痛苦的场面的解释是卡瓦略故意放弃他的同事塞拉诺，卡瓦略想指挥这些船只。与此相反，奥利维拉则说，塞拉诺认识到继续进行谈判毫无意义，因此慷慨地建议他的同伴们扔下自己，把自己交给命运。不管怎样，事实是：他们离开了港口。吉恩斯·德·马夫拉说："我们其余的人拥有3艘非常好的船。"塞拉诺后来遭遇了什么，无从知晓。根据一些第三方报告，逃离的水手们看到宿务人打碎了拉贾受洗时麦哲伦在定居点竖立的十字架。

他们背叛"基督教国王"并不令人感到惊讶（皮加费塔语），但由于拉贾与麦哲伦之间已经歃血为盟并建立了亲密的关系，因此这似乎需要解释。一些人怀疑获胜的麦克坦岛的王子拉普拉普曾向胡玛邦拉贾施加压力，或说服其撕毁了与卡斯蒂利亚人的盟约，并伏击了他们的船只，抢夺了武器和物品。其他人则认为，在杜阿尔特·巴博萨残酷地对待麦哲伦的马来奴隶恩里克之后，恩里克背叛了水手们，向米沙鄢人告了密。

据说恩里克因为在战斗中受伤而在病床上休养，新船长斥责他为狗，因为他是马来人，既然他的主人舰队总指挥死了，他就不再是自由人。如果他们回到卡斯蒂利亚，他仍将是麦哲伦的妻子多娜·比阿特丽斯的奴隶。而且如果他不上岸的话，就要鞭打他。皮加费塔说，恩里克被吓得爬了起来，顺从地承担了他作为口译员的职责，但是他暗中与胡玛邦密谋策划袭击水手。

卡斯蒂利亚的人道主义者和王室理事会的彼得·马特尔后来提出第三种说法，他援引探险队最终返回的船员的话，说他们认为是水手与当地的女人通奸引起了男人的嫉妒，导致了这种混乱。换句话说，水手们袭击了当地男人的妻子，从而致命地羞辱了她们的丈夫。

这一说法应当被驳斥，因为这是欧洲文化特有的男性荣誉和权力观念在异国他乡米沙鄢群岛的投射。皮加费塔的说法是，这些女性对外国海员的渴望超过了对自己国家的男性。另一方面，王室的指示已经强烈警告船员不要触碰其他地区的妇女，因为"这些地区的人们比其他任何人更可能造成伤害和动荡"。任何"对当地妇女实施暴行或殴打"的人都损害了国王的利益，因此应受到惩罚。

谁知道杜阿尔特·巴博萨在岸上胡闹的3天中做了些什么？不管怎样，麦哲伦后来剥夺了他的"维多利亚号"船长的职位，羞辱了他。不久之后，巴博萨成为5月1日大屠杀的重要受害者——

至少我们可以假设，即使后来到米沙鄢群岛的卡斯蒂利亚探险队发现，8 名麦哲伦的人在大屠杀中幸存下来，成为奴隶。无论怎样，胡玛邦拉贾和这位新船长都不像在麦哲伦时期那样受到盟约的束缚。在米沙鄢群岛上的联盟是个人之间的，而不是集体之间的。如果巴博萨袭击了拉贾周围的妇女，那么在拉贾眼中可能攻击船员是正当的。

米沙鄢传奇故事中狡猾的乌龟和猴子的故事还有一个后续：在乌龟保留下来的香蕉树的根部长出果树后，小乌龟认识到自己太矮了，无法摘到香蕉，它所要做的就是请猴子回来帮它摘下水果，并请猴子享用。

米沙鄢群岛的居民两次击败了卡斯蒂利亚国王的海员，但从长远来看，并没有摆脱他们。卡斯蒂利亚人在 1565 年以后重新回到这里并居住了 300 多年。然而，麦克坦战役对于菲律宾人来说仍然是一个值得纪念的事件。就像利马萨瓦岛上的十字架一样，麦克坦的战场也成为人们纪念的地方，那里有一个比真人还大的青铜雕像，以纪念神话般的胜利者拉普拉普。

几乎就在麦哲伦让麦克坦酋长向卡斯蒂利亚国王臣服的企图失败的那一天，在向东约 1.4 万公里处，埃尔南·科尔特斯围住了阿兹特克人首都特诺奇蒂特兰的城门。3 个半月后，随着对这座城市的征服，科尔特斯，一个像麦哲伦一样普通的骑士，为卡斯蒂利亚在美洲的庞大殖民帝国奠定了基石，而在此之前，卡斯蒂利亚殖民帝国基本上只限于安的列斯群岛的范围。不久，大量财富从那里流向卡斯蒂利亚，国王原本希望麦哲伦从摩鹿加群岛带回一切，现在这个想法显得过于理想。有了科尔特斯征服墨西哥而为后勤提供的保障，卡斯蒂利亚人才得以在 40 多年后在菲律宾永久性地确立自己的地位。

在麦哲伦舰队的大帆船上，逃离的水手对这些一无所知。对他们来说，宿务大屠杀意味着几天之内的第二次严重打击。他们不得不选举新的船长，否则将面临群龙无首的局面。除了胡安·塞拉诺和安德烈斯·德·圣马丁，舰队还失去了最好的舵手。1519年 9 月起航的几位导航专家中，只有若昂·卡瓦略还在。

大屠杀的受害者包括牧师瓦尔德拉马、文书桑乔·德·埃雷迪亚和莱昂·德埃斯佩莱塔、食物储备主管克里斯托瓦尔·罗德里格斯和在雷贝洛死后"维多利亚号"的新船长路易斯·阿方索·德·戈斯。

占星家的死亡促使一些葡萄牙作家发表讽刺的评论，其中最著名的是巴罗斯，他嘲笑圣马丁"没有预见他们死亡的时间和地点，尽管麦哲伦起航前曾向他询问航行的情况，他回答说，麦哲伦在这次航行中将面临极大的死亡危险"。在 5 月 1 日，死亡登记簿上列出了当天被宣布死亡的总共 27 名军官、海员和其他乘客的姓名。是否还有人可能存活下来，逃离者不关心。他们在宿务岛和薄荷岛之间的海峡中向西南航行，寻找航线。在距薄荷岛南端不远的地方，他们举行了战争会议。

舰队人员由 108 人（根据其他消息来源为 115 人）组成，其中许多人受伤或虚弱。从长远来看，人数太少，不足以操纵 3 艘船。因此他们决定牺牲 3 艘船中状况最糟糕的"康塞普西翁号"。在拿走一切有价值的东西之后，这些人在安全的距离放火烧了这艘船。

这一定是一个令人伤心的时刻，尤其是对"康塞普西翁号"的船员来说，他们看到火焰在自己的船上升起。这是他们待了将近两年的家，保护着他们免受各种因素的侵害，并把他们带到了大洋彼岸。甲板上每平方厘米、舱壁的每个槽口都被他们所熟悉。现在，这艘船在燃烧，在公海上，它像是一个火葬柴堆，烟雾在远处都能看见。

大家选举舵手若昂·卡瓦略和警长贡萨洛·戈麦斯·德·埃斯皮诺萨分别担任"特立尼达号"和"维多利亚号"的船长。这两个人中，卡瓦略是最初确定舰队路线的人，下一个目的地仍然是婆罗洲。在宿务，水手们遇到了来自婆罗洲的人，他们给了水手们被带到摩鹿加群岛的希望。

阿尔博在他的日志中提到了这一段旅程途经的一系列经度，圣拉撒路群岛远东的苏卢安岛和尤纳根群岛，位于距子午线189度的地方，但是他没具体说是哪条子午线。如果他指的是《托德西利亚斯条约》的分界线，根据麦哲伦的说法，它位于圣安唐岛以西22度，即西经47度，因此他的说法准确得令人惊讶，因为今天的苏卢安岛处于东经126度，因此在托德西利亚斯以西187度，误差仅仅2度，那时只能通过天文观测来实现。这说明圣马丁在到达米沙鄢群岛（也许在胡木努岛）后不久，便掌握了测量经度的方法，直到6周后在宿务去世。

不排除这种情况，但是为什么海员们在接下来的几周向西航行并想前往婆罗洲呢？根据他们的理论，他们应该向东航行10度以上寻找摩鹿加群岛。此外还有个问题，为什么麦哲伦如此渴望使米沙鄢人臣服于卡斯蒂利亚国王？根据测量结果，他应该意识到这个地方在《托德西利亚斯条约》的教皇子午线以西，即葡萄牙的一半世界之内。

这些问题是历史学家长期以来一直困惑的问题。但因为阿尔博的日志仅副本保存了下来，这些副本可能经过了加工整理或存在错误，因此这些问题一直被搁置。如果研究舰队在离开宿务之后几周内的路线，研究不出卡瓦略或船上的人到底走的是哪条路线。看起来更像是水手们在恐惧、饥饿和季风的推动下漫无目的地漂流在棉兰老岛周围水域和苏禄海上。

为了在无数岛屿的迷宫中找到路，并且因为他们需要饮用水、食物和柴火才能生存，流浪的人屡次被迫走上海岸。通常，岛上的人以开放的心态接待他们，甚至热情好客。但是，在宿务被驱赶得四处逃窜的恐怖记忆并未远去。除了皮加费塔设法保持开放心态之外，海员们对任何陌生人都持怀疑态度，他们随时准备将岛民拒之门外并用武力得到他们所需的东西。

在麦哲伦的领导下，船队没有表现出任何懈怠，至少他带着家长式的严厉态度坚定地领导自己的舰队环绕了世界的一半。在卡瓦略的领导下，曾经骄傲的舰队沦为失去头领的海盗团伙，在动荡的夏季风中四处漂泊，肆意掠夺船只并抢劫他人。饥饿的人不止一次要降下帆，在下一个海滩上等待最终时刻的来临。如果他们放弃了，那么卡斯蒂利亚的任何人都不会对他们的消失感到惊讶。

1521 年 5 月的一个星期天，胡安·洛佩兹·德·雷查理德坐在塞维利亚城堡的办公室里。"贸易局"的总会计师面前摆着纸、墨水、吸墨器和吸墨细沙瓶，他在给上级主教丰塞卡写一封信："5月6日，星期三，前往香料岛的舰队的5只船中最大的一只，'圣安东尼奥号'大帆船，停泊在塞维利亚的姆维拉斯港。其中包括杰罗尼莫·盖拉船长、克里斯托瓦尔·德·哈罗的亲戚和仆人、葡萄牙舵手埃斯特万、水手和临时雇员，共计60多名男子。"

在雷查理德写这封信时，他仍在努力保持冷静。不过不是在5月6日（星期三），而是在5月8日，"圣安东尼奥号"出乎意料地来到了瓜达尔基维尔河西岸的姆维拉斯港口。总会计师犯的这个错误可以原谅，因为他3天没放下笔了。在两名文书和法律顾问的协助下，将返回者的陈述记录在案，几乎还没有完成一半，他想把最重要的内容告诉上司。

在6个月前，在圣徒海峡走失的"圣安东尼奥号"已返回卡斯蒂利亚，正如占星学家圣马丁所预言的那样。麦哲伦的表兄阿尔瓦罗·德·拉·麦斯基塔被埃斯特沃·戈麦斯和文书杰罗尼莫·盖拉领导的武装分子监禁，这是有充分理由的，正如他们向雷查理德解释的那样。从舰队总指挥和胡安·德·卡塔赫纳在加那利群岛时激烈争吵，到在圣胡利安的"阴暗"港口抛弃督察官和一名牧师，返回者列举了麦哲伦在他们眼中犯下的所有罪行。然而，最重要的是,他们指责他在"无用的海岸"上度过了几个月的时间，带领舰队到了荒凉的纬度，并迫使他们在那里度过了冬天。在他们看来，这位葡萄牙舰队总指挥不仅是一个蔑视合理批评的暴君，还是一个无能的航海家，找不到定位，如果这个人不是在"耍两面派”的话，那么他就是在遥远的世界南方追逐一条实际“无利可图”的路线，雷查理德说：“根据回国者的判断和意见，麦哲伦将不会返回卡斯蒂利亚。”

这些指控在很大程度上是为了自保，戈麦斯、盖拉和其他人试图证明其随意返回的正当性。他们也许会被指责为逃兵，但他们假装自己找不到海峡里的舰队，尽管经过了漫长的搜寻，却找不到。迪奥戈·巴博萨竭尽所能，让“圣安东尼奥号”船长被追究责任。返回后，阿尔瓦罗·德·拉·麦斯基塔从他一直被囚禁的地方得到释放。麦哲伦的岳父为女儿多娜·比阿特丽斯的利益操心，她一定很在意有关丈夫的坏消息。

但是老人的努力没有成功，不仅雷查理德，丰塞卡也更加相信返回者。5月26日，这位大主教在布尔戈斯回信：“他（即麦哲伦）引起的邪恶，以及这位贵族骑士的行为令我非常恼火，所以我不想谈论他或听到任何有关他的消息……”丰塞卡下令首先将麦哲伦的妻子和儿子监视起来，以防止他们逃往葡萄牙，然后他要求把戈麦斯、盖拉和阿尔瓦罗·德·拉·麦斯基塔（此人受到严密保护并与其他人分开）带到布尔戈斯。“圣安东尼奥号”的货物被扣押，同时一艘轻快帆船被派往巴西搜寻胡安·德·卡塔赫纳，主教显然关心督察官的命运。

在卡斯蒂利亚，没有人知道其他3艘由麦哲伦率领的船早已离开海峡，越过了广阔的海洋，而他们的舰队总指挥在与麦克坦居民的斗争中失败了。没有人知道宿务大屠杀，他们甚至不知道幸存者仍然没有放弃寻找摩鹿加群岛。

得到了在巴拉望岛被绑架的穆斯林领航员的帮助，1521 年 7
月上旬，海员们到达了婆罗洲西北海岸的文莱苏丹国，在那里，
他们受到东方人的盛情接待：由大象以及身着绸衣，佩带用金、
宝石、珍珠装饰的匕首的武士护送，并送给他们用瓷器盛着的佳肴，
包括各种水果、烤肉、丁香果酱和米烧酒。文莱苏丹在他铺满织
锦缎的宫殿中接待了陌生人，水手们被帘子遮住了视线，苏丹允
许他们在他的城市活动；从苏丹那里，他们得知他们必须在婆罗
洲的东侧出发才能去到摩鹿加群岛。

新来的人在文莱比较受欢迎，但是他们在港口大约待了 3 周后，
突然看到无数的船只驶近他们的船，这显然使他们想起了宿务的
创伤。他们全力逃离，不惜将数十艘船炸成碎片。当他们离开时，
他们控制了将要进入海港的两艘中国式帆船。这两艘船来自今天
菲律宾最北端的吕宋岛，船上有一个酋长的儿子要和文莱苏丹的
女儿结婚。欧洲人臆想的敌船实际是新郎的接待委员会乘坐的船。

卡瓦略释放了酋长的儿子，传闻说，这位新舰队总指挥获得
了珍贵的珠宝作为赎金，却没有与其他人分享。也许卡瓦略希望
酋长的儿子在苏丹那儿为他说好话。因为当"特立尼达号"和"维
多利亚号"从文莱港口逃离时，他 9 岁的儿子和其他一些人还在
城里。但是苏丹拒绝释放这个孩子。其余的船员敦促他迅速离开
此地，"因为担心这个国家存在许多不为人知的情况，并且因为
船队实力被削弱了"，这就证明了舰队死亡登记簿的解释，卡瓦
略应该再也见不到他的孩子了。

在他主动在吕宋岛释放酋长的儿子之后，水手们与这位麦哲

伦的继任者之间的关系趋于破裂。他从帆船上的旅客中为自己留下了3个漂亮的年轻女子，并虐待她们，这一事实使他变得不受欢迎。舰队在婆罗洲北端一个有野猪和鳄鱼的荒岛的海滩上待了几周——这次停留是必要的，因为船只需要重新填缝——若昂·卡瓦略被剥夺了权力。警长贡萨洛·戈麦斯·德·埃斯皮诺萨掌控了"特立尼达号"的指挥权，因此担任了舰队总指挥的职务。热那亚人乔瓦尼·巴蒂斯塔五十出头，之前是旗舰的船主，现在晋升为首席舵手；"康塞普西翁号"的船主胡安·塞巴斯蒂安·德·埃尔卡诺当选为"维多利亚号"的船长。

埃尔卡诺来自比斯开湾的沿海小镇吉塔里亚，据说他从小就在海上航行，学习了渔民和走私者的粗糙手艺。据说他曾在那不勒斯王国为天主教徒费尔南多二世作战，但出生于1487年左右的他在那时还很小，因为那不勒斯的战争于1504年结束。埃尔卡诺也证实了他之前的一段工作经历：作为一艘200吨级船的船长和所有者，他的船曾在地中海西部和非洲之间为卡斯蒂利亚服役。随后这个巴斯克人遇到了财务困难，因为他的船被王室征用于战争，但王室却不能及时支付他的服务费用，他被迫将自己的船抵押给萨伏依的商人来支付船员的工资。这使他受到惩罚，因为在战争时期禁止向外国人出售船只。后来，埃尔卡诺沉寂了一段时间去学习航海技能。1518年底，当"贸易局"为麦哲伦前往摩鹿加群岛的舰队寻找经验丰富的海员时，他很可能将其视为一个恢复职业生机的机会，他被录用了。

吉恩斯·德·马夫拉写道，埃尔卡诺在圣胡利安港时因为站在哗变分子一边，他不再需要向麦哲伦报告。但这位"康塞普西翁号"船主"像个聪明人一样"经受了每一次冷淡的对待。最终，在1521年9月16日卡瓦略被免职后，他又被启用了。

在埃斯皮诺萨和埃尔卡诺的领导下，"特立尼达号"和"维多利亚号"再次向东渡过苏禄海。在今天马蓬的卡加延德塔威塔威岛停留后，他们到达了三宝颜半岛的南端及其近海岛屿。在那儿，水手们买了肉桂，也遇到了和家人一起住在船上的人。他们可能是巴瑶族的成员，在21世纪以前保持着海上游牧民族的生活方式。

在莫罗湾上的微风吹拂下，两艘卡瑞克帆船来到了马京达瑙苏丹帝国，该国国王统治了棉兰老岛的整个南部。他们沿着山区海岸到达萨兰加尼海峡。在那里，他们陷入了一场大风暴，在祈祷中，两艘帆船被拯救。皮加费塔回忆说："我们的三位圣人很快出现了，赶走了所有黑暗。在两个小时的时间里，圣艾尔摩之火像火炬一样燃烧在中帆上方，圣尼古拉斯在后桅顶部，圣克拉拉在前桅上方。我们向圣艾尔摩、圣尼古拉斯和圣克拉拉奉献了一名奴隶，并给每个圣人献上祭品。"

在从婆罗洲到萨兰加尼的途中，水手们袭击了几艘船，将船员劫为人质，以换取食物，也为了得到领航员。这些水手如果不勒索食物（包括几吨大米）就会饿死，同样，他们离不开当地向导的帮助，不仅因为他们不知道到达目的地的方式，而且还因为这里的热带水域有很多危险，例如暗礁或强流。

与卡瓦略的领导风格不同，这种抢劫通过正规的程序完成，保留了对战利品的记录。在一个案例中，舰队甚至与被绑架者签订了书面合同以将其释放。这项工作是在该地区的一名男子的帮助下完成的，他会讲几句卡斯蒂利亚语。在大多数情况下，受害者是穆斯林。在卡斯蒂利亚，这样的攻击被视为一场"正当战争"，除了对那些适合作为贸易伙伴的穆斯林外，舰队收到的指示明确允许可以在"适度方式"下增加"残酷性"。俘获异教徒，将其卖为奴隶或勒索赎金在地中海地区是一种常见的商业模式，基督教徒和穆斯林海盗都习以为常。与在米沙鄢群岛一样，海盗在棉兰老岛以南和马来群岛的其他地方也一直制造麻烦，并一直持续到今天。

"我们用武力夺走了那种类似巴朗盖的小船，杀死了7人。"皮加费塔简洁地写道。在海员中，一名修理军械的士兵和一名伦巴德炮手丧生，一个是因为一支步枪爆炸了，另一个是因为火药烧了他的脸。后来，一些被劫持的领航员尽管脚上拴着铁链仍设法游泳逃离。在逃亡中，一个没抓牢父亲肩膀的小男孩淹死了，这是这个历史事件中的众多悲剧之一。

终于，"特立尼达号"和"维多利亚号"驶入摩鹿加海，到达桑吉河，沿着同名的火山岛链前进，该火山岛链延伸至苏拉威西岛，最后转向东南，穿越马朱岛。皮加费塔写道："在经过这些岛屿之后，我们于11月6日星期三在东部发现了4个岛屿。留下的领航员告诉我们，这4个岛是摩鹿加群岛。我们为此感谢上帝，所有火炮开火庆祝。难怪我们如此高兴，因为我们终于找到了摩鹿加群岛，还差两天，从起航日期算起，航行就过去整整27个月了。"

1521 年 11 月 8 日，星期五，日落前 3 小时，麦哲伦的舰队剩下的两艘船在特尔纳特岛的姊妹岛蒂多尔岛前方抛锚，大约 10 年前，麦哲伦的朋友弗朗西斯科·塞拉诺带领的第一批欧洲人已经上岸定居了。

12. 闭合的圆

〰〰〰〰〰

"4座山的世界"，自古以来就是摩鹿加群岛的称呼。除了两个姊妹岛——伽马拉马火山和基特·马图布火山所在的特尔纳特岛和蒂多尔岛，还有贾伊洛洛火山所在的哈马黑拉岛，巴占岛（南部多山），它们共同构成了神话中的"摩鹿加群岛"。但是，皮加费塔和其他海员在从西北部到达目的地时看不到巴占岛，因为它位于南部约120公里处。他们在地平线上看到的第4个"高岛"就是基贝西火山所在的马基安岛。

贾伊洛洛、伽马拉马、基特·马图布和基贝西是从摩鹿加海深处升起的近乎完美的圆锥体。如埃雷拉－托德西利亚斯所述，"特尔纳特岛和蒂多尔岛最高"，它们的形状像一块宝塔糖。尽管长期以来一直认为蒂多尔岛的基特·马图布火山处于休眠状态，但至今伽马拉马火山仍在冒烟，这证明了它仍在活动。

这些火山的峰顶常常被云雾笼罩，只能从远处看到它们绿色的侧面。火山土壤孕育了丰富的植被，而这些植被被贝壳杉、杏仁桉树和其他巨型树木所覆盖。在树木冠顶的保护下，雨林生长，茂密的绿色掩盖了令人眼花缭乱的动物：手掌大小的蝴蝶、色彩艳丽的甲虫、白凤头鹦鹉、懒猴、果鸠、翠鸟、蜥蜴、壁虎和网纹蟒、麝猫、野猪，以及可爱的有袋动物——它们可以像蝙蝠一样，从一个树枝滑到另一个树枝。在树荫中蓬勃生长的除了芒果、甜瓜、山竹和香蕉外，还有丁香树。今天，从巴西到坦桑尼亚，世界上许多热带地区都种植丁香树，并且大量生产指甲状的丁香芽。然而，在 16 世纪，它们对环境的要求很高，所以仅在赤道的特尔纳特岛、蒂多尔岛、巴占岛、马基安岛和较小的莫蒂岛及附近的某些岛屿，才有出产。

葡萄牙医生兼植物学家加西亚·德·奥尔塔在 1563 年的《印度香药谈》中说，丁香树可以自行发芽而无须播种，"它们生长在被大海包围的岛屿上，但不会在靠近海的地方生长，至少距离大海有一个炮程的长度"。这种挑剔的树在海平面高度的地域生长不好，通常在距离海岸的人类居住区数百米的火山斜坡上才会发现它们。奥尔塔说，像这样的树从生长到结果要 8 年，之后能持续结果长达 80 年。它的芽比果实更受欢迎，并且在开花前（仍为红色时）采摘；这些"丁香"在干燥后会变成典型的棕色。药剂师和亚洲文化专家托梅·皮列士于 1515 年在他的《东方志》中说，丁香每年共有 6 次收成。皮列士估计，在丰收的年份，5 个岛共生产了 6000 巴哈尔 ① （约 1140 吨）丁香。他还知道，在摩鹿加群岛，丁香可以置换商品，1 巴哈尔的丁香相当于马六甲 500 雷亚尔或 1.25

---

① 重量单位，从印度到摩鹿加群岛因港口而异。皮加费塔称，特尔纳特岛上的 1 巴哈尔丁香重达 4 公担 6 磅，不到 190 千克。这证实了托梅·皮列士的说法，在马六甲 1 巴哈尔相当于 190 千克。

克鲁萨多的商品。

与在欧洲的价格相比，丁香在原产地的价格便宜得可怜，如果皮雷斯的信息是正确的，每年流入香料群岛的商品相当于在马六甲价值为 7500 克鲁萨多的商品。这对于一个小国而言，是一笔不小的财富，因此社会结构也发生了巨大的变化。令人垂涎的丰富原材料带来的祸害往往多于收益，摩鹿加群岛的居民必须亲身体会这个道理。丁香树通常能长到 10 到 12 米高，并形成密集的树冠，但丁香也给岛民的命运蒙上阴影。

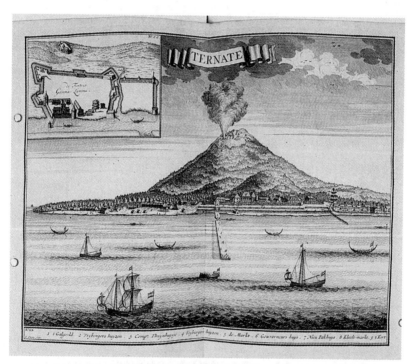

▲18 世纪的特尔纳特岛，背景是伽马拉马火山。出自弗朗索瓦·瓦伦汀《新旧东印度志》第 24 卷（1724）。

我们不知道摩鹿加群岛从何时开始出口丁香。在美索不达米亚的考古发现表明，早在公元前 2000 年，丁香就开始了长距离交易。在公元元年，丁香在中国和罗马已为人知。但是，人们并不清楚当时摩鹿加群岛是否是唯一的丁香出口商以及贸易覆盖的范围有多大。可以肯定地说，在过去的几千年中，该群岛受到了各种外部影响。人们一次又一次地穿越大海，带来了新的语言、生物和习俗。一些人留下来，其他人在短暂接触后继续前进。长期以来，摩鹿加群岛成了旧世界的外边缘。即使与散布在蓝色海洋东部更远的巴布亚岛之间存在零星的联系，但是它们也没有融入欧亚 – 非洲贸易大网络中。

还可以肯定的是，中世纪后期对丁香的需求急剧增加，并且在此期间贸易的繁荣也影响了摩鹿加群岛。特别是 15 世纪马六甲的兴起使贸易蓬勃发展，来自爪哇的经销商经过艰难的旅程在这些偏远岛屿之间往返。从马六甲到摩鹿加群岛的旅程要穿越爪哇岛、巽他群岛和班达岛，常规路线来回需要大约一年半的时间。

像印度洋的阿拉伯人和古吉拉特人一样，爪哇商人不仅带来了外来商品，还带来了伊斯兰教。在摩鹿加群岛，每个岛的国王都被称为"科雷奥"，15 世纪下半叶，他们成了穆斯林。根据皮雷斯的资料，不到四分之一的人信仰伊斯兰教，其余的仍然忠于他们传统的泛神论宗教。

被伊斯兰教影响的摩鹿加群岛与全球贸易网络更紧密地交织在一起。作为商人的信徒，国王将丁香贸易牢牢掌控在自己手中，从而提高利润并加强对岛屿居民的统治。伊斯兰教带来了文化创新，例如写作、法律观念和禁忌，这扩大了国王与其臣民——尤其是与女性——之间的权力差距。同时，岛屿的国王之间的竞争也加剧了。

"4座山的世界"里，4座山分别对应4个王国，即特尔纳特王国、蒂多尔王国、巴占王国和贾伊洛洛王国。它们各自的国王认为彼此平等，并结成姻亲，但它们也一直在竞争中互相对抗。特尔纳特国王竭力争取最高权力，为了实现目标，他将传统的统治者头衔换成了苏丹的头衔。蒂多尔国王试图抑制邻居的崛起，而曾经有势力的贾伊洛洛王国却落后于它们，这是因为这个王国几乎不生产丁香。贾伊洛洛王国位于哈马黑拉岛，是这几个岛中最大的岛，人们可以在这个岛上狩猎鹿，这里生长着很多的西米棕榈树，其富含淀粉质的木髓可作为摩鹿加群岛居民的主食。

社会动荡，争夺霸权的斗争如火如荼地进行。1511年葡萄牙人征服了马六甲，这一事件在贸易交换中看起来像是一场经济海啸，因为它推翻了一个行之有效的商品交换体系并出现了一个在未来会造成不确定性的情况。当安东尼奥·德·阿布雷乌于1512年在班达首次购买麝香和丁香时，每个人都清楚地知道，征服者对马六甲的贸易税收不满意。

鉴于事态发展，特尔纳特苏丹巴彦·瑟鲁拉决定提前做好准备。他以最高的礼遇将被困在安汶的弗朗西斯科·塞拉诺带到特尔纳特，封为顾问，并宣称服从葡萄牙国王。在接下来的几年中，几批葡萄牙舰队驱船前往摩鹿加群岛，购买了肉豆蔻和丁香，塞拉诺向特尔纳特苏丹提供步枪，以对抗他的对手。

1520 年，一艘葡萄牙船搁浅在巴占岛，船员在那里骚扰了当地人，当地人的耐心终于消耗殆尽，和外来者发生了冲突。弗朗西斯科·塞拉诺发现同胞被处私刑后，他和特尔纳特苏丹巴彦·瑟鲁拉准备了对巴占岛的复仇。然而，巴占国王与蒂多尔国王密谋，挫败了他们的计划。当蒂多尔国王邀请葡萄牙人并试图毒死他们时，特尔纳特苏丹却被他一个特别宠爱的情妇毒死。她是巴占国王的女儿[①]，父王煽动她谋杀特尔纳特苏丹。尽管特尔纳特苏丹巴彦·瑟鲁拉在临终前宽恕了自己心爱的人，并告诉他的儿子不要处死她，但"他的儿子还是下令将巴占国王的女儿赤身裸体地带到广场上，用剑割成两半"。后来葡萄牙人了解了这一情况，他们在这些事情发生后不久前往摩鹿加群岛。

在麦哲伦倒在麦克坦岛上的时候，大约在 1521 年 3 月或 4 月的某个时间，巴彦·瑟鲁拉和弗朗西斯科·塞拉诺也死去了。特尔纳特苏丹的儿子阿布·哈亚特是一个 7 岁的男孩，他的母亲是蒂多尔国王的女儿，所以他的同父异母的兄弟或叔叔把持了政权。如上所述，摩鹿加群岛上的国家纠葛不比欧洲王室之间的纠葛少。

新的摄政王给葡萄牙国王写了一些信，这些信现在保存在葡萄牙国家档案馆中。它们用马来语和阿拉伯语书写，是同类文献中最古老的文献之一。在第一封信中，阿布·哈亚特向"世界和整个宇宙之王"通报了其父亲巴彦·瑟鲁拉和其顾问塞拉诺被谋杀以及他的敌国蒂多尔王国、巴占王国和贾伊洛洛王国结盟对抗

---

① 皮加费塔弄混了这些亲戚间的关系，他称谋杀者是特尔纳特苏丹的女儿和巴占亲王的妻子。

特尔纳特王国的情况。面对这种威胁，未成年的苏丹请求在"里斯本的叔叔"保护他，因为特尔纳特是葡萄牙国王的港口。

在第二封信中，苏丹的语气变得更加诚恳。他称自己为"孤儿"，请求他的"高贵父亲"——"葡萄牙苏丹"，帮助他"亲爱的儿子"和保护他的"特尔纳特领土"。因为"卡斯蒂利亚的拉贾"已经派遣两艘携带武器和物品的船只前往蒂多尔，占领该港口并将其扩建为堡垒。不仅如此，卡斯蒂利亚还向蒂多尔国王提供了枪支，并宣布不久将派出 20 艘船作为增援。

卡斯蒂利亚的两艘船就是"特立尼达号"和"维多利亚号"，它们于 1521 年 11 月 8 日停泊在蒂多尔东岸，离国王的住所不远，受到了极大的欢迎。根据皮加费塔的说法，蒂多尔国王现在也称自己为苏丹，或称自己为"苏丹阿尔曼苏尔"。阿尔曼苏尔出现时乘坐的是装饰过的马来帆船，在鼓声和锣声中划过。

巴罗斯描述了随着音乐节拍划桨的场景：在这些地区，能听到巨大的鼓声和轰鸣声，这是爪哇人设计的鼓和某些金属圆盘发出的声音，以便划桨手有节奏地唱歌和划桨，很像德国警卫队根据哨声和鼓声来使步伐更加缓慢或更快速……在一支有许多划船者的舰队中，情况基本上如此，尤其是在夜间。

这位苏丹阿尔曼苏尔坐在一个丝绸顶篷下，"在他面前的一个儿子挂着权杖，两个男人端着两个装满水的金色盆，另外两个男人端着装满槟榔的镀金盒子"。皮加费塔估计苏丹大约有 45 岁。"他身材魁梧，具有真正的王者风度，是伟大的占星家。"阿尔曼苏尔告诉陌生人，他们的船早就在他的一个梦中出现在他面前，为了安全起见，他把梦里出现的场景向星星和月亮求证。苏丹宣布，他和他的人民希望成为"卡斯蒂利亚国王永远最忠诚的朋友和封臣"，而他的岛屿"将不再被称为蒂多尔，而是卡斯蒂利亚，以此来表达对国王、对他的主人的热爱"。

有人想知道为什么水手们直接向蒂多尔航行，而没有首先去被认为是摩鹿加群岛中心的特尔纳特岛，那里离他们的路线更近，而且他们可以在那里找到麦哲伦的朋友塞拉诺。葡萄牙权威人士后来表示，"特立尼达号"和"维多利亚号"曾前往特尔纳特，但在那里遭到拒绝。而且他们的马来领航员可能建议他们先尝试前往蒂多尔。据匿名的热那亚人说："摩鹿加群岛的国王们都是好人，好心地接待了来自世界各国的人民。"顺便说一句，这名领航员并不是唯一知道"丁香群岛"状况的人。在棉兰老岛的南海岸，水手们遇到了一个人，他曾经在特尔纳特的塞拉诺那里做客。在此之前，他们甚至在巴拉望岛遇到了一个人，"他的葡萄牙语说得很好，因为他在摩鹿加群岛成了基督徒"。

另一方面，蒂多尔苏丹可能不仅仅是通过"做梦"和"星象"获悉了外国船只即将抵达。正如皮加费塔和其他人做证时所说的那样，卡斯蒂利亚舰队正在前往摩鹿加群岛的传言刚刚传到那里。在阻止麦哲伦完成其计划的所有尝试均告失败之后，唐·曼努埃尔指示印度洋上的船长们留意那些挂有卡斯蒂利亚旗帜的船，如果它们出现在那里，请挡住它们的路。此外，葡萄牙国王的一个特使正在摩鹿加群岛进行一次秘密任务：这个特使是豪尔赫·德·布里托，后来证实他是一支舰队的指挥官，现在正在特尔纳特为葡萄牙建立一个据点。

但是，从里斯本出发的路很长，风向的季节性变化迫使他们在科钦、马六甲和班达停留更长的时间。特使面临着适航人员短缺的问题，而葡萄牙国王在马六甲的行政长官并不是全心全意地支持他。豪尔赫·德·布里托在他的兄弟安东尼奥的陪同下，工作进度缓慢。1521年10月中旬，他为执行任务而购买的6艘船中有4艘仍在马六甲装载物资，而关于他到来的传闻早已传出。

不论怎样，麦哲伦的舰队，或者说他留下的舰队，赢得了比赛。尽管在圣胡利安港越冬，尽管绕道了菲律宾和婆罗洲，但在唐·曼努埃尔通过建立一个据点来"确保他的发现"之前，这支舰队已经通过其他路线到达了摩鹿加群岛。这主要是由于信风使卡斯蒂利亚的船只安全、迅速地穿越了太平洋。在警长贡萨洛·戈麦斯·德·埃斯皮诺萨、埃尔卡诺和船主乔瓦尼·巴蒂斯塔的指挥下，水手们很快就抵达了摩鹿加群岛。在塞拉诺遇刺后，这些岛屿上几乎已经不存在葡萄牙人了，增援部队仍然没有到。如果豪尔赫·德·布里托的舰队更早到，皮加费塔所描述的卡斯蒂利亚人和摩鹿加群岛人之间的兄弟情谊就很难以上面提到的形式发生。

卡斯蒂利亚的使者努力表现得热情好客。戴着头巾和穿着金色绣花长袍的阿尔曼苏尔访问旗舰时，使者应他的要求放下了全部武器，亲吻他的双手，带领他穿过甲板舱口到达船尾瞭望台。为了使他不必弯腰，他被安排坐在红色的天鹅绒扶手椅上，口译员站在旁边听他讲话。口译员是若昂·卡瓦略，他"略懂该国的语言"，即马来语（也曾在摩鹿加群岛用作通用语言），还有一个名叫乌兹曼的当地人，他对卡斯蒂利亚语有基本的了解。这表明摩鹿加群岛在当时全球往来中有相当高的参与程度。不久之后，麦哲伦的奴隶莫里斯·豪尔赫也参与进来，因为一个首领的随从人员中有一个讲波斯语并能与豪尔赫交流的穆斯林。舰队的语言学家之一皮加费塔也功不可没，他在巴西、巴塔哥尼亚和菲律宾编制了单词表后，现在又整理了在摩鹿加群岛使用的马来语词典，其中有 400 多个条目。

出乎意料的是，即使经过了两年多的航行，海员们的船舱中仍可以找到精美的礼物（也可能是他们在苏禄海掠夺的）。也许知道黄色是马来文化中的统治者专用的，他们给苏丹呈献了黄色的长袍和他坐的红色扶手椅，以及由丝绸、锦缎、猩红色的织物和印度棉织物制成的衣服，还有眼镜、刀、镜子、梳子、杯子和其他东西。苏丹的儿子和他的随从也没有空手而归，海员们的慷慨使阿尔曼苏尔不知所措。他希望水手们在岛上有宾至如归的感觉，并准许他们杀死在夜里接近他们船只的任何人，作为回礼，来访者对苏丹说可以随意处置这些人及其船只。

在双方都表现了友谊与和平之后，终于可以开始谈生意了。令人遗憾的是，苏丹不得不宣布他的岛上没有足够的干丁香来装满两艘船。但是，如果水手们能等两个月，他可以从邻近的巴占岛、莫蒂岛和马基安岛给他们弄来足够的丁香。

水手们不想等待，他们想用丁香装满他们的船舱，然后尽快起航。他们向苏丹解释说，他们还有很长的路要走，而且迫不及待地想告诉卡斯蒂利亚国王关于他们的航行的情况。但是根据见证者的说法，他们的不耐烦还有另一个原因：恐惧。

　　一方面，有人担心葡萄牙人会出现而使虚弱的海员需要参与战斗；另一方面，许多人不相信苏丹。尽管苏丹十分友善，他们还是害怕背叛。宿务岛的恐怖令人印象深刻。在蒂多尔岛待了3周之后，船舱空荡荡的，船员们之间突然爆发了恐慌。船长们迅速下令将风帆吊起。苏丹听说了客人的骚动，就匆匆忙忙过来平息局势。他带来了《古兰经》，并发誓请基督徒不必担心，他的举动使船员们平静下来。一个令人信服的理由是，如果船只空着船舱回家，船员们会得不到应有的利益。这些船员在恐惧和贪婪之间挣扎，就像热锅上的蚂蚁。

　　阿尔曼苏尔信守诺言。12月初，这些岛屿的首领和长官们亲自护送从其他岛屿运来的贵重物品。同时，蒂多尔苏丹在他的岛上建造了一座房子，可以作为转运点。

　　皮加费塔描述了这种易货的方式。海员提供了各种品质的织物、斧头、眼镜、朱砂、水银、刀、剪刀、帽子、锣、青铜棒、黄铜链和镜子，大部分都受损了。苏丹把一些完好无损的东西留给自己，他拿走了大部分交换商品。正如皮加费塔公开承认的，其中一些商品是水手们在苏禄海的帆船上抢劫的。需要克服的是"因为急于返回卡斯蒂利亚，导致我们以低于原价的价格出售商品"的痛苦。实际上，卡斯蒂利亚人不得不以葡萄牙人过去支付的价格的数倍进行交易。

　　作为对上述东西的交换，这些商业航行者仅仅接受丁香，这些丁香是按照当地的重量标准巴哈尔称重的。一些人还购买了鹦鹉，鹦鹉在摩鹿加群岛上也特别珍贵，被作为特产或纪念品。卡斯蒂利亚王室和布尔戈斯的投资者承担了大部分交易，但海员也被允许用自己的账户，根据自己的财富和特别赏金——即应得的航行运费抵免额度——来交易。他们一刻不停地采购和储存丁香，直到手上再没有可以交换的货品，有些人甚至交换自己的帽子、外套、一些衬衫和其他衣服。不仅在陆地上，而且在整个舷栏杆上，贸易都如此"喧嚣"，直到船几乎不堪重负，帆船吃水很深，以至于巴占岛国王想送给卡斯蒂利亚国王 10 巴哈尔丁香，最终只能留下 8 巴哈尔。王公还送来了一个奴隶男孩和"两只美丽的鸟，头小、喙长、羽毛大而色彩丰富"。当地人对海员们说："它们来自尘世间的天堂，被称为'神之鸟'。"这是"天堂鸟，来自摩鹿加群岛"。

尽管大多数海员只想购买商品并迅速回家，但探险队的领导人仍需处理政治事宜。他们必须代表卡斯蒂利亚国王与摩鹿加群岛的国王们建立联系，无论这些岛屿是否在卡斯蒂利亚的半球。自圣马丁去世以来，一直没有人去测量经度。皮加费塔为摩鹿加群岛确定的经度在分界线以西 161 度处，与实际情况有很大差异，以至于人们不得不猜想他为了卡斯蒂利亚的利益，虚报了这个数字，或者是因为迷茫地漂泊在苏禄海的过程中，误差度非常高，远远超过了通常的 10% 到 15%。

阿尔博在他的日志中说了另外一个数字，据他介绍，摩鹿加经度为 191 度 45 分。即使不清楚他以哪条子午线为基准，但他的数据表明他和其他一些高级船员可能已经猜到了他们在哪个半球——葡萄牙声称属于自己的那个半球。但紧要的事是将摩鹿加群岛的国王们拉到卡斯蒂利亚的一方。

幸运的是，对于埃斯皮诺萨和埃尔卡诺来说，他们的外交任务就像是孩子们的游戏那样简单。如果相信见证者的说法，那么蒂多尔苏丹、巴占国王和贾伊洛洛国王实际上是在争相成为"卡斯蒂利亚国王"的朋友和封臣。即使是特尔纳特摄政王，也向舰队水手们提出申请。在与邀请者协商之后，航行者们也与特尔纳特人建立了联盟，但最初并未与他们建立任何贸易关系，尽管特尔纳特有很多丁香，而阿布·哈亚特的监护大臣希望将它们投入市场。

在阿布·哈亚特的宫廷住着一个名叫佩德罗·阿方索·德·卢洛萨的人，他是唯一仍在特尔纳特任职的葡萄牙人。卢洛萨拜访了"特立尼达号"的卡斯蒂利亚人，并向他们透露了许多内部消息。他说，弗朗西斯科·塞拉诺实际上是在葡萄牙当局的要求下被谋杀的，因为他们担心这个避世者会试图与麦哲伦达成共识。从健谈的卢洛萨那里，卡斯蒂利亚人可能还得知，塞拉诺拥有 200 巴哈尔丁香。按欧洲市场价格计算，这是一笔不小的财富！

他们聊天到深夜，最后卡斯蒂利亚人说服了卢洛萨转变政治立场。此后不久，海员释放了他们在苏禄海和棉兰老岛南海岸绑架的大多数因犯。正如他们向蒂多尔苏丹解释的那样，他们绑架这些人是为了到达摩鹿加群岛，"并不想对任何人造成伤害"。被迫为卡瓦略提供性服务的 3 名年轻女性被送给苏丹作为礼物。

"维多利亚号"的文书马丁·门德斯也是舰队的会计，他详细记录了与摩鹿加群岛首领们会见和结盟的情况。这些文件，现在被称为《维多利亚之书》，一方面旨在证明指挥官已经履行了职责，另一方面，他们要在欧洲关于摩鹿加群岛的论述中制造事实，证明摩鹿加群岛的首领已经屈服于卡斯蒂利亚国王——这包括公开宣布法案以及移交国旗、纹章等国家象征及交换礼物。马丁·门德斯编纂了详细的编年史，记录了所有这一切，包括舰队在摩鹿加群岛逗留期间发生的一切。

当然，我们要归功于皮加费塔生动的描述和记录的细节，例如描述王侯婚礼或统治者的后宫——他只能从远处观看。皮加费塔解释说，没有苏丹的允许，没有人可以看到那里生活的 200 名女性，在后宫附近曾被发现的人都被处死了。但是，即使在后宫之外，在摩鹿加群岛上的水手似乎也没有机会缓解他们持续的性挫败感。这可以从皮加费塔的话中得出结论：那里的男人"对他们的妻子占有欲很强，以至于他们不允许我们穿着裸露的内衣上岸，因为他们说他们的妻子会以为我们已经准备好了"。皮加费塔安慰自己说："这些女人丑陋，赤身裸体。"

作为上层阶级的一员，皮加费塔被允许参加与苏丹和其他首领的私人聚会，这群人也是他故事的焦点，而他只偶尔看到其他普通岛屿居民和船上人的生活。这有点可惜，因为摩鹿加群岛首领们的世界一定是它自己的神秘缩影，他们的宫廷并没有参与 16 世纪世界的政治。皮加费塔在某个章节中写道："一天，苏丹告诉夜间守卫仓库的水手在任何情况下都不得离开建筑物，因为有些人身上抹了油，他们好像没有头，整夜漫游。如果碰到另一个人，他会触摸这个人的手并抹上少许油，这将使这个人立即病倒并在三到四天内死亡。但是，如果一次性碰到三四个人，那么他们的魂魄可能就没有了。"苏丹说，他已经把其中几个人绞死了。这段描述也出现在后来观察者的记录中。

这片土地是阴森可怕的，在水手们取水的时候，他们被告知，塞拉诺随行的三名葡萄牙人被藏在灌木丛中的当地人杀死。水手们必须时刻保持警惕，并且如果他们不想像班达岛上的葡萄牙人那样为了安全而在赤道的高温下穿上厚重的盔甲，就一定要听从当地人的警告和禁止。当两艘船最终完全装满并准备在1521年12月18日星期三起航时，他们中的大多数人才放下心来。

蒂多尔、巴占和贾伊洛洛的首领，以及特尔纳特苏丹的使节，将水手们引到蒂多尔以南的一个小岛上，阿尔曼苏尔的仆人在前几天为水手们点燃了柴火。"维多利亚号"是第一个扬帆起航的，并离海岸有点距离，在等待"特立尼达号"。帆船装上了一整套崭新的帆，上面有一个很大的圣地亚哥十字架，写着"好运的象征"。

但是命运似乎对他们并不友好。当"特立尼达号"试图拉起船锚时，船员们惊恐地发现水从下面渗入船体。"维多利亚号"也被发现渗水，它立即转身，迅速卸下船上的货物以找到泄漏点。

两艘船都因腐烂而漏水，它们在海水中躺了太长时间，在海水里有蠕虫（实际上是贻贝），它们会粘在木制船身上，并用贝壳作为钻头，形成管状的、有时深达1米的住所。这种情况会严重损坏木制船的船体，还会损坏桩、线网或闸门。16世纪在印度航行的水手知道，在东亚的热带水域，这种贝类软体动物特别多。修复1个长时间未进行修复的船体相当于修复7个船体的工作量，必须不断地抽水、排水。有时，寄生物的寄生是场灾难，以至于即使用泵排水也无法使船漂浮。

但是"特立尼达号"的泄漏有其他原因，因为水似乎从下方"通过管道或软管"渗入船体，"但我们找不到水进入的开口"。阿尔曼苏尔命令5名潜水员在船体外部寻找，5个人在水下待了半个多小时，但他们找不到泄漏处。苏丹随后找到3个人，他们住在岛的另一端，并因能够在水下待很长时间而享有盛名，他们也许是生活在哈马黑拉浅湾的专业的养殖珍珠的渔民。3人于周五早上到达，潜入水中"散开头发寻找船的缝隙"。他们大概有这样的想法：如果长发靠近泄露点，长发会被裂缝的水流吸进去。但是，尽管这3个潜水者在水下待了1个多小时，他们也没有发现缝隙在哪里。

苏丹阿尔曼苏尔伤心欲绝。现在还有谁会去卡斯蒂利亚，向他的新领主传递消息？"特立尼达号"的状况使一些人意识到他们在冒着怎样的风险长途跋涉回家。水手们不免担心，如果"维多利亚号"在大洋中部也发生泄漏怎么办？现已从"特立尼达号"转到"维多利亚号"的皮加费塔写道："船上有些人想留下来，因为担心航行到不了终点，回不了卡斯蒂利亚。"但他认为，真正困扰这些人的更多是对饥饿的恐惧。因为海员贪婪地装载尽可能多的丁香，就少装了食物。

最终决定，在卸下60公担丁香后，"维多利亚号"继续航行。船只在强有力的季风的帮助下向南航行至班达海。水手们从苏丹那里雇了领航员，领航员将他们带到马来群岛南部边缘的帝汶岛。

他们想从那里往西，穿越印度洋，然后绕过好望角回到卡斯蒂利亚。同时，"特立尼达号"将被清理和修理，以便在春季借助清新的西南风在太平洋中向东航行，但航行路线不再是去南纬52度的海峡，而是去达连（巴拿马地峡那时的名称），因此会在北半球航行。

"维多利亚号"的离开又推迟了一天，因为许多留下的人想让离开的伙伴捎上信件。其中一封信件是在19世纪的港口城市拉古萨（今天的杜布罗夫尼克）的档案中发现的。"特立尼达号"船主兼舰队舵手乔瓦尼·巴蒂斯塔向一位"贵族"（名字未提及）简短地写了他的船只发生的不幸的事，并推荐了儿子多明戈，多明戈在"维多利亚号"上，想回到家乡。除了这封信，巴蒂斯塔还送给收信人一只鹦鹉，他乐观地写道："如果这只鸟死去，我会再送去一只。"

在星期六圣托马斯节（12月21日）的下午，时间终于到了。皮加费塔用笔捕捉了动人的瞬间："两艘船向天空发射炮弹，似乎它们俩都在哀怨最后的离别。留下来的人划着小船陪伴着我们走了一段，然后跟我们在眼泪和拥抱中离别。"在邻近小岛上的"维多利亚号"的水手将准备好的柴火带到船上之后，阿尔博升为舵手，设置了西南偏南的航向。这是47名船员的回家之旅，同时也开启了13名"印第安人"的未知之旅。

13. 迷失的一天

~~~~~~~~~~~~~~~

在"特立尼达号"完全卸下货物后，他们才发现渗水原因：龙骨破裂，大概已经有一段时间了。在从文莱急速逃离之后，船撞到了礁石上，在洪流作用下，几个小时后才出现渗水。修复船只损坏的地方可能需要几个月的时间。

苏丹阿尔曼苏尔向卡斯蒂利亚人提供了工人，并提供了材料和食物。在他们后来的协议和报告中，水手们将其描绘成仿佛蒂多尔国王已经顺从于卡斯蒂利亚国王的使节。但实际上，恰恰相反，卡斯蒂利亚人会在没有苏丹的保护和帮助的情况下离开。他们不想在摩鹿加群岛上留下宿务那样的记忆。苏丹努力为他们服务，可能是出于他的算计，因为与卡斯蒂利亚人的联盟（对抗特尔纳特与葡萄牙的同盟）对他来说很有用。

在等待期间，交易继续活跃。水手后来回忆说，在与苏丹阿尔曼苏尔的合作下，他们建造了一座贸易站，这是具有当地风格的大型建筑，"墙壁是用捣碎的黏土砌成的，内外装饰着粗如横梁的竹管"。贸易站容纳了水手所有不想带回家的易货物品。"康塞普西翁号"前食物储备主管胡安·德·坎波斯被任命为经理，他手下有 5 个人。加斯帕·德·克萨达的前仆人和刽子手路易斯·德尔·莫利诺也留在蒂多尔，外加一个伦巴德炮手，因为工厂配备了枪支。在苏丹提出要求后，他们给苏丹几支步枪，这有助于维护他和卡斯蒂利亚的利益。

1522 年 4 月 6 日，"特立尼达号"准备再次出发。50 多名船员中缺少若昂·卡瓦略，他的伙伴们在 2 月中旬将他埋葬。叛逃者佩德罗·阿方索·德·卢洛萨上了船，卢洛萨可能带上了他的妻子和仆人，但无论如何，他还有 35 公担丁香。总体而言，根据不同的说法，这艘船装载了 800 公担至 1200 公担约 50 吨重的珍贵的丁香芽。

"特立尼达号"在哈马黑拉东北海岸停下来取水，把猪和鸡带上船后，乔瓦尼·巴蒂斯塔和吉努塞·利昂·潘卡尔多共同操作这艘船，向东北方向行驶。朝这个方向，他们希望在航行 2000 里格后到达目的地。但他们过于乐观了，因为直接距离需再增加三分之一，实际上是 1.6 万公里。他们的判断错误得令人惊讶，因为海员已经在出海航行中测量了太平洋的整个宽度。但是，船上不再有导航专家，而那些现在掌舵的人可能没有像圣马丁、塞拉诺或麦哲伦一样有丰富的经验。

巴蒂斯塔和潘卡尔多很快被迫向越来越靠近北方的方向改正路线。他们再一次进入了东北信风的区域，这种信风在他们去的路上为他们提供了很好的服务，但现在却向他们迎面吹来。最终，他们到达了马里亚纳群岛，并经过了该群岛的 14 个岛屿。在最后一名领航员上船之后，他们继续朝东北方向航行，可能希望在某个时候最终进入像大西洋那样的西风带，由西风将他们带到（美洲）"大陆"。他们逆风而上，努力航行到北纬42度。

埃斯皮诺萨后来在写给国王的信中说："我去了那里，穿过大海，尽了最大的努力。"但这些都无济于事：暴风雨猛烈地袭击了船，以至于他们不得不拆毁船上建筑以减少阻力，否则船将被风吹得无法前进。水手们没有防寒的长袍，他们饱受饥饿之苦，因为他们几乎吃完了所有食物，仅剩一点大米，也因为暴风雨而无法煮饭。大自然毫无怜悯地肆虐了12天，随着越来越多的人筋疲力尽而倒下，第一批人死亡，船上高级船员们决定返回。

但是，对于大多数船员来说，该决定为时已晚。一种神秘的疾病，导致身体可怕地衰竭，不可避免地死亡。吉恩斯·德·马夫拉报告说，他们解剖了一些死者，发现"所有的静脉都已经扩张，体内渗出了血，所以从那时起我们为每个生病的人放血，因为我们以为血液使他们窒息而死"。尽管如此，船上还是不断有人死去。有些人认为，所有这些都应归咎于特尔纳特人，他们会给水手们取水的井下毒。但是吉恩斯·德·马夫拉形象的描述清楚地表明了这是坏血病。"特立尼达号"的海员在公海已经待了4个月而没有足够的新鲜食物。

他们非常困难地到了北马里亚纳群岛的一个岛上，在那里他们可以带些雨水上船，在那里他们被领航员和3名基督徒抛弃，这几人宁愿留在太平洋岛屿上选择不确定的命运，也不愿在船上丧命，而其他人则继续恐怖之旅。几乎每天都有人死去，当他们在 10 月中旬某个时候看到哈马黑拉北端的多伊岛时，已经有 20 人在大海中找到了永恒的安宁。

在多伊岛，那些还活着的人从当地人那里获悉，一支由 5 艘船组成的葡萄牙舰队已经登陆特尔纳特岛。无奈之下，埃斯皮诺萨写了一封信请求葡萄牙指挥官提供帮助，派遣文书乘坐一艘小艇把信送过去。等待回信需要时间，而那个位置并不适合停泊，他和其他人决定起锚，疲惫的人竭尽所能，当他们在哈马黑拉的甘科诺拉火山下方的一个海湾向南约 100 公里处抛锚时，尚有一丝清醒的人不知道他们是否还能起锚。

葡萄牙国王特使豪尔赫·德·布里托被唆使抢劫了爪哇的一座寺庙，并在此过程中被杀。然后，他的兄弟安东尼奥·德·布里托接管了舰队。1522 年 5 月 13 日，即"特立尼达号"出发后几周，安东尼奥·德·布里托与 140 名同胞一起到达了摩鹿加群岛，并立即表明了态度。他停泊在蒂多尔岛，让卡斯蒂利亚人陷入困境，他没收了他们的货物，并摧毁了他们的贸易站。然后他扣住了苏丹，质问苏丹是否想与葡萄牙的竞争对手联盟。阿尔曼苏尔为自己辩护说，他只是作为商人出于恐惧而并非自愿接受卡斯蒂利亚人。但是安东尼奥·德·布里托让他知道，这是对他在里斯本的主人的冒犯。第二天，苏丹在卡斯蒂利亚囚犯在场的情况下，温柔地宣布自己是葡萄牙国王的附庸。其实安东尼奥·德·布里托的国王不再是唐·曼努埃尔，而是唐·若昂三世。1521 年 12 月 13 日，唐·曼努埃尔这个"幸运儿"在特茹河岸的宫殿中因为鼠疫去世，但安东尼奥·德·布里托当时不知道。

最后，特使转移到特尔纳特，并开始建立长期的据点。1522年10月20日，埃斯皮诺萨的求救请求到达时，葡萄牙人正处于汗流浃背的工作之中，这是赤道高温下乏味的工作，安东尼奥·德·布里托立即作出反应，派出了他的一艘帆船和另外两艘本地船一起前去救援。

救援人员在甘科诺拉岛上发现了一艘几乎满是死人的船。尸体躺在甲板上，大多数幸存者身体虚弱，无法移动。事不宜迟，葡萄牙人登上这艘船，将他们带到特尔纳特岛。在这几天及以后的日子里，"特立尼达号"超过6人丧生，因此到10月底为止，损失达30多人，这还不包括逃兵。但是幸存者也笑不出来，葡萄牙人从他们身上拿走了所有东西，除了他们穿的衣服，就像舵手利昂·潘卡尔多后来所说的那样。葡萄牙人抢劫的理由是卡斯蒂利亚人偷走了他们的东西，安东尼奥·德·布里托没收了所有的丁香、所有航海图、航海日志、航海仪器、枪支、其他武器以及任何有价值的东西。当埃斯皮诺萨要求凭证时，据说安东尼奥·德·布里托回答：如果他想要凭证，安东尼奥·德·布里托会把他绑在院子里。埃斯皮诺萨在团队面前受到侮辱，葡萄牙人斥骂他不过就是个小偷。安东尼奥·德·布里托后来分别盘问了船长和其他高级船员，他们必须记录下自己的航行历程，仔细倾听并接受自己的航海图有误的事实，因为摩鹿加群岛位于葡萄牙的一半世界。

这些被抢劫、被剥夺自由和被羞辱的人，得到了足够的食物。在随后的几个月中，尽管他们的营救者和对手迫使他们帮助建造堡垒，但当他们被困在特尔纳特时，他们都没有死亡。仅埃斯皮诺萨拒绝了劳动，但显然也没有任何严重后果。然而，对于佩德罗·德·卢洛萨，他将摩鹿加群岛交给卡斯蒂利亚产生的严重后果是：安东尼奥·德·布里托因他的背叛而砍了他的头，没收了他的财富。

1521 年 12 月 21 日，"维多利亚号"离开蒂多尔岛，经过了莫蒂岛、马基安岛和巴占群岛，横穿苏拉群岛，并在布鲁岛和塞兰岛之间航行。在向西南方向航行 8 天，穿越班达海的水道后，水手们发现了阿洛群岛和索洛群岛中间的一条海峡，并从中穿过。在南侧，他们陷入了一场风暴，这场风暴将"维多利亚号"驱赶到东边一个多山的岛屿：马卢阿岛，现在被称为阿洛岛。尽管有强风和逆流，他们还是设法停泊在阿洛岛。

苏丹阿尔曼苏尔借给他们的两名领航员不仅带领"维多利亚号"毫不费力地穿过岛屿和礁石，还因为了解当地许多风土人情而充当了导游。据说在一个小岛上，住着耳朵大到足以遮盖自己的小矮人。有的岛上住着亚马孙人，她们买卖男子生育，受孕生下的男孩却被她们杀死。还有的岛有异教徒赤身裸体地走来走去，吃人肉。

好奇的皮加费塔一定在领航员的陪伴下度过了无数的时光，因为他把许多他们的故事转述给了读者。领航员的知识似乎并不局限于他们所经过的岛屿，而是丰富得多。我们从皮加费塔的叙述中得知：在爪哇，社会等级高的男人死去后留下的遗孀可能会被烧死，从而为死去的丈夫殉葬。爪哇人会在包皮下植入铃铛，用铃声吸引爱人。有一种生活在中国海中部岛屿树上的大鸟，它们可以在空中抓起大象。还有"大中华"的皇帝，他是"世界上最伟大的皇帝"。皮加费塔显然没有反对他权位高于基督教的国王，领航员宣称那个帝王手下统治 70 位国王，每位国王又统治了 10 到 15 位国王。从印度到中南半岛的所有国王都要服从他。没有人见过他，他住在有 79 座宫殿的宫殿群中，有 7 堵墙环绕，每堵墙有 1 万名侍卫，为了保持王室血统，皇帝与姐妹们结婚。

皮加费塔报道的有关远东异国风情的大部分内容，在他之前的作家那里都可以找到类似的部分，从古代地理学家斯特拉波到马可·波罗，再到于 1510 年出版亚洲游记的卢多维科·德·瓦尔塔马，可以猜想，皮加费塔是否从领航员的转述中有所体会，或者这些转述出自欧洲作家描述的相同的故事，也可以进一步表明当时旧世界的交流状况。

皮加费塔在阿洛岛上进行观察，因为水手们在该岛上停留了两个星期，以便为"维多利亚号"填缝并装载水。居民"像牛一样野蛮"，他们吃着人的肉，并在某些竹制梳子的帮助下将头发高高地抬起来，他们将胡须包裹在树叶里，然后放入竹筒中，这看起来很可笑。他们是这片"印第安"土地上最原始的人。由于送了一些礼物，新来的人得以迅速地与阿洛人交朋友，并用废铁换成蜡来填缝。

1522 年 1 月 25 日，"维多利亚号"穿越帝汶海。摩鹿加群岛的特产是丁香，帝汶岛的特产就是檀香树，这里的檀香树比别处更繁茂。药剂师托梅·皮列士报告说，马来商人告诉他们，神用檀香木造帝汶，班达是用肉豆蔻花造的，而摩鹿加群岛是用丁香造的。檀香树的芳香树心可以像沉香一样用于制作烟丝，也可以蒸馏精油，治疗多种疾病。由于这些特性，在皮加费塔时代，它们备受重视，尤其在中国和印度，它们被运往那里并变成了可观的利润。因为檀香木，帝汶岛成为东南亚贸易网络中的重要枢纽。葡萄牙人从 1515 年开始涉足这一行业。

但是来自卡斯蒂利亚的水手们对这里的其他东西更感兴趣。皮加费塔说："我们一登陆帝汶岛，我独自一人与一个叫阿马班的村庄里的老人交谈，以便他可以给我们食物。他回答说他有水牛、猪和山羊，但是我们不同意交换，因为他想要许多东西来换水牛。所以我们在一个叫巴里波的村庄将一位主事的人和他的一个儿子扣留在船上，我们索要 10 头猪、10 只山羊，他担心会被我们杀害，立即给了我们 6 头水牛、5 只山羊和 2 只猪，后来他又给了我们 1 头水牛。我们的食物很少，而且由于饥饿而只能这样做，然后我们把他们送回了陆地，他们感到非常满意，因为我们给了他们床单、印度丝绸、棉织物、斧头、印度小刀、剪刀和镜子。"这种填饱肚子的方法已经在苏禄海证明了效果。

皮加费塔是第一个从自己的角度描述帝汶岛的欧洲人。整个岛屿人口稠密，有 4 个酋长。显然这里有很多食物，而且有很多蜜蜂，所以帝汶人除了檀香木之外还可以出口蜡。他们是"异教徒，当他们击打檀香木时（正如他们告诉我们的那样），魔鬼以各种形式出现在他们面前，并告诉他们必须按照他的要求去做。结果，他们病了几天"。

但是在帝汶岛使人生病的不仅仅是魔鬼："我们在这个群岛，发现所有岛屿上，圣约伯的苦难（梅毒的许多名称之一）根深蒂固。他们口中的'葡萄牙病'，在这里比在任何其他地方都严重。"梅毒最早于 1494 年在意大利出现，可能是由哥伦布的人带到欧洲的。如果皮加费塔的观察是正确的，那么梅毒已经从葡萄牙海员或商人的血管传染到马来群岛的东南端，并为"世界微生物协会"作出进一步的贡献。这个协会是 14 世纪至 17 世纪，伴随欧洲的扩张同步出现的。

"维多利亚号"在帝汶岛停留 16 天期间为这个协会贡献了什么，皮加费塔没有透露。但是有迹象表明，海员之间远远称不上团结。马丁·德·阿亚蒙特的证词最为清楚，这名学徒和一个名为巴托洛梅·萨尔达尼亚的临时雇员离开了帝汶岛。吕宋岛的一名商人来帝汶岛装载檀香，两人借助他的帆船寻求避难。他们与商人达成协议，他将把他们带到摩鹿加群岛，那里有一个卡斯蒂利亚人是马丁的亲戚。但是，该计划没有实现，因为这两个逃兵落入了葡萄牙船长的手中，后者将他们转移到马六甲。马丁在行政长官的盘问中说，"维多利亚号"在帝汶海海域航行时已经非常破败，必须每小时抽一次水。

船的恶劣状况引发船上高级船员的讨论，一边是舵手阿尔博和米格尔·德·罗达斯，另一边是船长埃尔卡诺。两名希腊人赞成先前往马六甲，然后再去马尔代夫，在那里赶船。这意味着阿尔博和罗达斯希望与亚洲大陆保持更近的距离。但是埃尔卡诺认为冒险穿越印度洋直奔好望角是明智的，这个巴斯克人显然想不惜一切代价避免与葡萄牙人的领域接触。

可以确定，这一讨论引起了更多的争吵，甚至可能演变成暴力。当时的编年史家弗朗西斯科·洛佩兹·德·戈马拉在帝汶岛停留时写道："发生了争论和哗变，其中一些人死在船上。"在关于"维多利亚号"归来的报告结尾，皮加费塔总结说："有些人因其罪行被杀。"舰队原本精心保存的死亡登记簿中没有关于这起事件的记录，而阿亚蒙特和萨尔达尼亚的逃离则是众所周知的。但是，途中登船的水手死去后未在死亡登记簿中列出，他们不在"贸易局"的工资单上，并且在欧洲也没有亲戚可以领取其工资。因此，他们可能是在帝汶登船的 13 名"印第安人"中的一些人，因反对将他们拖回欧洲而为此付出了生命。其中一些人来自摩鹿加群岛，还有一些人是在苏禄海被绑架来的。

1522 年 2 月 10 日，"维多利亚号"离开帝汶岛的西端，在离塞毛岛以北几英里的地方，准备起航。长期以来，必要的操作和演习一直没有落下。首先，一些水手爬上索具松开中帆，然后再调整帆适应风向，使船在舵的控制下远离风。适时调整前桅中帆，也就是说，将其旋转到与主桅横帆在同一侧。船首指向行进方向后，其他帆也被抬起，船就可以加快速度了。然而，"维多利亚号"并没有走太远，它陷入了无风区域。它在帝汶岛西北部的萨武海上晃了两天，然后起风了。绳索发出嘎嘎声，帆被风吹得鼓起，于是"维多利亚号"微微倒向一侧并迅速加速。不久，萨武岛和赖朱阿岛都消失在船尾，麦哲伦舰队的最后一艘船驶入"南海"。

舵手阿尔博的航行方向是西南偏西。"维多利亚号"在此路线上进行了近一个月的细微调整，在这段时间内行驶了大约 5000 公里，几乎是到好望角路线的一半航程。但是在南纬 36 度，风减弱了，然后西风又吹来。接下来的几周都比较忙碌，水手们不得不反复地收缩帆，使帆完全降下，最后不得不再次吊起，扬帆并微调。在这段时间内，在南纬 37.5 度，他们看到了一个岛屿，大概是阿姆斯特丹岛，但是他们在悬崖边不能停泊。过了一段时间，在尝试克服风势取得成功后，阿尔博将航向调整回西南。在 4 月上半月，他们两次越过南纬 40 度，终于在 4 月 16 日再次向北转。

阿尔博航海日志中的简洁条目几乎无法表达这段时期精疲力竭的海员所遭受的麻烦、忧虑和挫败感："在 26 日，我没有测量太阳的高度，但是我们向西北方向航行 15 里格直到早晨，白天继续向西北偏西方向航行直到晚上，那是星期六。"但是舵手的日志清楚地表明了"维多利亚号"的航行速度有多慢，多少次因风浪而停滞不前，或者被风吹向东方。数周来，他们与好望角以南的强烈西风作战。

麦哲伦的舰队在航海史上拥有地位主要是因为其穿过后来以他的姓氏命名的海峡以及太平洋，毫无疑问，这两者都是伟大的航行事迹，但是，它们的成功要归功于有利的风。如果麦哲伦在"圣徒海峡"中，没有抓住风向东转时那段时光，他将被困在那里数周，并可能成为另一起哗变的受害者。水手们有预感但不知道，如果没有可靠的信风，跨太平洋航行会不可避免地遭遇灾难。

然而，"维多利亚号"的船长们知道他们从帝汶岛出发前往好望角会面临什么，离开前的讨论表明了这一点。马丁·德·阿亚蒙特记录了这些讨论。他们知道船的恶劣状况，知道好望角的声誉不好，并且意识到必须克服长距离航行的困难才能到达那里。

皮加费塔解释说："这个海角在南纬 34 度，距马六甲海角有 1600
里格，是世界上最大、最危险的海角。"1600 里格的说法，也可以
在麦哲伦离开前写给国王的备忘录中找到，几乎完全对应于马六
甲和好望角之间的实际距离。

接下来的数个星期，"维多利亚号"的船员在非洲南端与逆风、
海流和海浪作战。海员在公海中度过了两个月的疲惫时光之后，出
色地完成了工作。1519 年随舰队起航的导航专家均未在船上。一
名在比斯开湾和地中海赢得功绩的船长（胡安·塞巴斯蒂安·德·埃
尔卡诺）与两名罗得岛的水手长（弗朗西斯科·阿尔博和米格尔
·德·罗达斯）组成了管理三人组，他们在好望角周围安全地航行。
一旦他们绕过了海角，其余的一切都会变得轻而易举，因为自从有
了通往印度的航线，如何驾驭大西洋的风就广为人知。

5 月 7 日，阿尔博认为任务已经完成，但是当他们第二天终于
看到陆地时，却发现这是一条漫长的"情况糟糕且无树的海岸"，
从东北延伸到西南。在研究了他们的航海图之后，他们得出的结
论是，他们位于好望角以东，在因凡特河（大鱼河）口，距好望
角约 160 里格。尽管他们停得太靠东了，但他们成功地完成了壮举。
舵手在航海图上画下他们的线路，与总长超过 1 万公里的公海距
离相比，尽管出现了锯齿形航迹，但他们多航行了的路程不到 950
公里。

阿尔博的日志没有描述他是否为自己的表现感到骄傲。但是
你可以想象，当他和整个团队意识到开普敦仍然在他们前面时，
他们会多么失望。他们在崎岖不平的海岸线上寻找一个"让大部

分遭受苦难的水手放松身心"的港口，但是由于找不到合适的地方停泊，他们不得不接着航行。

皮加费塔写道："我们当中的某些人，无论是生病还是健康，都想去叫作莫桑比克的属于葡萄牙的地方，因为那艘船渗水严重，因为严寒，更因为我们除了米饭和水以外无其他可食用的东西，我们吃的肉因为缺盐无法腌制而腐烂。但是其他一些人更关心自己的荣誉而不是生命，不论是生是死，他们都决定去卡斯蒂利亚。"

膨胀的野心使他们放弃了生活的欢乐，于是"维多利亚号"于5月15日穿过非洲最南端的厄加勒斯角，"在这个海岸上有许多洪流，所以除了纬度能给他们带来保护之外，人们无法找到其他任何保护"。阿尔博的意思是海员别无选择，只能顺风而下。第二天前桅上桅和一些横杆裂开了。尽管如此，疲惫的水手们还是于5月18日或19日成功绕过了好望角，距离岬角估计有50公里。第二天，阿尔博测出他们到了南纬33度24分。好望角已经在他们身后，"维多利亚号"做到了！

然而，在5月12日至20日之间，佩德罗·加斯科、洛伦佛·德·埃鲁纳、胡安尼科·维斯卡伊诺、伯纳多·毛里和胡安·德·奥尔特加死于疾病，不久之后，还有其他水手和学徒走进潮湿的海洋坟墓中。与"特立尼达号"一样，在经过3个多月的海上航行后，坏血病对"维多利亚号"产生了影响。破烂的风帆最终抓住了东南信风，这条船现在每天航行50里格(约275公里)，但无法阻止死亡。当"维多利亚号"于6月中旬越过几内亚湾和赤道，几内亚比绍附近的热带辐合带使风帆扬起时，死亡登记簿又增加了5个名字，不包括来自亚洲的乘客。皮加费塔谈到死者时说："举行海葬时，我们将基督徒脸朝上地推入海中，将印第安人脸朝下地推入海中。如果我们遇不到那么好的天气，我们所有人都将死于饥饿。"

在两周内仅向北航行了 3 个纬度并且又有其他 3 人丧生之后，埃尔卡诺、阿尔博和罗达斯于 7 月初将大家召集在一起，投票是去大陆还是去佛得角群岛，希望能在某个地方找到新鲜食物。大家决定去佛得角群岛，随后"维多利亚号"于 1522 年 6 月 9 日在圣地亚哥的大里贝拉①（当时佛得角的主要城镇）抛锚。

他们向水中派出小艇，马丁·门德斯和几个人一起坐船上岸。文书告诉葡萄牙港口指挥官，他们来自美洲卡斯蒂利亚的领土，因风暴而与船队分开。"维多利亚号"的中桅断了，看上去已经受了重创，故事听起来似乎很可信。阿尔博说："他们非常友好地接待我们，并给了我们所需的食物。"

然而，有一件事让阿尔博迷惑：他在航海日志中记录的到达圣地亚哥的日子是星期三，但是港口的人说那天是星期四。阿尔博只能用在漫长的旅途中漏记一天来解释这个现象。但奇怪的是，他并不是唯一一个确信那天是星期三的人，船上所有记日记或定期进行日常祈祷的人都这样认为。皮加费塔怀疑："我们不知道怎么回事，因为我一直很健康，所以我每天也都在不间断地记录。"

水手们检查了他们的日记，绞尽脑汁地想找出失去的一天去了哪里，但他们找不到。有一件事很清楚：与自己的祖国保持定期联系的圣地亚哥的葡萄牙人一定不会错。问题出在海员那里：他们懊

---

① 也称为西达迪弗哈，位于今天佛得角首都普拉亚以西数公里处。

悔地承认他们在星期五的时候吃肉，在星期一做弥撒（天主教徒星期五不食荤，通常星期日做弥撒）。

如果安德烈斯·德·圣马丁仍在世，他本可以向他们解释说，在航行的近三年中，他们所走过的路与太阳的轨迹相同，都是从东向西。他们每天向西行驶，太阳每天都稍晚一些升起，现在许多微小的时差加起来是 24 小时。换句话说，"维多利亚号"的日记本没有错，相反，"失落"的日子是他们曾经自东向西完全绕过地球的标志。

但是圣马丁死了，船上的人几乎没有时间弄清楚日历上的谜。在小艇装满大米过来，再出发，往返三次后，小艇可疑地停留了很长时间，整宿都没有回来。次日，一艘平底船代替小艇接近"维多利亚号"，下达了港口司令的命令。显然，葡萄牙人已经弄清楚停在他们港口的叫什么船以及它的真正来历。骗局被揭穿，那些划船上岸的人被葡萄牙人拘留。

被拘留者中有一名叫西蒙的水手，来自布尔戈斯，他向圣地亚哥当局透露了"维多利亚号"的真实身份。这项指控似乎更加可信，因为西蒙实际上并非来自布尔戈斯，而是来自葡萄牙。事后证明，他和有的水手一样，假装是卡斯蒂利亚人，尽管有所限制，他仍能与麦哲伦的舰队一起航行。但是，基于证人的证词，还有另一种解释：精疲力竭的水手试图在圣地亚哥购买一些奴隶，将他们安置在"维多利亚号"渗漏的水泵那里。但是由于他们没有钱，他们向葡萄牙贸易代理人提供了丁香来付款，这使他们变得可疑，因为装满香料的卡斯蒂利亚船非常可疑！

令葡萄牙人震惊的是，埃尔卡诺、阿尔博、皮加费塔和其他在船上的人立即起航，将 13 名被俘的同伴扔下。阿尔博说："7 月 15 日星期二，我们带着 22 个或者生病或者健康的人离开了，方向先是向南，然后西南偏南、西南偏西，最后向西。""维多利亚号"再次逃跑，驶向大西洋。

14. 结　算

~~~~~~~~~~

　　1522 年 9 月 6 日，来自圣罗卡的佩德罗·索尔多航行到瓜达尔基维尔河口的沙洲时，根本不会想到有什么特别的事情会发生。一名叫陶伯·彼得的领航员看见了一艘帆船，所以跑到舵手那里，看是否可以提供服务。那是一艘飘扬着卡斯蒂利亚王室旗帜的卡瑞克帆船：这可能是一艘从安的列斯群岛回来的大西洋舰船，并经历过艰难时期。在船上，佩德罗遇到了一些瘦弱的人，他们正在用最后的力量应对水泵的问题。船长表示他有对国王陛下极其重要的消息，这艘卡瑞克帆船必须尽快前往塞维利亚。

　　在圣罗卡，当水手们努力驾驭帆船在瓜达尔基维尔河往上游航行时，他们也注意到这名河流领航员。后来的事情就是胡安·塞巴斯蒂安·德·埃尔卡诺在他的小屋里坐下来，写信给查理国王："由陛下派出的 5 艘船，在费尔南多·麦哲伦的带领下去寻找香料群岛，我们是其中一艘，有 18 人，现已返回。""维多利亚号"船长简要地向国王介绍了这次航行中最重要的事件，从海峡的发现到麦哲伦的死亡以及在摩鹿加群岛上购买丁香，还描述了他们返程的情况：由于担心葡萄牙国王的阻碍，他们5个月来没有踏上任何土地，在此过程中只食用米和水，失去了21个人。

埃尔卡诺报告说，他的13名同伴在佛得角被俘，葡萄牙人想逮捕他和其他人，但"我更愿意与全体船员一起死，而不愿落入葡萄牙人的手中。因此，在上帝和圣玛利亚的帮助下，我们迎着巨大的阻力回到了船上，回到水泵的周围，保证这两个水泵在白天和黑夜都运转，尽管它们像其他所有人一样虚弱不堪。我们请求陛下，请您为长期服务于您的13名男子在葡萄牙国王那里说情。愿陛下您知道，我们发现了重要的事情：我们通过向西行驶并从东方返回从而发现地球是圆的，并绕过了整个世界。"

一天后，这个爆炸性的消息传到塞维利亚，"贸易局"开始忙碌。该机构还由几乎相同的人领导，但桑乔·奥尔蒂斯·德·马蒂恩佐死了，财务主管是马蒂恩佐的侄子多明戈·德·奥尚迪亚诺。奥尚迪亚诺记录了"维多利亚号"回来后"贸易局"所花费的支出。多亏了他的笔记，我们可以对官员们立即采取的措施有一个相当清楚的印象。

他们首先买了一艘六桨小船。搬运工则奔向市场，买了12阿罗巴（约192升）的葡萄酒，75条面包，四分之一头母牛（32.5千克）和51马拉维迪的甜瓜。所有这些东西都装上了船，用来让那些回到故乡的人恢复体力。王室的文书胡安·德·埃吉瓦尔和15名男子一起帮助将"维多利亚号"拖到塞维利亚。

小船下水后，官员们准备了必要的一切，以便从"维多利亚号"的船体中取回珍贵的货物。他们专门打开一个砖砌拱门，以缩短船到塞维利亚的贸易机构的运输路线，并购买了篮子、铁锹、扫帚和用来照亮船的蜡烛。由于没有足够的袋子，他们订购了639米的亚麻、针和线，缝制袋子。

在此期间，船匆匆划下了河。胡安·德·埃吉瓦尔在霍卡达斯（圣罗卡和塞维利亚之间的锚地）发现了"维多利亚号"。没有人记录水泵最终被替换以及收到来自塞维利亚的"茶点"时，水手们有什么反应。只能希望他们花时间吃完75条面包和四分之一头母牛，以使他们的胃能适应丰富的食物。每人10升的葡萄酒绝对有作用。

埃吉瓦尔现在接管了"维多利亚号"的守卫工作，并与埃尔卡诺一起确保没有陌生人登上帆船，也没有从那里拿走任何东西，另一名"贸易局"的雇员负责了运输工作。为了使进展更快，他从在霍卡达斯停泊的其他船只上雇了水手。第二天晚上，帆船到达了滨河科里亚——塞维利亚下游几公里处，在那里，挨饿的船员又收到了第二批面包、葡萄酒、肉类和水果。之后，小船再次努力拖拽破烂不堪的"维多利亚号"。

同一天，大概在1522年9月8日深夜，"维多利亚号"停泊在瓜达尔基维尔河右岸的穆埃拉斯港，这正是1519年8月10日旅程开始的地方。就像出发时一样，"维多利亚号"向天空发射火炮，宣布返回。"维多利亚号"最后的伦巴德炮手，来自亚琛的汉斯负责发射。第二天，英雄们被允许离开他们的浮动监狱。皮加费塔写道："星期二，我们所有人都穿着衬衫，赤着脚，手里都拿着一支大蜡烛，去往圣玛利亚·德·拉·维多利亚教堂和安提瓜圣母祭坛。"正如他们在海上最困难的时候所做的那样。

塞维利亚以隆重的游行而闻名，但在几个世纪以来，在走过城市街道的人群中，这些人可能是最令人动容的：18 个半裸的男人，其脸部和身体都满是日晒、盐和饥饿留下的痕迹，他们在特里亚纳的教堂朝圣。三年零一个月前，在同一个地方，他们的舰队总指挥接受了王室旗帜。舰队总指挥和旗帜以及大多数同伴留在了远东地区，只有这 18 个人最终返回，现在他们感谢帆船的守护神"胜利的玛利亚"。然后这支队伍越过瓜达尔基维尔河，去了安提瓜圣母祭坛，18 名男子在圣母与小耶稣的哥特式壁画前跪下，他们是第一批环游世界的人：胡安·塞巴斯蒂安·德·埃尔卡诺、米格尔·德·罗达斯、弗朗西斯科·阿尔博、水手长胡安·德·阿库里奥、理发师埃尔南多·布斯塔曼特、警察马丁·朱迪西布斯、炮手汉斯、水手安东·埃尔南德斯·科尔梅内罗、胡安·罗德里格斯·德·韦尔瓦、弗朗西斯科·罗德里格斯、迭戈·加列戈、那不勒斯的尼科拉和米格尔·桑切斯·德·罗达斯、学徒胡安·德雷斯、瓦斯科·加列戈和胡安·德·阿拉蒂亚、临时雇员安东尼奥·皮加费塔和其中年龄最小的侍应生胡安·德·祖比莱塔（他只有 16 岁）。

海员们何曾想到他们能获得如此大的成就？

麦哲伦的目标不是围绕地球航行一圈，因为他尊重《托德西利亚斯条约》的规定，他的远征队是在卡斯蒂利亚的世界范围内航行。即使麦哲伦的继任者决定不从蒂多尔向东行驶，而是向西行驶以返回起点，他没有任何意图要创造历史，至少没有接到任何指示。他们想在葡萄牙舰队抵达之前尽快离开摩鹿加群岛。1521 年 12 月中旬,他们的船在蒂多尔装满丁香,准备出发时,季风就吹向西南方向。最终,是风给了他们前进的方向。马丁·德·阿亚蒙特的证词表明,埃尔卡诺、阿尔博和罗达斯意识到了潜藏在其中的巨大风险。当3位高级船员讨论在帝汶岛的路线时,埃尔卡诺占了上风,可以推测他在回程的其他两个关键时刻也为前进作出了贡献,首先是在非洲的东南海岸,然后是圣地亚哥。在航行快结束时,这个巴斯克人扮演了最初麦哲伦的角色。如果没有他们的坚持,舰队将永远无法找到穿越南纬52度的海峡。两位领导人的决心都有其代价。

那些无法承受长途漂泊压力的人付出了生命的代价。

麦哲伦在麦克坦岛上输掉了这场赌博,但埃尔卡诺从高风险中获得了高额回报。完成航行之后,埃尔卡诺在给国王的热情洋溢的信中谈论绕地球的航行。正如埃尔卡诺所说的那样,他的同伴们感觉如此骄傲,因为他们如此幸运。但是在他们的世界里,起决定作用的不是运气或机会,而是基督教之神。航行者们将胜利归功于他和他的伟大母亲的支持,因此,他们谦恭地跪在圣玛利亚的像前,代表第一次环球航行结束。

"贸易局"的管理人员从"维多利亚号"的船腹取出丁香,装满麻袋、称重,然后带到储藏室,所有这些都在最严格的监督下进行。一个使者匆匆把埃尔卡诺的信交给巴利亚多利德的查理国王,查理国王本人于夏天乘船经英国返回卡斯蒂利亚。9月13日,君主回信说:"我感到非常高兴,我们的主已安全地把你们带回了,为此我要对他表示无尽的感谢。"查理要求船长立即来宫廷,"因为我想从您那里了解所有有关您的航行以及途中发生的事情的详细信息"。埃尔卡诺带上"维多利亚号"的所有记录和另外两个"最聪明"的人。至于在佛得角被捕的 13 名海员，国王向他保证，他已经做了必要的工作以释放他们。

埃尔卡诺的差旅费应该是"贸易局"支付了，但财务主管的费用表中没有此项。因此，我们只能猜测是谁陪同"维多利亚号"的舰队总指挥到了王室宫廷：可能是弗朗西斯科·阿尔博和理发师布斯塔曼特。他们与埃尔卡诺一起，于 1522 年 10 月 18 日到达巴利亚多利德，随后法官向他们询问航行中一些有争议的事情，比如在圣胡利安港的哗变和麦哲伦的死亡。

皮加费塔也去了巴利亚多利德："我没有给尊贵的查理国王任何金银财物，陛下特别欣赏的东西是我写的一本书，这本书讲述了我们旅途中每天发生的一切。"

接着皮加费塔从巴利亚多利德前往葡萄牙，向葡萄牙国王唐·若昂三世讲述了他的经历。然后，他去往法国，对国王的母亲进行礼节性拜访，然后回到意大利。在那里，他留在曼托瓦公爵和梵蒂冈的宫廷中，最后也许是通过克莱门特七世的支持，于 1524 年 10 月 3 日获得圣约翰勋章。皮加费塔专门制作了航行日记的精装版，上面装饰着彩色卡片，送给圣约翰骑士团团长菲利普·德·维利尔斯·德·艾尔·亚当。在获得勋章后，有关皮加费塔的消息就很难听到了。

在 1522 年到 1523 年冬季的某个时候，其他返回者也来到了巴利亚多利德的皇宫，其中包括那些被困在佛得角的人，查理敦促唐·若昂三世释放了他们。作为奖励，查理免除了他们额外赏金的税。3 个船队管理者和文书马丁·门德斯获得了终身养老金。4 个返回者被封为爵士：埃尔卡诺、米格尔·德·罗达斯、门德斯和布斯塔曼特。查理给他们戴上盾形徽章，上面刻有丁香花和地球仪，还有一句拉丁语"第一个绕行地球一周的人"（略有改动）。

在与"维多利亚号"同行的 13 名亚洲人中，只有 4 人登陆欧洲。即使减去完成任务后在帝汶岛下船的两名领航员，他们的损失比例仍然远高于欧洲人的损失比例。欧洲人有 30 人返回，几乎占三分之二。这个数据在亚洲人那里几乎是三分之一。4 名亚洲幸存者之一是来自马六甲的一名叫曼努埃尔的基督徒，在佛得角被拘禁。另外 3 个人跟随"维多利亚号"来到塞维利亚，并可能和埃尔卡诺一起搬到了巴利亚多利德。

历史学家贡萨洛·费尔南德斯·德·奥维耶多采访了一些回返者，他在《西印度通史和自然史概要》中说，来自摩鹿加群岛的游客"可以看到并认识国王，我们的主人，并了解我们的家乡和国家，可以见到卡斯蒂利亚人民"。其中有一个摩鹿加人是个聪明人，以至于他还没去卡斯蒂利亚时，就想知道"一个杜卡特相当于多少实物？一个马拉维迪是多少？从塞维利亚不同区域到王室，一个马拉维迪可以买多少胡椒？到达塞维利亚后，他去了香料商店和摊位，用马拉维迪买了胡椒，并与我们一起深入研究了香料的价值"。奥维耶多说，这个摩鹿加人表现出了如此出色的商业头脑，以至于当局不允许他回国，因为担心他会向亚洲生产者透露欧洲商人从香料中获得的巨大利润。

　　"维多利亚号"丁香货运的利润计算仍未开始。这一任务只能交给布尔戈斯商人克里斯托瓦尔·德·哈罗，他是麦哲伦舰队的发起者、赞助者和组织者。哈罗委托其代理商迭戈·迪亚兹进行现场处理。1522年11月14日，迪亚兹在塞维利亚声明收购了415袋丁香，总重量为520公担23磅。扣除港口费和7%麻袋的重量、称量不准确的误差量以及灰尘量后，剩下了480公担58磅。此外，作为额外奖金，海员还带回了19公担59磅（净重）丁香，哈罗公司也进行了清算；还有一个0.75公担重的麻袋，里面有些清扫时被聚集在一起的零散货物。

　　这样一来，丁香的总量就达到了500公担，并且很快就被运走了，1523年1月21日，这些商品出现在安特卫普的市场上。这一令人难忘的事件甚至在安特卫普市纪事中提到过，哈罗很早就找到了买家：奥格斯堡的威尔瑟公司的经纪人海因里希·埃因格。他是一个野心勃勃的人，他很快变得众所周知是因为他是德国在委内瑞拉进行殖民化项目的推动者，他成了奴隶贩子。埃因格以每公担42杜卡特的价格购买了95%的商品，并于1523年在卡斯蒂利亚春季博览会上分两次付款。其余的以相同的价格卖给别人。卖掉所有丁香后，哈罗和国王的账户上有7888684马拉维迪，但并没有就此停止。

　　"维多利亚号"停泊在穆埃拉斯港后，"贸易局"的工人不仅移走了丁香货物，还从船上获得了别的有价值的一切物品：武器、索具、易货贸易的残存以及少量的肉桂、肉豆蔻和檀香，这些是海员在东亚购买的为了在家中展示的样品。哈罗接到国王的命令，将这些东西折现，又有 278225 马拉维迪进入账户。

　　然后"维多利亚号"也迎来最后的结局。1523 年 2 月 16 日下午 5 点，哈罗的经纪人迭戈·迪亚兹爬上了格拉达斯教堂前的平台，该教堂在稍早以前就是塞维利亚商人的会聚点。他在教堂前公开拍卖这艘曾经环球航行的帆船，一起拍卖的还包括几个锚、帆、绳索、泵、指南针、一些较小的步枪，"5 个不是很好的弩"和"两把中间已经破洞的箭"。

　　尽管竞拍者众多，但拍卖进展缓慢。在第一天只收到 150 杜卡特的出价之后，拍卖暂停了。两天后，有人出价 160 杜卡特，这在拍卖师眼里还是太少了。直到第三名竞标者开始出价时，价格上升趋势才出现，升至 220 杜卡特。但是迪亚兹对这个价格也不满意，一直到 2 月 26 日，他宣布支付 285 杜卡特的那个人就可以拥有这艘船。来自热那亚的一个商人是第一个愿意出这个价格的人，他迅速被要求签署合同。拍卖所得扣除交易成本后剩余 106278 马拉维迪，仅比王室背景的胡安·德·阿兰达买下这艘船付出的三分之一多一些。

　　买家对"维多利亚号"进行了翻新。公证文件显示，它在 1525 年从塞维利亚横渡大西洋到圣多明各。此后，它的踪迹就消失了。只有奥维耶多知道"维多利亚号"又去了两次圣多明各，但是"在回卡斯蒂利亚的途中，它消失了，所以再没有听到过有关它或船上人的消息"。

　　除了从"维多利亚号"的清算中获得的收益外，克里斯托瓦尔·德·哈罗还把 1521 年 5 月"圣安东尼奥号"回到塞维利亚销售货物所得的收益加进去，这个布尔戈斯的商人将这笔生意也拿了下来。根据盈余计算（保存在塞维利亚的西印度群岛综合档案馆中），该公司最终的营业额为8680551马拉维迪，约合23150杜卡特。扣除装备舰队的费用后，仍然有346216马拉维迪相对较低的利润，商人和国王根据投资金额进行分配①。

由于有了这份财务报表，人们经常会以为麦哲伦的舰队略有盈余。但是，这个看法是不正确的，上述结算仅考虑了出发前的费用。"维多利亚号"归来时，"贸易局"所产生的费用是缺失的。更重要的是：结算中不包括这些年来船上人员的薪水，也不包括他们在丁香销售收益中所占的份额。两者都要给返回的海员，或者给途中死亡或失踪者的继承人，这也是一丝不苟地登记死者的意义。

很难说最后的赤字有多大，负担是多少。到目前为止，还没有人愿意对这个问题系统地进行调查，这可以理解，关于损失和与继承人诉讼的拉锯战持续了数十年；有关文件的内容繁杂而又不完整，其中列出了多年来哈罗从王室收到的财政补助清单，上面写着：1524年4月，商人从王室接收了12.3万枚杜卡特金币，以偿还给"维多利亚号"船员薪水的债务。仅此一项将使舰队的赤字增加50%。

有人会认为，这样的结果会减弱投资者在东南亚进行下一步的香料冒险的渴望。但是情况恰恰相反，如果他们不想继续承受损失，则必须用未来的利润来抵消。必须派遣新的舰队前往摩鹿

---

① 提醒：王室为舰队批准了1.6万杜卡特，哈罗贡献了4300杜卡特。

加群岛，由于麦哲伦已为穿越海峡指明了方向，这将更加有利可图。为此，卡斯蒂利亚政府在加利西亚港口城市拉科鲁尼亚成立了一家从事香料业务的贸易机构，即"香料之家"。谁负责运营？当然是克里斯托瓦尔·德·哈罗了。位置的选择可以说是区域结构政治的一种早期形式，因为与从大西洋贸易繁荣中受益最大的安达卢西亚（卡斯蒂利亚南部）相比，拉科鲁尼亚可以加强卡斯蒂利亚北部的贸易。

　　下一支去摩鹿加群岛的舰队于1525年6月从拉科鲁尼亚起航，由加西亚·乔弗尔·德·洛瓦萨指挥7艘船。船上还有胡安·塞巴斯蒂安·德·埃尔卡诺、理发师埃尔南多·布斯塔曼特（升为骑士），以及伦巴德炮手罗丹·德·阿戈特和来自亚琛的汉斯。这次探险可以说是惨败：7艘船中只有1艘到达了摩鹿加群岛，在那里，船员在与葡萄牙人进行的一场旷日持久的小型战争中陷入困境。埃尔卡诺在穿越太平洋时死亡。只有来自亚琛的汉斯最终通过印度返回欧洲，因此他是第一个两次环球航行的人。

　　1524年春天，一个专家委员会在卡斯蒂利亚和葡萄牙之间的边界城市巴达霍斯开会。两国的律师、舵手和天文学家想理清一个难题：摩鹿加群岛究竟是属于卡斯蒂利亚还是属于葡萄牙？毫不奇怪，卡斯蒂利亚方面的所有专家都认为，摩鹿加群岛属于卡斯蒂利亚的一半。他们引用了古希腊地理学家托勒密的观点，但是托勒密的世界观在专家圈中早已被认为过时。

　　在巴达霍斯，来自"维多利亚号"的16名返回者也来到证人席，但奇怪的是没有弗朗西斯科·阿尔博，作为舵手，他肯定会比接受采访的水手知道得更多。我们对阿尔博后来的情况一无所知。作为记录麦哲伦舰队最详尽的航海文件，他的航海日志搁置在抽屉中，直到18世纪后期才再次出现——难道是因为他的日志内容在政治上不合适吗？

1525年2月，查理将他的妹妹卡塔琳娜嫁给了葡萄牙国王唐·若昂三世。一年后，查理皇帝与唐·若昂三世的妹妹伊莎贝尔结婚。为了在亲戚之间找到友好的解决办法，卡斯蒂利亚王室在1529年的《萨拉戈萨条约》中放弃了对摩鹿加群岛的要求，转而支持葡萄牙。当洛艾萨探险队最终清除了卡斯蒂利亚和摩鹿加群岛之间在西南航线上定期运输的障碍时，对王室而言，一切变得更加轻松。查理的妹夫为他的弃权提供了35万杜卡特金币的补偿。因此，摩鹿加群岛的冒险最终为卡斯蒂利亚王室带来了回报。

伊比利亚半岛上的婚礼钟声传到印度的葡萄牙势力耳中，他们慷慨地同意释放麦哲伦探险队的水手。自1523年以来一直在科钦苦苦生活的"特立尼达号"的最后4名幸存者被允许在1525年底至1526年初回国，这4人是：警长贡萨洛·戈麦斯·德·埃斯皮诺萨、吉恩斯·德·马夫拉、德国伦巴德炮手汉斯·巴格和水手胡安·罗德里格斯·索尔多。其他人死于发烧或下落不明。两名热那亚人乔瓦尼·巴蒂斯塔和吉努塞·利昂·潘卡尔多在同胞的帮助下设法登上去往里斯本的船。然而，在莫桑比克中途停留期间，他们被葡萄牙人发现并扔上岸。在一封信中，他们向国王抱怨自己的苦难，并要求救赎。巴蒂斯塔很快病倒并死去，他不知道他的儿子多明戈已于1522年6月死于几内亚海岸。

　　潘卡尔多很幸运，再次秘密地登上一艘葡萄牙帆船，并以此方式返回欧洲。他返回了利古里亚海岸的家乡萨沃纳，并宣布不再上船。但是在 1536 年，已经年过 50 岁的老人被征服秘鲁后在大西洋回荡的海妖的歌声所诱惑，再次穿越麦哲伦海峡。穿越失败了，潘卡尔多于 1540 年在拉普拉塔河口新建立的布宜诺斯艾利斯去世。

　　在总督的允许下，"特立尼达号"的最后 4 名幸存者在果阿登上葡萄牙船只。罗德里格斯·索尔多先行一步，警长贡萨洛·戈麦斯·德·埃斯皮诺萨、吉恩斯·德·马夫拉和汉斯·巴格也于 1526 年 7 月回到欧洲。包括他们在内，麦哲伦的人总共有 35 个人完成了环球航行。巴格死在里斯本的监狱中。埃斯皮诺萨返回塞维利亚，面对诉讼，他在囚禁期间要求王室承认他的养老金权利。最终，他获得了终身养老金和奖金，并以受人尊敬的公民身份在塞维利亚生活了很多年。

　　在离开 8 年后，吉恩斯·德·马夫拉在 1527 年回到位于安达卢西亚的家乡帕洛斯－德拉弗龙特拉时，见到令他意外的场面：他的妻子以为丈夫已经死了，卖掉了房子，并有了新的伴侣。吉恩斯·德·马夫拉起诉她通奸，但我们并不清楚审判结果。在 16 世纪 40 年代，他在美洲碰碰运气，最后在 1542 年被聘为罗伊·洛佩兹·德·维拉洛沃斯舰队的舵手。这支舰队从墨西哥出发，横跨太平洋，并给菲律宾起了现在的名字。一个不知名的作家将这个水手的航行回忆写下来，但是，这本回忆录直到 20 世纪才出版。

　　麦哲伦的家人怎么样了？据埃雷拉－托德西利亚斯的消息，

他的堂兄阿尔瓦罗·德·拉·麦斯基塔自1521年5月乘"圣安东尼奥号"回来后一直在塞维利亚和布尔戈斯的监狱中苦苦挣扎，最终于1522年10月获释。此后不久，唐·若昂三世试图让他的臣民回到葡萄牙，并保证麦斯基塔将获得安全和好处。麦斯基塔接受了邀请，但没有带儿子一起回家，因为他的儿子弗朗西斯科作为侍应生在"特立尼达号"上航行，并在宿务大屠杀中丧生。

麦哲伦1519年8月离开舰队时，他的儿子罗德里戈才6个月大，而他的妻子多娜·比阿特丽斯那时又怀孕了。这位圣地亚哥骑士在他的遗嘱中向出生和未出生的后代保证，他们将拥有光明的未来，成为麦哲伦在海外的权力和财富的继承人。众所周知，麦哲伦在能够利用他的发现之前就去世了。但是，即使他胜利返回了，他也可能找不到自己的家人。不到3岁的罗德里戈在1521年秋天死去，这在当时并不罕见，小罗德里戈也从未有过兄弟姐妹，因为多娜·比阿特丽斯在第二次怀孕时流产了。1522年3月，在"维多利亚号"抵达塞维利亚并带来她丈夫去世的消息前几个月，年轻的她也死去了。

大约一年前，多娜·比阿特丽斯看到了"圣安东尼奥号"的归来以及遭受了与此相关的屈辱：埃斯特沃·戈麦斯及其同谋对她丈夫的指控、对她家庭的突然怀疑，强大的丰塞卡随后对她和她的儿子进行的监视。这些令人沮丧的遭遇，再加上独生子的早夭，很可能导致了她人生的过早结束。但这也只是猜测。多娜·比阿特丽斯也可能是塞维利亚众多流行病之一的受害者。除了她嫁给了一位著名的海员，她从父亲那里得到了60万马拉维迪的嫁妆外，我们对这个 16 世纪的年轻女子几乎一无所知，无论是她的性格、外貌还是她与丈夫的感情。

迪奥戈·巴博萨是麦哲伦在塞维利亚的唯一亲戚了。这位老看守官竭尽全力挽救他女婿受损的声誉。麦哲伦在出行前将一些家当寄存在巴博萨那里，在这一切事情发生后，巴博萨不想把麦哲伦的东西交出来。他提起了针对戈麦斯的诉讼，但这个舵手成功脱身，唐·若昂三世不断求情，因为王室离不开有能力的人，1523 年，戈麦斯与查理国王签订了一项合约，目的是通过假想的西北通道到达中国。

同时，迪奥戈·巴博萨写信给国王陛下，对麦哲伦所遭受的不公正待遇以及雷查理德等人在航行前设置的各种阻碍强烈谴责。这位前印度航行者认为卡斯蒂利亚首先要做的不是将麦哲伦在东亚的发现据为所有，比如派遣大型舰队和建立据点，他认为更加急迫且重要的是，必须惩罚和摧毁致使舰队总指挥麦哲伦丧生的地方的居民。

巴博萨对女婿声誉的投资并不是无私的。因为把女儿嫁给麦哲伦做妻子，他对麦哲伦寄予了厚望，而且在经济上也很慷慨，嫁妆价值很高。为了避免该笔投资竹篮打水一场空，巴博萨还对王室提起诉讼，称他是麦哲伦的合法继承人。诉讼经过了数年的法庭审理，这位在塞维利亚的老看守官死后，他的儿子索恩·海梅继续进行诉讼。最后，除了高额的诉讼费用外，没什么结果。不过其他遗产争夺者很快就出现了，特别是迪奥戈·德·索萨，他在 1524 年要求卡斯蒂利亚印度理事会将他哥哥的部分薪水支付给他。甚至40多年后，麦哲伦的一个远房亲戚仍然竭尽全力地起诉以争取遗产，仍然没有成功，但是为了诉讼而出席的十几个见证者透露了这位波尔图骑士家族的许多有趣细节。

麦哲伦不会知道他的亲戚如此痴迷研究法律细节。他已经把一切烦恼都抛在了后面，在去往星际的路上。

15. 麦哲伦——人与神话

1522 年秋天，曾经环绕全球的"维多利亚号"大帆船在巴利亚多利德的宫廷中引起了巨大轰动。全世界都在追逐这些返回的水手。埃尔卡诺、阿尔博和布斯塔曼特必须一遍又一遍地讲述他们的故事，宫廷官员和学者们急忙通过信件告诉他们在欧洲其他地方的亲友。每个人都想成为第一个报告这种爆炸性新闻的人。

当时，一名王室秘书娶了克里斯托瓦尔·德·哈罗的侄女，并在人文科学界以马克西米利亚·特兰西瓦努斯的名字出现，他也对返回的海员的故事感兴趣。另一名朝臣后来回忆说："船长胡安·塞巴斯蒂安·德·埃尔卡诺每天都拜访马克西米利亚·特兰西瓦努斯和哈罗，他尽其所能地告诉他们探险的每一个细节。"经过长时间的交谈，特兰西瓦努斯于 1522 年 10 月 24 日致信他的前任雇主、萨尔茨堡大主教马特乌斯·朗·冯·韦伦堡，信件于 1523 年 1 月在科隆以图书形式出版，书名为《摩鹿加群岛的来信》。这使学识渊博的欧洲公众对世界上第一次环球航行有了更详细的了解。

特兰西瓦努斯清楚地说明了麦哲伦探险背后的考虑因素，但他对旅程的叙述在许多方面与亲历者的叙述相矛盾。这可能是因为他的想象力、他的线人埃尔卡诺的说辞或者是因为误解，《摩鹿加群岛的来信》对于事件的重建，有些地方是矛盾的。但是，这封信是很重要的文件，增加了后人对航海探险的认识，其中麦哲伦被称为"走遍整个东方海岸的著名葡萄牙人和舰队总指挥"。这些虽然不完全错误，但被夸大了，不过马克西米利亚·特兰西瓦努斯为海员麦哲伦的辉煌神话奠定了基础。

这位人文主义者将舰队总指挥的船升到星空的高度。比起与伊阿宋一起航行到科尔基斯的"阿耳戈号"（希腊神话中的一艘船），"维多利亚号"的水手们更值得被永远铭记。与古代的"阿耳戈号"相比，"维多利亚号"更值得放在星际之间，因为"阿耳戈号"只在黑海中航行，但"维多利亚号"从塞维利亚向南，向西，再到南半球，再回到东部。

其他人文主义者对"维多利亚号"及其团队的表现同样感到骄傲，例如王室理事会的编年史官彼得·马特尔，比特兰西瓦努斯和他的老师更加热心。这个意大利人编纂的信集在他一生中被印刷了多次，内容包含卡斯蒂利亚征服的全面编年史，从哥伦布到麦哲伦和科尔特斯。与"维多利亚号"的航行相比，如何评价"阿尔戈号"？彼得·马特尔回答："比巨人的指甲还小！"这表达了他对新时代生活的推崇，"维多利亚号""史无前例"的成就甚至使令人敬佩的希腊古代神话黯然失色。另一方面，彼得·马特尔嘲笑航行的发起者，在描述麦哲伦在麦克坦岛上去世时，这个人文主义者得出结论："葡萄牙人麦哲伦就是这样结束了他对香料的贪婪。"

从奥维耶多到埃雷拉－托德西利亚斯，卡斯蒂利亚历史学家都将"维多利亚号"的形象作为新时代的标志。但是与彼得·马特尔不同，他们对麦哲伦表示应有的敬意，最重要的是他发现并通过了海峡。奥维耶多1555年出版的《西印度通史和自然史概要》的第一部分，已经有了麦哲伦海峡的名字。当然，奥维耶多对骑士的动机不抱幻想。麦哲伦在合约中，被许诺"获得巨大的奖励，以至于他相信自己会成为一个伟人"，并且他娶了巴博萨看守官的女儿为妻，只是为了"使他更能博得信赖"。

葡萄牙历史学家还制作了麦哲伦的独特照片。一方面，他们不可避免地要尊重他的个性和表现；另一方面，骑士出卖了他的国家，从而使自己的名字蒙羞。对1566年出版的《"幸运儿"国王唐·曼努埃尔编年史》的作者达米奥·德·戈伊斯而言，麦哲伦确实是"来自一个不错的家族的人"，他"总是向人们证明自己是保持荣誉的人"，一个"在航海事务上很有才能并很有经验的人"，但是他是一个无法劝阻的人，"对这个帝国的王室造成了极大的损害，由此带来了许多麻烦和成本"。

若昂·德·巴罗斯的评价更为尖锐，几乎没有给同胞留下颜面："由于魔鬼总是使人类灵魂中的一切行动变为恶行，导致费尔南多·麦哲伦在魔鬼的操控下背叛了自己的国王和他的国家，最终导致他误入歧途。"麦哲伦和唐·曼努埃尔之间的争吵——据说是关于增加他的领地，在巴罗斯的叙述中占据了很大的篇幅。因此，"葡萄牙的提图斯·李维"创造了麦哲伦神话的中心元素，这在这位传奇海员的传记中从未缺失。

创作了《卢济塔尼亚人之歌》的诗人路易斯·德·卡蒙斯总结了葡萄牙人对麦哲伦的看法："真正的葡萄牙人是取决于他的行为，而不是口头的忠诚。"

虽然在16世纪，大多数作者描绘的麦哲伦的肖像充满了阴影，但安东尼奥·皮加费塔这位海峡的发现者之一却肯定了麦哲伦的光环：这位维琴察贵族希望"这样一位高尚的船长的荣耀在我们的时代不会消失。他的优点是，在最恶劣的风暴中比任何人都更加坚定。他比其他人更能忍受饥饿，并且他比世界上任何人都更了解地图和导航。从一个事实就可以清楚地看出，几乎没有人像他一样既拥有天分，又有热情去环游世界"。

皮加费塔对他的舰队总指挥表现出的钦佩之情写在航行日记

▲麦哲伦环球旅行的寓言化表达。在火地岛的左侧，上面有一只抓着大象的巨鸟，右边是一个吞下箭的巴塔哥尼亚巨人。扬·范·德·斯特雷特绘画后的雕刻作品，创作于约1580年。

的每一页上。当他回到巴利亚多利德时,却不得不将"维多利亚号"的领导人——尤其是埃尔卡诺——看成英雄,这让他非常痛苦。而彼得·马特尔写下的都是有关麦哲伦的尖酸刻薄的话。皮加费塔用他的书宣布,他想为自己褪色的偶像辩护。

皮加费塔的报告于1526年面世,是简要的法语文本,后来又翻译成了意大利语。1559年乔万·巴蒂斯塔·拉穆西奥出版的《海员与航行》受众广泛,皮加费塔的报告在这本书的纲要中被引用。许多16世纪的作家,都注意到皮加费塔对麦哲伦的判断,但没有人采纳。在随后的200年中,皮加费塔的小册子越来越稀少,人们不得不在图书馆中寻找。

直到卡洛·阿莫雷蒂在安布罗修图书馆发现了意大利语版的《皮加费塔游记》,并于1800年以"环球航行"的标题出版后,这种情况才改变。这位米兰图书馆管理员发现的版本内容比16世纪的版本更为详尽。显然阿莫雷蒂找到的不是作者本人写的版本,而是皮加费塔当时献给圣约翰骑士团团长的副本,原本已遗失。这一发现令人震惊,很快法语、德语和英语的翻译版本出版。欧洲学者对皮加费塔生动的描述越来越感兴趣。

皮加费塔在南方天空中看到的两团"星云"也开始与麦哲伦这位葡萄牙海员的名字相关联。在18世纪的星图中,它们通常被称为"大云和小云",苏格兰人亚历山大·杰米森在1822年撰写的《天体地图集》中也是如此表述。不久之后,亚历山大·冯·洪堡在1836年出版的《欧洲新地理学评论》中称其为"大麦哲伦星云"和"小麦哲伦星云"。一个海峡的发现者的名字从此变成了星云的名称。

洪堡宣布麦哲伦为"科学史"的杰出人物，"科学史"也包括"智力进步"在内。他将在麦克坦岛上失败的骑士放在与"在发现道路上取得了巨大成功"的哥伦布和达·伽马同样的位置上。在成为葡萄牙同胞的叛徒、卡斯蒂利亚的局外人、对于新教徒而言的天主教帝国主义的追随者后，葡萄牙的这位贵族骑士现在被视为地理英雄，而地理学正是 19 世纪的前沿学科。

1837 年，海军军官和历史学家马丁·费尔南德斯·德·纳瓦雷特首次出版了麦哲伦探险队最重要的文件，其中包括阿尔博的日志。

这项开创性的工作一直持续到 19 世纪下半叶，直到 1920 年左右，庆祝麦哲伦海峡发现 400 周年，涌现出大量欧洲语言记录的研究、传记、资料。麦哲伦的形象变得越来越雄伟。1890 年，在剑桥任教的地理学家弗兰西斯·吉尔马尔称这位第一次环游世界者是"世界历史新篇章的作者，注定是不朽的"。《第一次环游世界》的德语版本作者奥斯卡·科利克，在 1908 年甚至称麦哲伦为"超人"。

在斯蒂芬·茨威格那里，麦哲伦的荣耀达到了顶峰。1936 年，他在展览大西洋轮船的船舶博物馆里惊叹："我认为那个人的行动为地球探索史作出了最大贡献。"茨威格认为麦哲伦的旅程是"历史上最伟大的冒险之旅"，是"人类神圣的童话故事之一"。仅仅两年后，他的题为"麦哲伦航海纪"的叙事小说就出现了，这是关于麦哲伦的被使用和翻译最多的书籍之一。

茨威格高度赞扬这位"历史上最伟大的海员"，同时对那个把麦哲伦打倒的麦克坦岛的酋长的评价非常轻蔑："像普洛斯彼罗

（莎士比亚剧作《暴风雨》中的人物）一样，有能力战胜一切风暴、带领人民的天才，却被可笑的人类中的蛆虫拉普拉普打倒。"显然，遭到纳粹迫害的茨威格无法接受麦哲伦这样的天才被"住在肮脏的小屋里、坐在难看的垫子上的一个棕色皮肤的胖子征服"。

　　自茨威格的有关麦哲伦的著作出版以后的 80 年里，只有一名讲德语的作家认真对待过这位伟大的海员及其神话。鲁迪格·西伯特在 1987 年将麦哲伦描绘成"暮光之中的探险家"。对于这位德国之声印尼项目负责人而言，麦哲伦是一位"为欧洲在全球范围内谋求利益而付出自己生命代价的人……欧洲在如今被称为第三世界的地区中享有优越的地位，是第一次环球航行的历史的结果"。

　　从今天的角度来看，西伯特对麦哲伦的批评所反映的反帝国主义姿态需要放在历史进程中看，就像茨威格拼命试图陶醉于伟大的探险家的天才。在这两种解释中，麦哲伦似乎是一个悲剧故事的英雄，该故事起源于欧洲，讲述了人类的进步和世界的被征服。他们都忽略了麦哲伦的行动的历史背景和真实范围。

　　人类历史上有无数像麦哲伦这样的人。某些人冒险进入未知领域并拓宽了人类知识的视野。大多数人仍然像波利尼西亚人那样无名，他们在上千年的航行中足迹遍布太平洋。仅列举几个运气不及麦哲伦的人，例如胡安·德·索利斯、维森特·耶内斯·平松或卢卡斯·巴斯克斯·德·埃隆，他们也试图通过美洲大陆找到一条通往西方的海路，但是都没有麦哲伦幸运。

　　波利尼西亚人没有绕地球航行，或者如同索利斯和平松一样失败，这一事实并不意味着他们不是像麦哲伦那样的"天才"海员。

毕竟，决定一个水手在海上是胜利还是淹死，其技能和耐力的影响要小于他必须抗衡的其他力量。我们想到了自然的力量，自然的力量超出了人类的控制范围，尤其是风。麦哲伦和皮加费塔首先会提到上帝的力量，在现代早期，人类和自然被认为是在上帝的力量控制下。但是，当一个雄心勃勃的骑士成为一名光荣的探索者时，还涉及其他力量：社会背景和他出生的时代。

假设 16 世纪的欧洲社会没有合同法，没有长途贸易，无法获得希腊和阿拉伯的自然哲学，不能建造远洋轮船，不能发射炮弹，国王就不会像教会一样热衷于征服，不会被对权力的渴望所困扰。没有这些先决条件，麦哲伦几乎不可能实现他的伟大成就。如果这个社会没有发展成为全球文明，那么就世界历史而言，他的行为就永远不会被赋予任何意义。

悉尼·胡克认为，"领导者取得了成就，无论是好是坏，都有一种自然的趋势将领导者与在他的领导下取得的成就联系起来"。这并不是说麦哲伦对第一次环球航行成功的贡献很小，或者他没有做杰出的事情。但是他既没有发现今天以他的名字命名的两个星系，也没有打算从东到西环球航行。即使皮加费塔极力证明，麦哲伦本人也没有提供任何证据表明这一点。这样的承诺将与麦哲伦在卡斯蒂利亚的一半世界开辟通往东亚的贸易路线的计划完全矛盾。

这个计划也并非首先出自麦哲伦，在这位波尔图的骑士加入公司至少 10 年之前，这个计划就一直在卡斯蒂利亚被激烈地讨论，正是麦哲伦的表现发挥了作用，并以非凡的力量推动了这一计划。麦哲伦有丰富的经验，他了解最新的地理和航海知识，他具有坚韧不拔的品质，坚决、执着和精明。凭借这些特质并在运气的帮助下，他成立了舰队，尽管遇到了重重困难，他还是把舰队带到了菲律宾。

麦哲伦是否是一个好的领导者还有待讨论，但他显然可以很好地和海员打交道，他知道如何通过武力解决与其他船长、直属下属和同事的冲突。但是，与他的同时代的人不同的是他的专制行为，总指挥本人最清楚自己对员工合作意愿的依赖程度，从 1520 年 10 月底他在圣徒海峡给高级船员的信中可以看出这一点。在近代早期，航运比以往任何时候都更需要团队合作，麦哲伦拥有许多优秀的人才：埃斯特沃·戈麦斯、胡安·塞拉诺、安德烈斯·德·圣马丁、胡安·罗德里格斯·德·马夫拉、贡萨洛·戈麦斯·埃斯皮诺萨、乔瓦尼·巴蒂斯塔。仅举几例，别忘了还有弗朗西斯科·阿尔博和胡安·塞巴斯蒂安·德·埃尔卡诺，他们完成了自己的旅程并将其变成了"世界历史的新篇章"。

毫无疑问，这个世界的历史曾经一度是欧洲史。但是，欧洲的扩张早已让位于全球化，而欧洲也要受到全球化的影响。这将影响我们今天正在展示的麦哲伦形象以及与他的名字相关的第一次世界之旅。从今天的角度来看，他的故事不仅仅是涉及与其他人的相遇，而且常常是关于他们的失败。

后　记

　　"回到本源！"——这是本书创作者的座右铭。这位历史学家研究了麦哲伦及其远征的所有可用原始资源，包括保存在塞维利亚西印度群岛综合档案馆的协议文件和里斯本的国家档案馆中的文件；尚存的记录包括见证者皮加费塔、阿尔博、吉恩斯·德·马夫拉等人的记录，以及16世纪的历史学家的记录。这些材料大部分现在可以在线获得，这一情况使本书的创作变得相对容易。

　　可以在网上的发布者主页上找到完整的资源和文献列表，网址为www.chbeck.de/Magellan，对于那些想更深入地研究麦哲伦历史的读者，那里罗列了一些精选的书名。

　　由于皮加费塔的航行记录没有德语版本[①]，最好使用英语版本，例如：

　　《麦哲伦环球之旅——安东尼奥·皮加费塔》，安布罗西女士的原始文本，带有英语翻译、注释、参考书目以及索引，译者为詹姆斯·亚历山大·罗伯逊，出版地为克利夫兰，1906年出版。

　　对于那些会说法语的人，我们建议使用钱德因出版社的版本，

[①]　图书市场上唯一可用的翻译文本（艾尔德曼版）在许多地方都是缩略版，其他版本在不明显的地方扩展了文本。

其中还包含其他见证者报告、地图和评论的翻译：

《麦哲伦的航行：1519—1522》第 2 卷：《安东尼奥·皮加费塔的关系和其他见证》。作者泽维尔·德·卡斯特罗，出版地为巴黎，2010 年出版。

一些目击者的英文译本可参考以下图书：

《麦哲伦的第一次环球航行》，作者亨利·爱德华·约翰·斯坦利，出版地为伦敦，1874 年出版。

马克西米利亚·特兰西瓦努斯和彼得·马特尔的德语翻译版本：

《麦哲伦的信差》，作者罗伯特·沃利施奇；《关于第一次环游的最早报道》，作者马克西米利亚·特兰西瓦努斯、约翰尼斯·舍纳和安吉拉，拉丁文版，带翻译和注释，出版地为维也纳，2009 年出版。

参考文献

1.Roger Crowley, Die Eroberer. Portugals Kampf um ein Weltreich, Darmstadt 2016.

2.Peter Feldbauer, Vom Mittelmeer zum Atlantik. Die mittelalterlichen Anfänge der europäischen Expansion, Wien 2001.

3.Hella Kemper, Das Zeitalter der Entdecker. Europas Griff nach der Weltmacht, 1400—1700 (= Zeit Geschichte, Heft 1), Hamburg 2011.

4.Toby Lester, Der vierte Kontinent. Wie eine Karte die Welt veränderte, Berlin 2010.

5.Pablo E. Pérez-Mallaina Bueno, Spain's Men of the Sea, Baltimore 1998.

6.Wolfgang Reinhard, Die Unterwerfung der Welt. Globalgeschichte der europäischen Expansion 1415—2015, München 2016.

7.Eberhard Schmitt, Indienfahrer. 2. Seeleute und Leben an Bord im ersten Kolonialzeitalter (15.-8. Jahrhundert) [= Dokumente zur Geschichte der europäischen Expansion 7], Wiesbaden 2008.

8.Peter Spufford, Handel, Macht und Reichtum. Kaufleute im Mittelalter, Darmstadt 2016.